A. BANCAL

Inspecteur de l'Enseignement primaire
Officier de l'Instruction publique

Éducation Morale

DROIT USUEL ET ÉCONOMIE POLITIQUE

LEÇONS PRÉPARÉES A L'USAGE DES MAITRES
DES ÉCOLES PRIMAIRES ÉLÉMENTAIRES

COURS MOYEN ET COURS SUPÉRIEUR

PARIS

LIBRAIRIE HACHETTE ET Cⁱᵉ

79, BOULEVARD SAINT-GERMAIN, 79

—

1905

Prix : 2 francs.

Éducation Morale

DROIT USUEL ET ÉCONOMIE POLITIQUE

DÉCLARATION
DES DROITS DE L'HOMME
ET DU CITOYEN.

I. Les hommes naissent et demeurent libres et égaux en droits; les distinctions sociales ne peuvent être fondées que sur l'utilité commune.

II. Le but de toute association politique est la conservation des droits naturels et imprescriptibles de l'homme; ces droits sont la liberté, la propriété, la sûreté et la résistance à l'oppression.

III. Le principe de toute souveraineté réside essentiellement dans la nation; nul corps, nul individu ne peut exercer d'autorité qui n'en émane expressément.

IV. La liberté consiste à pouvoir faire tout ce qui ne nuit pas à autrui. Ainsi, l'exercice des droits naturels de chaque homme, n'a de bornes que celles qui assurent aux autres membres de la société la jouissance de ces mêmes droits; ces bornes ne peuvent être déterminées que par la loi.

V. La loi n'a le droit de défendre que les actions nuisibles à la société. Tout ce qui n'est pas défendu par la loi ne peut être empêché et nul ne peut être contraint à faire ce qu'elle n'ordonne pas.

VI. La loi est l'expression de la volonté générale; tous les citoyens ont droit de concourir personnellement ou par leurs représentans, à sa formation; elle doit être la même pour tous, soit qu'elle protège, soit qu'elle punisse. Tous les citoyens étant égaux à ses yeux, sont également admissibles à toutes dignités, places et emplois publics, selon leur capacité, et sans autres distinctions que celles de leurs vertus et de leurs talens.

VII. Nul homme ne peut être accusé, arrêté, ni détenu que dans les cas déterminés par la loi, et selon les formes qu'elle a prescrites. Ceux qui sollicitent, expédient, exécutent ou font exécuter des ordres arbitraires, doivent être punis; mais tout citoyen appelé ou saisi en vertu de la loi doit obéir à l'instant; il se rend coupable par la résistance.

VIII. La loi ne doit établir que des peines strictement et évidemment nécessaires, et nul ne peut être puni qu'en vertu d'une loi établie et promulguée antérieurement au délit, et légalement appliquée.

IX. Tout homme étant présumé innocent jusqu'à ce qu'il ait été déclaré coupable s'il est jugé indispensable de l'arrêter, toute rigueur qui ne seroit pas nécessaire pour s'assurer de sa personne doit être sévèrement réprimée par la loi.

X. Nul ne doit être inquiété pour ses opinions, même religieuses, pourvu que leur manifestation ne trouble pas l'ordre public établi par la loi.

XI. La libre communication des pensées et des opinions est un des droits les plus précieux de l'homme; tout citoyen peut donc parler, écrire, imprimer librement; sauf à répondre de l'abus de cette liberté dans les cas déterminés par la loi.

XII. La garantie des droits de l'homme et du citoyen nécessite une force publique; cette force est donc instituée pour l'avantage de tous, et non pour l'utilité particulière de ceux à qui elle est confiée.

XIII. Pour l'entretien de la force publique et pour les dépenses d'administration, une contribution commune est indispensable; elle doit être également répartie entre tous les citoyens, en raison de leurs facultés.

XIV. Les citoyens ont le droit de constater par eux-mêmes ou par leurs représentans, la nécessité de la contribution publique, de la consentir librement, d'en suivre l'emploi, et d'en déterminer la quotité, l'assiette, le recouvrement et la durée.

XV. La société a le droit de demander compte à tout agent public de son administration.

XVI. Toute société, dans laquelle la garantie des droits n'est pas assurée, ni la séparation des pouvoirs déterminée, n'a point de constitution.

XVII. La propriété étant un droit inviolable et sacré, nul ne peut en être privé, si ce n'est lorsque la nécessité publique, légalement constatée, l'exige évidemment, et sous la condition d'une juste et préalable indemnité.

AUX REPRÉSENTANS DU PEUPLE FRANÇOIS.

A. BANCAL

Inspecteur de l'Enseignement primaire
Officier de l'Instruction publique

Éducation Morale

DROIT USUEL ET ÉCONOMIE POLITIQUE

LEÇONS PRÉPARÉES A L'USAGE DES MAITRES
DES ÉCOLES PRIMAIRES ÉLÉMENTAIRES

COURS MOYEN ET COURS SUPÉRIEUR

PARIS

LIBRAIRIE HACHETTE ET Cⁱᵉ

79, BOULEVARD SAINT-GERMAIN, 79

—

1905

PREFACE

Après avoir subi l'épreuve d'une expérience de dix années, les organisations pédagogiques départementales, dont l'apparition avait suivi celle des programmes de 1882, sont un peu partout en voie de transformation.

La morale n'a pas échappé à cette loi de l'évolution : certaines parties du programme ont été réduites tandis que d'autres prenaient plus d'extension. L'enseignement moral s'affranchit peu à peu des idées purement dogmatiques qui dominaient parfois le cours [1].

Apprenons de bonne heure à nos élèves à écouter la voix de leur conscience et habituons-les à mépriser et à rejeter tout ce qui peut porter atteinte au respect et à la dignité de la personne humaine. La morale laïque repose essentiellement, en effet, sur un ensemble de prescriptions imposées par la conscience, et que tout honnête homme est tenu de connaître et de mettre en pratique.

---

1. Voir à ce sujet les programmes de Morale des Écoles normales primaires annexés au décret et à l'arrêté du 4 août 1905 (*Bulletin administratif du Ministère de l'instruction publique*, n° 1688 — 27 septembre 1905).

Les maîtres connaissent les instructions et directions pédagogiques des circulaires et règlements — spécialement de 1883 et 1887 — qui ont été reproduits dans les Bulletins départementaux.

Elles leur disent notamment que, pour les petits de la section enfantine et même du cours élémentaire, il n'y a pas à proprement parler de leçons de morale, mais de simples causeries, basées sur une lecture, une image ou un fait concret et connu, dont le but est d'inspirer aux enfants l'amour du bien et la haine du mal.

C'est seulement au cours moyen que l'enseignement moral commence à revêtir un caractère plus systématique sans toutefois devenir abstrait.

Ici encore, les faits réels et connus fournis par la vie quotidienne seront le point de départ des leçons. L'exposition et les questions du maître amèneront les élèves à dégager par leurs réponses les raisons de leurs devoirs.

Les leçons que forment le présent ouvrage s'adressent aux élèves du cours moyen, et ceci avec d'autant plus de raison que, dans un très grand nombre d'écoles, le cours moyen et le cours supérieur reçoivent souvent des leçons communes.

Mais nous avons pensé qu'il était bon d'ajouter à certaines leçons, quelques compléments à l'usage spécial, sinon exclusif, des élèves du cours supérieur et relatifs à l'Économie politique et au droit usuel.

Les notions de droit usuel ont été placées à la suite des leçons auxquelles elles se rattachent naturellement. L'Économie politique a été sommairement traitée en quatre leçons supplémentaires. Cette partie des sciences sociales n'est que l'application des prescriptions de la morale naturelle : celle-ci nous commande de travailler, par exemple, et l'Économie politique nous indique de quelle manière la richesse, résultat du travail, se produit ou s'acquiert de sorte que la morale domine l'Économie politique et que celle-ci complète la morale.

Chacune des leçons préparées comprend six parties :

1° des maximes ; 2° un plan développé ; 3° un résumé, 4° des questions, problèmes, moraux et exercices de rédaction ; 5° des lectures et exercices de récitation ; 6° des indications bibliographiques.

Les maximes serviront à deux fins : chaque matin l'une d'elles sera écrite au tableau et restera en permanance sous les yeux des élèves ; elle fournira le texte de l'écriture. Elle sera, en outre, le point de départ d'un court entretien par lequel le maître ouvrira la séance et créera ainsi cette atmosphère morale dans laquelle les travaux scolaires se dérouleront.

L'usage du plan, du résumé, des lectures et des exercices de récitation ne demande pas de commentaires. Mais nous appelons l'attention des instituteurs et des institutrices sur les questions et sur les problèmes moraux. Dans notre pensée, ils forment une partie importante de la leçon et, à ce titre, ils ne devraient jamais être négligés ou passés sous silence.

Ce n'est que par exception que le développement des réponses sera demandé par écrit aux élèves, mais il faudra toujours instituer une petite discussion orale sur la solution des problèmes posés. Rien n'est plus propre à cultiver l'intelligence, à développer le jugement et à fortifier la conscience morale.

Nous n'avons pas donné tous les problèmes que nous aurions voulu : la place nous eût fait défaut, car leur variété et leur nombre sont infinis. Il sera loisible et facile aux maîtres d'en trouver d'autres qu'ils pourront proposer à leurs élèves.

Les indications bibliographiques n'ont d'autre but que de guider les maîtres qui voudront se reporter aux sources pour parfaire leur préparation. On voit, du reste par là, que les matériaux amassés à leur intention ne sont pas destinés à les dispenser de préparer leur enseignement moral, mais plutôt à leur montrer qu'ils ne sauraient apporter trop de soin et de conscience à cette partie la plus importante et la plus noble de leur tâche.

A. B.

ÉDUCATION MORALE

CHAPITRE I

LA FAMILLE

1ʳᵉ LEÇON. — Amour et soins des parents pour leurs enfants.

Pensées et Maximes. — 1. *Quand tu élèveras tes enfants, tu sauras ce que tu dois à ton père et à ta mère.*

2. *L'enfant doit être élevé pour lui-même* (J. PAYOT).

3. *Le père est obligé de nourrir et d'élever son enfant; il n'est pas obligé de le faire héritier* (MONTESQUIEU).

4. *L'asile le plus sûr est le sein d'une mère* (FLORIAN).

5. *Les parents sont des amis incomparables que la nature nous donne* (P. JANET).

6. *Tant vaut la mère, tant vaut l'homme.*

Plan [1]. — Notre vie s'écoule auprès de personnes avec lesquelles nous avons de constants rapports et auxquelles nous rattachent de puissants liens d'affection et de parenté. Cette situation n'est pas particulière à nous seul; elle s'applique à tous nos contemporains. Ils font chacun partie d'un de ces groupes qu'on nomme *familles*. Dans chaque famille, nous distinguons trois sociétés : 1° le père et la

---

1. *Observation applicable à toutes les leçons.* — Les leçons de morale ne comportent point, de la part de l'instituteur, un exposé ininterrompu. Ce rôle de prédicateur en chaire ne conviendrait ni à ses élèves ni à lui-même. Ses leçons sont plutôt des entretiens, dans lesquels maîtres et élèves interviennent tour à tour. Nous n'adopterons pourtant point ici la forme dialoguée, qui n'a que l'apparence du mérite qu'elle réclame. Il n'est pas possible, en effet, de prévoir à l'avance toutes les questions à poser, non

mère; 2° les parents et les enfants; 3° les enfants (frères et sœurs).

La forme et la constitution de la famille n'ont pas toujours été ce que nous les voyons aujourd'hui. Comme toutes les institutions, elle s'est profondément modifiée à travers les âges. Il n'y a pas lieu de remonter à son origine, d'ailleurs obscure, et d'étudier les transformations qu'elle a subies depuis la préhistoire jusqu'à ce jour. Mais les rapports, les relations des membres de la famille entre eux ont varié d'une manière dont il faut dire quelques mots, ne serait-ce que pour nous apprendre à être satisfaits de ce qui existe, sans que nous devions renoncer à l'améliorer.

Dans la famille hindoue, grecque ou romaine, le père avait le droit de vendre ses enfants, et même de les mettre à mort s'il le croyait utile ou juste. A la mort du père, son fils aîné lui succédait dans ses charges et dans ses droits, et dominait à sa place les autres membres de la famille. Cette autorité paternelle s'adoucit au moyen âge, mais les enfants, même mariés, restèrent, jusqu'à la Révolution de 1789, soumis au père, ils ne pouvaient même acquérir sans le consentement paternel. Le droit d'aînesse, par lequel la plus grande partie des biens passait légalement au premier né, avait aussi subsisté. La loi du 15 avril 1791 proclama le droit égal de tous les enfants à l'héritage de leur père. Toutefois, le Code civil (1804) créa ce qu'on appelle la *quotité disponible* (art. 913), qui permet au testateur de disposer de la *moitié* de ses biens s'il n'a qu'un enfant, du *tiers*, s'il en a deux, et du *quart*, s'il en a plus de deux.

Les animaux peuvent, dans un temps relativement court, se passer des soins de leur mère, tandis que les enfants sont, pendant une longue période, dans l'impossibilité de se suffire. Pour qu'ils puissent vivre, il est indispensable que leurs parents les nourrissent, les soignent, les protègent, et cela pendant plusieurs années. Comment le père

plus que d'imaginer les réponses que les élèves peuvent y faire. En dehors de la première question, les autres sont commandées par les réponses faites. Il est parfois nécessaire d'insister sur une idée mal comprise par quelques enfants; les réponses doivent être redressées ou complétées, et c'est le maître qui juge, sur le moment, jusqu'où il doit aller et où il doit s'arrêter. Ce qui importe, c'est qu'il trouve, dans le plan qui lui est offert, un guide qui empêche l'entretien de dévier, qui prévienne les omissions, et qui fournisse, quand il est épuisé, un tout suffisant pour le développement du sujet de la leçon.

et la mère s'acquitteraient-ils de cette tâche, s'ils n'aimaient pas leurs enfants d'un amour que rien ne rebute ni ne lasse? Mais c'est justement cet amour que la nature a mis au cœur de la mère et du père, qui assure aux enfants la continuité d'une assistance sans laquelle ils ne verraient le jour que pour en perdre aussitôt la jouissance.

L'amour maternel, plus instinctif, moins raisonné que l'amour paternel, s'affirme et se développe avant même la naissance de l'enfant, et la mère s'attache à celui-ci en raison même des souffrances qu'il lui impose et des peines qu'il lui coûte. Mme de Sévigné écrivait à sa fille : « J'ai mal à votre poitrine ». Nous ne pouvons avoir conservé le souvenir de tout ce que notre mère a fait pour nous : les soins les plus absorbants et les plus nécessaires, elle les a pris de nous à une époque où notre intelligence était à peine à l'état d'ébauche. Notre mémoire n'a pas retenu le nombre des nuits sans sommeil, des soins matériels, des peines visibles ou cachées dont nous avons été cause; mais si nous regardons autour de nous comment les jeunes mères se dévouent à leurs petits enfants, nous aurons la notion de ce que nous devons à la nôtre, pour cette période où nous étions à la merci de tout et où notre mère nous protégeait contre tout. C'est notre mère qui nous a appris à marcher et à parler; c'est à elle que nous devons la première culture de notre intelligence et de nos sentiments. On a dit avec raison que les grands hommes ont eu pour mères des femmes de haute valeur : Cornélie et les Gracques, Monique et saint Augustin, Blanche de Castille et saint Louis, la mère de Washington, d'André Chénier, de Lamartine, de Quinet, etc.

C'est à notre mère que nous devons l'ordre, l'harmonie, la paix aimable qui règnent dans la maison. Elle est l'économe de la société que forme la famille, et de sa bonne gestion dépend, le plus souvent, la prospérité matérielle de ceux qui vivent autour d'elle. « Les femmes font et défont les maisons », a-t-on dit avec raison.

Le père aide la mère dans les soins à donner aux enfants, mais c'est surtout à lui qu'incombe la charge d'assurer à tous les siens les moyens d'existence. Tous ses efforts tendent à ce but. C'est pour ses enfants qu'il travaille avec une énergie qui ne se dément point; c'est pour leur assurer une vie meilleure, plus facile que la sienne propre, qu'il acquiert et conserve ses biens. La tâche est ardue et parfois difficile, et ses efforts ne sont pas toujours couronnés de succès. Il dirige l'éducation de ses enfants ; il les oriente, en consultant leurs goûts et leurs aptitudes, vers la carrière qui leur convient. Sa responsabilité et son affection justifient son autorité. Cette autorité qu'il a sur ses enfants, presque absolue tant qu'ils sont jeunes, s'atténue à mesure que la personnalité de ceux-ci s'affirme et se développe. Elle devient plus raisonnée, plus morale ; elle s'affaiblit pour finir au rôle de simple conseillère quand les enfants ont atteint leur majorité ou se sont séparés de la famille initiale pour en fonder une autre à leur tour.

Résumé. — Les parents et leurs enfants, vivant ensemble dans l'amour les uns des autres, forment la famille, dont le père est le chef.

A tous les moments de leur existence, le père et la mère se dévouent pour leurs enfants.

La mère s'attache à eux en raison de la peine qu'ils lui ont donnée.

Elle est l'âme de la maison, où elle fait régner l'ordre, la paix, le bien-être.

Le père assure, par son travail constant, l'existence matérielle de tous les siens. Avec la mère, il veille à l'éducation des enfants, les dirige quand ils sont jeunes, les suit dans la vie et les conseille quand ils sont devenus grands.

Questions. Problèmes moraux. Exercices de rédaction. — 1. Comment fait-on le malheur d'un enfant en le gâtant ?

2. Avec la quotité disponible, ne peut-on faire un « aîné » ? Dans quel cas est-ce juste et logique ?

3. Expliquez cette maxime orientale : « Louer son fils, c'est se flatter, mais blâmer son père, c'est se flétrir ».

4. Un père de famille disait : « Une partie de mes ressources est employée à l'éducation de mes enfants ; je la place à gros intérêts ». Son affirmation est-elle exacte ?

5. Agésilas, roi de Lacédémone, courait un jour à cheval sur un bâton pour amuser son fils enfant. Un témoin s'avisa d'en rire. « Mon ami, lui dit le père, attends, pour juger la conduite d'un père, que tu sois père toi-même. » Rapprocher l'anecdote analogue d'Henri IV et de l'ambassadeur d'Espagne.

6. Comment faut-il entendre : « les femmes font et défont les maisons » ?

7. Un proverbe populaire dit, sous une forme exagérée : « Un père nourrirait cent enfants et cent enfants ne nourriraient pas un père ! » Expliquez ce qu'il faut entendre par là, et indiquez les résolutions que vos réflexions vous inspirent.

La famille donne beaucoup, mais elle ne donne pas sans condition. Une des erreurs les plus communes est de tout exiger de la famille sans lui rien donner, de lui demander le repos dans l'ennui, les soins dans la maladie, la gaîté dans la tristesse, mais de vouloir conserver en même temps tous les avantages d'une vie libre et dégagée. La vie libre a ses plaisirs, la famille a les siens. Vouloir jouir à la fois des uns et des autres, c'est les manquer également. On ne retrouve pas à heure dite la sérénité, la paix dont on a besoin; ces biens ne résultent que de l'habitude. Pour jouir de la famille, il faut y vivre, y rester, en accepter les liens. La famille est une servitude. Je ne dis point cela pour l'abaisser, mais pour la relever; c'est une noble servitude où chacun se doit tout à tous....

Le besoin d'où naît la famille, c'est celui de revivre en autrui. L'homme aime tant à vivre qu'il veut se survivre : de là l'affection paternelle. C'est de cet amour de la vie que naît le désir de l'immortalité, et c'est sur cette terre même que l'homme aspire à l'immortalité. Les uns la cherchent dans la perpétuité de leur nom; l'amour de la gloire n'est qu'une des formes de ce vaste amour. Mais une telle immortalité n'est promise qu'à un très petit nombre, et la plupart essaient de se donner le change en renaissant dans leurs enfants. On oublie que les cheveux tombent et blanchissent en voyant naître, grandir, fleurir, mûrir autour de soi ces jeunes plantes si aimées. Les parents vivent de la vie de leurs enfants, souffrent de leurs souffrances et meurent de leur mort; et la pensée qui nous fait regarder les enfants comme des membres de nous-mêmes n'est pas une pure illusion; c'est notre chair et notre sang, mais surtout c'est notre âme, ce sont nos exemples, nos leçons, nos vertus, nos faiblesses qui revivent en eux; et c'est ainsi qu'il se fait, de génération en génération, une tradition heureuse ou malheureuse de vertus ou de vices, chacun recevant ou transmettant, à son tour, par l'éducation et par l'exemple, une partie de lui-même.

La famille demande à l'homme le sacrifice de son être, mais elle le paie par l'accroissement de son être; elle le force à s'oublier lui-même, mais elle lui permet de se retrouver en autrui; elle concilie le bonheur de la personnalité avec le bonheur du dévouement.

PAUL JANET, La famille (Calmann-Lévy éditeur).

Autres lectures. — 2. *Formes successives de l'autorité pater-nelle* (AD. FRANCK, Morale pour tous, p. 78). — 3. *Tendresse maternelle*, Léon Tolstoï (MASSON ET ROUSTAN, Nouveau livre de Morale pratique, p. 3). — 4. *La mère de Criquette*, L. Halévy (Mêmes auteurs, p. 5). — 5. *L'Enfant prodigue*, Troisième Évan-gile (Mêmes auteurs, p. 28). — 6. *Les parents*, Lamennais, Le livre du peuple, xii (R. THAMIN, Extraits des Moralistes français, p. 325). — 7. *Devoirs des pères*, Malebranche (Même auteur, p. 350). — 8. *Andromaque et Pyrrhus*, Racine, Andromaque (LABBÉ, Morceaux choisis, Cours moyen, p. 60). — 9. *L'ourse et son petit*, Fénelon (JOST ET CAHEN, Lectures courantes, première série, p. 61). — 10. *Une maman*, Mme Colomb (Mêmes auteurs, p. 233). — 11. *Ma mère, mon père* (E. DE AMICIS, Grands Cœurs, p. 33 et 287). — 12. *Les serins et le chardonneret* (FLORIAN, Fables, liv. Ier, fable 5). — 13. *La mère, l'enfant et les sarigues* (FLORIAN, liv. II, fable 1). — 14. *La guenon, le singe et la noix* (FLORIAN, liv. IV, fable 12). — 15. *Ma mère* (PAURAUX, Les chants du foyer, p. 9).

Bibliographie. — FUSTEL DE COULANGES, *La cité antique*, livre II (Hachette, éditeur). — PONTSEVREZ, *Notions morales : La famille*, chap. i à iii (Hachette, éditeur).

COMPLÉMENTS POUR LE COURS SUPÉRIEUR. — **Puissance paternelle. Déchéance. Émancipation.**

Dans les sociétés organisées le mariage est le fondement de la famille. C'est un contrat purement civil. Une céré-monie religieuse peut le consacrer, mais elle ne saurait remplacer l'exécution des prescriptions légales. Le mariage religieux quand il se produit doit suivre le mariage civil et non le précéder.

La loi qui institue le mariage organise la puissance paternelle, c'est-à-dire les droits du père et de la mère sur la personne et les biens de leurs enfants.

Tout d'abord l'enfant doit à tout âge honneur et respect à ses père et mère.

Le père, et la mère à son défaut, a le droit de diriger l'éducation de ses enfants; ceux-ci sont tenus de lui obéir jusqu'à leur majorité. Un enfant qui se conduit mal peut être, sur la demande de son père, détenu dans une maison de correction pendant six mois. Le père a la jouissance des biens qui appartiennent à l'enfant et le droit de prélever sur ces biens les ressources nécessaires à l'éducation de l'enfant.

Le père qui a une conduite répréhensible, qui donne à ses enfants de pernicieux exemples ou une éducation immorale, peut être déchu de l'autorité et de la puissance paternelles.

Par contre, les enfants mineurs peuvent être émancipés dès l'âge de quinze ans par leurs parents, et dès l'âge de dix-huit ans par leur tuteur, s'ils n'ont plus leur père et mère.

Le mariage des mineurs entraîne de droit leur émancipation.

2ᵉ Leçon. — Devoirs des enfants envers leurs parents : amour filial, reconnaissance, obéissance, confiance, respect, secours, assistance.

Pensées et Maximes. — *1. C'est aux pieds de sa mère qu'un fils gagne le paradis* (MAHOMET).

2. Le plus grand bien que l'on puisse laisser à ses enfants, c'est une bonne éducation.

3. En faisant acte de bon fils, vous faites acte de bon citoyen (WAGNER).

4. Attends de tes enfants, pour la vieillesse, ce que toi-même auras fait pour ton père.

5. Tout ce que le père de famille dit aux siens doit inspirer l'amour et le respect (JOUBERT).

6. L'obéissance est la sauvegarde de l'enfance.

7. De quelle vertu serais-tu capable si tu ne commençais par aimer ta mère? (SOCRATE).

Plan. — Nous avons dit que l'amour est réciproque entre les parents et les enfants. Il est juste et naturel que l'on s'attache à ceux de qui on reçoit toutes sortes de biens, et si les enfants étaient tentés de méconnaître ce devoir, il suffirait qu'ils fissent un retour sur les bienfaits reçus pour rester dans le droit chemin. L'amour filial nous rend facile l'accomplissement de tous nos autres devoirs envers nos parents. Nous ne voulons pas, en effet, les attrister, puisque nous les aimons, et ce désir nous porte à nous conduire de manière à obtenir leur complète approbation.

L'amour filial, dit un auteur, se compose de respect, de tendresse et de dévouement. S'il fallait classer nos devoirs dans un ordre logique, et en quelque sorte chronologique, après l'amour filial, et découlant de lui, nous mettrions la reconnaissance, l'obéissance, la confiance, le respect et le dévouement.

La reconnaissance, mémoire du cœur, implique un bienfaiteur et un obligé. Or, qui donc reçoit de quelqu'un plus que les enfants ne reçoivent de leurs parents? — Personne. Donc, personne au monde ne doit éprouver pour un bienfaiteur une reconnaissance égale à celle qui doit animer les enfants pour leur père et leur mère.

Chez l'enfant, qui est faible et dépendant, cette reconnaissance ne restera pas simplement à l'état de sentiment, mais elle se traduira par des actes.

L'obéissance aux ordres des parents en sera la première manifestation. Cette obéissance sera empressée, volontaire, joyeuse, car ce n'est pas obéir qu'obéir de mauvaise grâce ou avec lenteur. Et puis, quelle joie n'éprouve-t-on pas en contentant ses parents? Même en leur absence, nous pouvons leur obéir. S'ils ne sont pas toujours là pour nous diriger ou nous donner des ordres, nous n'avons qu'à consulter notre cœur pour savoir le chemin à prendre. Faisons toujours comme si nos parents nous voyaient agir : c'est le plus sûr moyen de ne point encourir leur blâme.

Le devoir d'obéissance filiale persiste longtemps : la loi en fait une obligation à l'enfant jusqu'à sa majorité, et même au delà dans certains cas (actes respectueux au sujet du mariage. — Articles 148 et 155 du Code civil).

L'enfant obéit encore à ses parents parce qu'il a confiance en eux. Il sent que ses parents ne veulent que son bonheur et que leur affection pour lui dicte leurs ordres. Il sait que les parents ont de l'expérience et qu'ils connaissent la portée des choses et les conséquences des actes. Donc, en se conformant à leur volonté, l'enfant ne peut mal faire. Cette confiance porte encore l'enfant à dire sans réticence à ses parents tout ce qui l'intéresse, tout ce qui lui arrive, tout ce qu'il fait. Il avoue ses fautes quand il en commet et se soumet aux punitions qu'il peut avoir méritées. Il a recours aux conseils de son père et de sa mère dans les circonstances difficiles où il discerne mal son devoir.

« L'enfant, à tout âge, doit honneur et respect à ses père et mère », dit la loi (article 371 du Code civil). Ce respect est justifié par la situation que nous avons vis-à-vis de nos parents. L'autorité légitime est respectable, et quelle autorité est plus légitime que celle de notre père et de notre mère sur nous? Le respect dû aux parents se marquait autrefois par des pratiques extérieures qui ont à peu près disparu dans l'adoucissement de nos mœurs. Les enfants ne tutoyaient point leurs parents; ils leur parlaient tête nue, et n'étaient admis qu'à un certain âge à la table de famille. La familiarité dans laquelle nous vivons avec notre père et notre mère ne nous affranchit pas de l'obligation du respect. Nos parents ne sont ni nos camarades ni nos égaux; notre langage doit être poli, déférent. Il doit être tel quand nous parlons de nos parents, et nous ne devons pas souffrir qu'on parle d'eux sans respect devant nous.

Nos parents s'efforcent de nous faire une bonne situation matérielle, de nous assurer une solide instruction. Si nous concevions de l'orgueil pour le savoir que nous devons à leurs sacrifices, nous serions indignes du nom de fils.

Quoique jeune et faible, l'enfant peut rendre dans la famille une foule de petits services à ses parents : d'abord des services positifs en aidant sa mère dans les soins du ménage, en faisant des commissions et des courses au dehors. Il peut, en outre, et doit avoir grand soin de ses vêtements et de ses effets de classe, afin d'alléger, autant qu'il est en lui, les dépenses faites à son profit.

A mesure que l'enfant grandit, les services qu'il peut rendre sont plus importants. Les parents, que l'âge affaiblit, sont moins en mesure de se suffire. Les enfants doivent alors les assister de tout leur pouvoir et leur rendre, sous forme de soins matériels, une part de ce qu'ils ont reçu d'eux dans leur jeune âge. « Les enfants doivent des aliments à leur père et mère... qui sont dans le besoin » (Code civil, article 205).

Résumé. — L'amour filial nous rend faciles nos devoirs envers notre père et notre mère, qui nous comblent de leurs bienfaits. Notre cœur ne leur marchandera pas sa reconnaissance pour leurs soins matériels et moraux.

Pleinement confiants dans leur affection éclairée, nous leur obéirons avec joie et nous n'aurons jamais rien de caché pour eux.

Notre respect n'aura d'égal que notre amour. Nous ne laisserons échapper aucune occasion de leur témoigner nos bons sentiments par nos actes, et si un jour notre appui leur est nécessaire, nous serons heureux de leur rendre sans contrainte une faible part de ce que nous avons reçu d'eux.

Questions. Problèmes moraux. Exercices de rédaction. — 1. Comment les enfants peuvent-ils contribuer au bonheur de leurs parents?

2. Pourquoi les parents doivent-ils avoir une égale affection pour tous leurs enfants?

3. Que devrait faire un enfant si ces parents lui commandaient des actes contraires à l'honneur, notamment à la probité? (STEEG, *L'honnête homme*, p. 213).

4. Comment l'obéissance aux parents n'humilie-t-elle et n'abaisse-t-elle pas les enfants?

5. Chez les anciens Égyptiens, les fils devaient embrasser la profession de leur père. Voyez-vous des avantages ou des inconvénients à cette habitude sociale, et lesquels?

6. Un père donne un ordre identique à ses deux fils. L'un dit : « Je ne le fais pas », mais en réfléchissant, il trouve qu'il a tort et obéit. L'autre dit : « J'y vais », et n'obéit point. Appréciez la conduite de ces deux enfants.

LECTURES ET EXERCICES DE MÉMOIRE. — 1. L'amour filial.

A peine l'intelligence de l'enfant s'ouvre-t-elle à l'idée du devoir que la nature lui crie : « Aime tes parents ». L'instinct de l'amour filial est si puissant, qu'il semblerait que nous n'ayons besoin d'aucun effort pour l'entretenir pendant toute la vie. Néanmoins, il faut à tous les bons penchants l'appui de notre volonté, autrement ils se détruisent.

Un père et une mère sont naturellement nos premiers amis : ce sont les mortels auxquels nous devons le plus : nous sommes tenus envers eux, par le lien le plus sacré, à la reconnaissance, au respect, à l'amour, à l'indulgence et à l'aimable expression de tous ces sentiments.

Il arrive trop souvent que la grande intimité dans laquelle nous vivons avec les personnes qui nous appartiennent de plus près nous habitue à les traiter avec une excessive indifférence, et trop peu de souci d'être aimable pour eux et d'embellir leur existence.

Gardons-nous bien d'un pareil tort. Celui qui veut s'ennoblir doit porter, dans toutes ses affections, un certain désir d'attentions et de grâce parfaite, qui leur donne toute la perfection qu'elles peuvent attendre.

Attendre qu'on ait quitté la maison pour se montrer courtois, observateur de tous les égards qui charment, et manquer en même temps à la déférence et à la douceur envers ses parents, c'est une chose déraisonnable, c'est une faute. Les belles manières ne s'acquièrent que par des soins assidus et en commençant dans le sein de la famille.

L'amour filial est un devoir, non seulement de reconnaissance, mais d'indispensable convenance. Dans les cas rares où quelqu'un aurait des parents peu bienveillants, peu en droit de commander l'estime, le seul fait qu'ils sont les auteurs de sa vie leur donne une qualité si respectable, qu'il ne pourrait sans infamie, je ne dirais pas les mépriser, mais seulement les traiter avec indifférence. Dans un tel cas, les égards qu'il aura pour eux auront plus de mérite, mais ils ne seront pas moins une dette payée à la nature et à sa propre dignité.

SILVIO PELLICO, *Devoirs des hommes.*

Autres lectures. — 2. *Dévouement filial*, Lebrun (MASSON ET ROUSTAN, Nouveau livre de Morale pratique, p. 10). — 3. *L'enfant prodigue*, Troisième Évangile (Mêmes auteurs, p. 28). — 4. *La chèvre de M. Seguin*, Alp. Daudet, Lettres de mon moulin (JOST ET CAHEN, Lectures courantes, 2ᵉ série, p. 46). — 5. *Madame de Sévigné* (BARRAU, Morale pratique, p. 315). — 6. *Iphigénie et Agamemnon*, Racine (LABBÉ, Morceaux choisis, Cours moyen, p. 49). — 7. *Les parents de Diderot* (LABBÉ, Morceaux choisis, Cours supérieur, p. 239). — 8. *Le fils ingrat et son retour*, Diderot (STEEG, Vie morale, p. 106). — 9. *Louise* (BARRAU, Morale pratique, p. 301). — 10. *L'écrevisse et sa fille* (LA FONTAINE, liv. XII, fable 10). — 11. *Le cochet, le chat et le souriceau* (LA FONTAINE, liv. VI, fable 5). — 12. *La carpe et les carpillons* (FLORIAN, liv. Iᵉʳ, fable 7). — 13. *La guenon, le singe et la noix* (FLORIAN, liv. IV, fable 12). — 14. *Le cœur d'une mère*, Ratisbonne (LABBÉ, Morceaux choisis, Cours moyen, p. 108). — 15. *Une mère* (FLORIAN, Ruth, les douze premiers vers). — 16. *Amour filial* (MAURICE BOUCHOR, Chants populaires pour les Écoles, 1ʳᵉ série, p. 36). — 17. *La chèvre* (PAURAUX, Les chants du foyer, 2ᵉ série, p. 23).

Bibliographie. — XAVIER DE MAISTRE, *La jeune Sibérienne.* — PAUL JANET, *La famille* (C. Lévy, éditeur).

3ᵉ Leçon. — **Devoirs des enfants envers leurs grands-parents (et les vieillards); envers les parents en général.** — **Esprit de famille.** — **Orphelins.**

Pensées et Maximes. — *1. Les vieillards sont la majesté du peuple* (Joubert).

2. Où peut-on être mieux qu'au sein de sa famille?

3. Il ne faut que vieillir pour devenir indulgent (Gœthe).

4. Toute puissance est faible à moins que d'être unie (La Fontaine).

5. L'union est la source de la prospérité des familles.

Plan. — Si nos grands-parents sont en vie, nous avons deux grands-pères et deux grand'mères. Ils peuvent vivre dans notre famille ou séparément, ou avec d'autres enfants à eux. Nos devoirs envers eux sont sensiblement les mêmes qu'envers nos parents : amour, obéissance, reconnaissance, respect. Nous sommes sûrement, de leur part, l'objet d'une vive affection et d'une grande indulgence; ils nous gâtent peut-être même un peu et sont tout heureux de nous faire plaisir. De notre côté, rendons-leur la vie douce; ils sont peut-être malades, infirmes; soyons leur « bâton de vieillesse »; rendons-leur tous les soins et tous les services que leur affaiblissement réclame; tenons-leur compagnie; lisons pour eux si leurs yeux ne leur permettent plus cette distraction.

La loi prévoit le cas où les grands-parents peuvent avoir du besoin de recourir à leurs petits-enfants, et l'article 205 Code civil les place sur le même rang que le père et la mère au point de vue de l'assistance alimentaire.

« La vieillesse est vénérable pour tous les cœurs bien nés. » Aussi aurons-nous pour les personnes âgées, bien qu'elles ne fassent pas partie de notre famille, des égards particulièrement respectueux. Dans les sociétés anciennes arrivées à un haut degré de civilisation — républiques grecques et romaine, — les vieillards étaient traités avec la plus grande déférence; la loi punissait même ceux qui leur manquaient de respect. Aujourd'hui, ne point respecter les vieillards ou les infirmes, c'est faire preuve de mauvaise éducation et montrer la bassesse de son cœur.

Comme les multiples rejetons d'une souche unique, nous trouvons, en remontant à nos ascendants, des familles qui ont avec la nôtre une même origine et qui vivent tout près ou loin de nous. Les liens de parenté qui nous unissent à elles sont également des liens d'affection qu'il ne faut point laisser se relâcher. C'est souvent aux enfants qu'incombe le soin d'entretenir des rapports écrits avec les parents éloignés. C'est eux qui tiennent la plume à l'occasion d'une fête, d'un anniversaire, d'un événement heureux ou malheureux. Il faut mettre tout son cœur dans ces relations épistolaires et non point s'en acquitter comme d'une ennuyeuse corvée.

Cette correspondance, comme aussi les visites, maintiennent et fortifient l'esprit de famille, qui consiste dans cet attachement sincère de tous les membres directement les uns aux autres, et surtout à la lignée, à la maison, à la race. Il commande aux rivalités individuelles et s'oppose aux dissensions intérieures. « Toute maison divisée contre elle-même périra »; l'union, au contraire, la fait vivre, prospérer et s'étendre. Elle assure à ses membres la considération et l'estime de leurs concitoyens, et l'avantage de tous profite à la société entière.

La bonne opinion que nous avons de nos parents, la solidarité que nous pratiquons à leur égard, ne doivent pas nous aveugler au point de nous faire méconnaître la justice que nous devons à nos semblables. Il ne faut pas que l'esprit de famille dégénère en égoïsme ou devienne une mesquine association d'intérêts, ou un moyen d'iniquité ou d'oppression. — Népotisme.

Mais si le malheur frappe un des membres de la famille, les autres doivent lui venir en aide, matériellement et moralement. Cette obligation est plus stricte encore si des enfants perdent leurs parents et deviennent orphelins. Ils doivent trouver des pères et des frères dans leurs parents, et en particulier dans celui que la loi charge de leur tutelle. La situation des orphelins est particulièrement digne de pitié : l'enfant sans famille est comme un rameau détaché de l'arbre qui le portait; sa vie serait à la merci de toutes sortes d'accidents, s'il ne trouvait pas dans ses parents l'affection destinée à remplacer celle du père et de la mère que la mort lui a ravis.

Résumé. — Nos grands-parents sont remplis pour nous d'indulgence et d'affection. Nous devons leur montrer notre amour en leur rendant tous les petits services qui sont en notre pouvoir. Nous devons également respecter et secourir les vieillards et les infirmes.

Notre affection doit s'étendre à tous les membres de notre famille, qu'ils vivent près ou loin de nous. Un esprit de solidarité doit nous unir à eux, et nous devons traiter comme des frères nos jeunes parents qui ont eu le malheur de devenir orphelins.

Questions. Problèmes moraux. Exercices de rédaction. — 1. Lisez avec attention la dernière fable du livre IV de La Fontaine : *L'alouette, ses petits avec le maître d'un champ,* et appréciez la conduite des parents qui s'abstiennent de prêter l'aide qui leur est demandée. Que pensez-vous de la prévision de l'alouette ?

2. Votre ami Jules vous propose une promenade au moment où vous vous préparez à faire une lecture à votre grand'mère aveugle. Que ferez-vous ?

3. Votre cousin, âgé de sept ans, a perdu son père et sa mère. Votre père est son tuteur. L'orphelin reste dans votre famille. Comment le traiterez-vous ?

4. « Souviens-toi de ton père et de ta mère lorsque tu t'assieds à la table des grands », dit un précepte. Quelles réflexions vous incite à faire cette pensée ?

5. Votre oncle, qui habite la ville, vous offre de passer dans sa famille les congés de Pâques. D'un autre côté, votre grand-père, qui habite un petit village, souhaiterait vous voir pendant ces mêmes congés. Quelle décision prendrez-vous, étant donné que vous avez toute liberté de choisir ?

6. Le déshonneur d'un membre de la famille entache-t-il l'honneur des autres membres ?

7. Un enfant de modeste origine s'enrichit. Comment doit-il se conduire à l'égard de ses parents ?

LECTURES ET EXERCICES DE MÉMOIRE. — 1. Le vieillard
et ses enfants.

Un vieillard près d'aller où la mort l'appelait,
Mes chers enfants, dit-il (à ses fils il parlait),
Voyez si vous romprez ces dards liés ensemble ;
Je vous expliquerai le nœud qui les assemble. »
L'aîné les ayant pris, et fait tous ses efforts,
Les rendit en disant : « Je le donne aux plus forts. »
Un second lui succède et se met en posture,
Mais en vain. Un cadet tente aussi l'aventure.
Tous perdirent leur temps, le faisceau résista ;
De ces dards joints ensemble, un seul ne s'éclata.
« Faibles gens! dit le père, il faut que je vous montre
Ce que ma force peut en semblable rencontre. »

On crut qu'il se moquait; on sourit, mais à tort :
Il sépare les dards et les rompt sans effort.
« Vous voyez, reprit-il, l'effet de la concorde :
Soyez joints, mes enfants, que l'amour vous accorde. »
Tant que dura son mal, il n'eut d'autre discours.
Enfin, se sentant près de terminer ses jours;
« Mes chers enfants, dit-il, je vais où sont nos pères;
Adieu! Promettez-moi de vivre comme frères;
Que j'obtienne de vous cette grâce en mourant. »
Chacun de ses trois fils l'en assure en pleurant.
Il prend à tous les mains, il meurt; et les trois frères
Trouvent un bien fort grand, mais fort mêlé d'affaires.
Un créancier saisit; un voisin fait procès;
D'abord notre trio s'en tire avec succès.
Leur amitié fut courte autant qu'elle était rare.
Le sang les avait joints, l'intérêt les sépare;
L'ambition, l'envie, avec les consultants,
Dans la succession entrent en même temps.
On en vient au partage, on conteste, on chicane;
Le juge, tour à tour, sur cent points les condamne.
Créanciers et voisins reviennent aussitôt,
Ceux-là sur une erreur, ceux-ci sur un défaut.
Les frères désunis sont tous d'avis contraire :
L'un veut s'accommoder, l'autre n'en veut rien faire....
Tous perdirent leur bien, et voulurent trop tard
Profiter de ces dards unis et pris à part.

(La Fontaine, liv. IV, fable 18).

2. *Ce que c'est que la famille*, Bersot (Masson et Roustan, Nouveau livre de Morale pratique, p. 22). — 3. *Attachement aux choses familières*, P. Loti, Matelot (Même ouvrage, p. 25). — 4. *Le nom que l'on porte*, E. Legouvé (Même ouvrage, p. 30). — 5. *Le grand-père de grand-père*, Girardin (Jost et Cahen, Lectures courantes extraites des Écrivains français, 1re série, p. 164). — 6. *La visite au toit paternel*, Chateaubriand (Labbé, Morceaux choisis, cours moyen, p. 202). — 7. *Ma grand'mère*, Damiron (Labbé, Morceaux choisis, cours élémentaire, p. 127). — 8. *Respect dû aux vieillards et aux ancêtres* (Silvio Pellico, Mes prisons et devoirs des hommes, p. 296). — 9. *Le foyer domestique*, J. Simon, L'ouvrière (R. Thamin, Extraits des moralistes, p. 332). — 10. *La vie de famille*, Eugénie de Guérin (Même ouvrage, p. 334). — 11. *De la solidarité des membres d'une même famille*, X. de Maistre (Même ouvrage, p. 336). — 12. *Le lion devenu vieux* (La Fontaine, liv. III, fable 14). — 13. *Le*

vieillard et les trois jeunes hommes (LA FONTAINE, liv. XI, fable 8). — 14. *Les deux rats, le renard et l'œuf* (LA FONTAINE, liv. X, fable 1). — 15. *Grand-père* (A. PAURAUX, Les chants du foyer, première série, p. 7). — 16. *Grand'Mère* (Même ouvrage, p. 22). — 17. *L'aïeul et le petit-fils* (V. HUGO, L'art d'être grand-père). — 18. *L'aïeul et le petit-fils* (GRIMM, Divers recueils).

Bibliographie. — V. HUGO, *L'art d'être grand-père.* — H. MALOT, *Sans famille.* — E. LEGOUVÉ, *Les pères et les enfants au XIX° siècle* (Hetzel).

COMPLÉMENTS POUR LE COURS SUPÉRIEUR. — Protection des orphelins. Tuteurs. Conseils de famille. Adoption.

Le mineur est celui qui n'a point atteint l'âge de vingt et un an révolus. Le mineur non émancipé est incapable, au sens légal, d'agir par lui-même et par suite de se protéger. Mais si ses père et mère lui manquent, la loi a chargé de ses intérêts un tuteur qui agit pour lui et remplace ses ascendants immédiats. Lorsque le mineur perd un de ses parents, la tutelle appartient de droit au survivant. Les grands-parents sont les tuteurs légaux de leurs petits-enfants. A leur défaut, le tuteur est nommé par le conseil de famille composé de six parents ou alliés, trois du côté paternel et trois du côté maternel, sous la présidence du juge de paix du canton.

Les personnes qui n'ont pas de famille peuvent s'en créer une par l'adoption qui est subordonnée à de nombreuses prescriptions légales; ainsi l'adoptant doit être âgé de cinquante ans au minimum et avoir au moins quinze ans de plus que l'adopté à qui il doit avoir donné des soins au cours de sa minorité, pendant six ans au moins.

Il ne doit avoir au jour de l'adoption ni enfants ni descendants.

L'adopté ajoute à son nom celui de l'adoptant; il devient pour lui un véritable fils au sens légal du mot et il a sur sa succession les mêmes droits que l'enfant légitime.

4ᵉ **Leçon**. — **Devoirs réciproques des frères et des sœurs.**
— **Rôle des aînés et de la jeune fille dans la famille.**
— **Action et influence de l'exemple.**

Pensées et Maximes. — 1. *Nul ne doit refuser un service à son frère* (LACHAMBEAUDIE).
2. *Un frère est un ami donné par la nature.*
3. *Comme je vis en lui, mon frère vit en moi.*
4.   *Le bien que l'on fait à son frère,*
      Pour le mal que l'on souffre est un soulagement.
                                        (FLORIAN).
5. *Deux frères sont comme la même âme dans deux corps différents* (GÉRARD).
6. *L'exemple est le plus éloquent des sermons* (STOBÉE).
7. *La route des préceptes est longue; celle des exemples est plus courte et plus sûre* (SÉNÈQUE).

Plan. — Les frères et les sœurs vivent ensemble, sous l'autorité des parents qui les chérissent d'un égal amour. Ils ont une commune origine, source de devoirs identiques et de communes affections. Leur rôle dans le jeune âge est de contribuer, par leur bonne conduite, au bonheur de leurs parents. Les sentiments d'affection, de respect, de reconnaissance, etc., qu'ils manifestent aux auteurs de leurs jours sont complétés par leurs devoirs réciproques dans la petite société qu'ils forment au sein de la famille.

Les enfants d'une même famille ont des rapports constants. Ces rapports ne peuvent être bons que s'ils sont régis par un désir commun de paix et de concorde. Les enfants ne chercheront donc point à jouir, au détriment les uns des autres, d'avantages spéciaux, mais, au contraire, ils se feront à l'envi de petits sacrifices pour que la bonne entente et l'harmonie ne soient point troublées. Qu'y a-t-il de plus affligeant qu'une dispute entre deux frères, et de plus condamnable que l'abus qui pourrait être fait de la force contre la justice? Les aigres discussions, les injures, les coups ne sont pas choses indifférentes : le fort prend insensiblement l'habitude de molester le faible, et celui-ci a recours, pour sa défense, à la ruse, à la dissimulation, à la perfidie, qui sont des germes de haine.

La vie en commun est intolérable en dehors de l'affection. L'indifférence même ne suffirait pas pour maintenir la paix, car il est inévitable qu'il n'y ait pas conflit d'intérêts plus ou moins graves, et si on n'est pas porté aux mutuelles concessions par les sentiments du cœur, l'état de guerre se déclare, l'existence en est empoisonnée et perd tout son charme.

Outre le devoir primordial d'affection, les frères, enfants d'une même famille, en ont d'autres qui découlent de celui-là et qui varient avec leur âge et leur sexe. Les aînés, de raison plus développée et plus avertie, remplacent, en quelque mesure, les parents auprès de leurs frères ou sœurs plus jeunes. Ils les dirigent, les conseillent, les préservent de commettre des sottises. C'est sur les aînés que les jeunes se guident et se modèlent. L'instinct d'imitation les porte à faire ce qu'ils voient faire devant eux et à se conduire comme se conduisent ceux qui vivent de leur vie. Les aînés ne devront donc donner à leurs cadets que d'irréprochables exemples, et ainsi ils collaboreront, avec leurs parents, à l'éducation des petits et à la formation chez eux de bonnes habitudes.

Les aînés exercent encore auprès de leurs jeunes frères un rôle de protection et de soutien. Ils ne vivent pas pour eux, mais ils les aident à vivre, leur adoucissant les difficultés de l'existence, sans supprimer pour eux l'effort nécessaire à la formation de la volonté et à la jouissance qu'on éprouve à triompher d'une difficulté.

Les plus jeunes enfants de la famille reconnaîtront cette légitime autorité, cette influence salutaire, si elles sont basées sur la justice et la bienveillance. Ils seront heureux de suivre l'exemple de leur grand frère et de se sentir protégés par lui.

Ce rôle de protecteur dévolu à l'aîné grandit singulièrement si les enfants ont le malheur de perdre leurs parents, et on a vu des enfants, relativement jeunes, acquérir, dans ces circonstances, un sérieux, une gravité, qui paraissaient être l'apanage d'un âge plus avancé.

La mère de famille est aidée dans les soins des petits par sa fille aînée, qui fait ainsi l'apprentissage de son rôle futur. Elle habille ses frères et sœurs, les fait manger, les garde, les promène;... elle les aide dans l'exécution de leurs devoirs de classe, les console dans leurs petits chagrins, et acquiert ainsi sur eux une autorité de bon aloi, dont l'exercice soulage la mère de famille dans l'accomplissement de sa lourde tâche.

De bonne heure, la jeune fille se rend encore utile à

l'intérieur de la maison en s'occupant du ménage : entretien du linge et des vêtements, nettoyage des meubles, ordre dans la maison, préparation des aliments, etc.

Les frères auront pour leurs sœurs des égards particuliers : au lieu de les traiter avec dédain parce que ce sont des filles, ils leur parleront avec douceur et leur rendront tous les petits services qui sont en leur pouvoir.

Tous, au reste, grands et petits, garçons et filles, auront toujours présent à l'esprit le lien de solidarité qui les unit. Ils n'oublieront pas que ce que l'un fait de bien profite aux autres, et que si l'un d'entre eux se conduit mal, tous supportent les conséquences de sa mauvaise action.

Résumé. — Le premier devoir des frères et des sœurs est l'affection. S'ils aiment véritablement, l'accomplissement de tous leurs autres devoirs leur sera facile. Il n'y aura entre eux ni jalousie, ni dispute ; ils rivaliseront de bonne volonté et de zèle pour rendre leurs parents heureux. Ils s'aideront les uns les autres : les grands protégeront les petits et leur donneront le bon exemple ; les petits auront confiance en leurs aînés et se modèleront sur eux.

Les frères seront prévenants et serviables pour leurs sœurs, et tous ensemble feront de constants efforts, pour mériter l'estime de ceux qui les entourent.

Questions. Problèmes moraux. Exercices de rédaction. — 1. Un de mes amis, dit J. Barni, demandait un jour à une jeune personne placée à table entre nous deux, si c'était elle qui avait fait certain gâteau qu'il trouvait délicieux: « Je ne me mêle pas de ces choses-là », répondit la demoiselle d'un ton piqué. Critiquez cette réponse et tracez à ce propos le rôle de la femme dans la vie domestique [1] (PONTSEVREZ, *Problèmes de Morale*, p. 72).

2. Est-ce par justice ou par affection, que l'aîné doit plus particulièrement protection à ses frères et sœurs ?

3. Deux frères s'étant trouvés de condition de fortune fort inégale, celui qui possédait beaucoup donna une part de son bien à l'autre. Comme on le complimentait de son sacrifice : « Pas du tout, dit-il, je me suis augmenté de tout ce que j'ai donné à mon frère ». Qualifiez sa conduite et expliquez sa parole.

---

[1]. J. Barni ajoute : « Ce n'est pas sans doute une vertu que de savoir faire des gâteaux, mais c'est, en général, une chose précieuse, même pour une demoiselle riche, que de s'entendre au ménage et de savoir au moins le diriger ».

4. Trois enfants, dont deux en bas âge et une fillette de quinze ans, restent orphelins. Quelle devra être la conduite de l'aînée envers ses deux jeunes frères ?

5. Comment pouvez-vous collaborer à l'éducation de vos jeunes frères et sœurs ?

6. On dit qu'un frère qui fait du tort à son frère s'en fait à lui-même. Est-ce exact ?

7. Quels doivent être vos sentiments et votre conduite envers vos frères malades ou infirmes ?

8. Dans quelles conditions un frère peut-il commettre un abus de pouvoir envers ses frères plus faibles que lui ?

LECTURES ET EXERCICES DE MÉMOIRE. — 1. Le frère et la sœur.

De tous nos sentiments, le plus délicat est peut-être celui du frère et de la sœur. L'amour de la sœur pour le frère est une sorte de vague respect pour la supériorité de la force et de la raison, mais un respect qui n'est pas accompagné du devoir de l'obéissance ni de la crainte de l'autorité, et qui, par conséquent, est sans humiliation et ne révolte point l'indépendance naturelle; c'est un respect uni au sentiment de l'égalité; c'est un respect mêlé d'affection, mais d'une affection vive, pleine, entière, où le cœur se donne sans aucune inquiétude; c'est une affection familière et aisée, aussi pure que vive. De la part du frère, le sentiment fraternel est un sentiment de protection, mais sans pouvoir, sans autorité, sans responsabilité; de là un sentiment heureux, joyeux, tendre, sans mélange de ces craintes, de ces scrupules qui se mêlent au sentiment paternel. L'amour du frère et de la sœur met en commun ce qu'il y a de charmant, de plus délicat dans le rapport des deux sexes, sans aucun mélange de ce qui est moins pur et moins innocent.

Le rôle du frère ressemble plus à celui du père; le rôle de la sœur à celui de la mère. Le frère, c'est encore la raison, mais ce n'est pas la raison grave, austère, qui commande, qui menace, qui réprimande; ce n'est pas la froide raison de l'expérience : c'est une raison condescendante et complaisante, c'est la raison de la jeunesse, si puissante sur la jeunesse. La sœur, c'est la tendresse, mais ce n'est point la tendresse sérieuse, craintive, imposante de la mère; c'est une tendresse enjouée, familière, doucement ironique. Ainsi se complète l'éducation du frère et de la sœur l'un par l'autre, par des conseils aimables, libres, affectueux, enjoués. Le frère et la sœur sont encore intermédiaires l'un pour l'autre auprès de leurs parents. S'élève-t-il quelque légère querelle entre la fille et les parents, le fils intervient pour les rapprocher, pour obtenir des parents quelque condescendance et pour ramener la fille à l'obéissance et à la docilité. Le fils a-t-il excité le mécontentement paternel, a-t-il causé l'affliction maternelle, la sœur intervient à son tour pour adoucir cette affliction, apaiser ce mécontentement, ramener la paix, en obtenant du fils le repentir et du père le pardon.

P. JANET, *La famille* (C. Lévy, éditeur).

Autres lectures. — 2. *Les frères*, L. Veuillot (R. THAMIN, Extraits des Moralistes français, p. 326). — 3. *L'amitié fraternelle*, B. de Saint-Pierre (Même ouvrage, p. 329). — 4. *Une querelle entre frères*, L. Tolstoï (MASSON ET ROUSTAN, Nouveau livre de Morale pratique, p. 14). — 5. *La première cuillerée*, Mme Necker de Saussure (Même ouvrage, p. 17). — 6. *Le lait de la petite sœur*, Francisque Sarcey (Même ouvrage, p. 18). — 7. *Les deux frères*, Lamartine (LABBÉ, Morceaux choisis, cours élémentaire, p. 129). — 8. *Mademoiselle de Rigny* (BARRAU, Morale pratique, p. 375). — 9. *Le fils du marchand* (BARRAU, même ouvrage, p. 376). — 10. *Le retour du captif* (BARRAU, même ouvrage, p. 378). — 11. *Les deux petits abandonnés*, V. Hugo (CH. BIGOT, Lectures choisies de français moderne, p. 131). — 12. *Nous sommes sept*, Wordsworth (MASSON ET ROUSTAN, Nouveau livre de Morale pratique, p. 20). — 13. *Le château de cartes* (FLORIAN, liv. II, fable 12). — 14. *Le droit d'aînesse* (V. DE LAPRADE, Le livre d'un père, Divers recueils). — 15. *Antiope* (FÉNELON, Télémaque, liv. XXII). — 16. Le crime et la défense d'Antigone, Sophocle (H. MOSSIER, Lecture et récitation hebdomadaires, p. 217).

Bibliographie. — H. MARION, *Solidarité morale* (Alcan).

5ᵉ LEÇON. — **Maîtres et serviteurs.**

Pensées et Maximes. — 1. *Traitons nos inférieurs comme nous voudrions être traités si nous étions à leur place.*
2. *Tel maître, tel valet.*
3. *Les bons maîtres font les bons serviteurs.*
4. *Nul ne peut servir deux maîtres.*
5. *Toute profession honnête est honorable* (A. DE TOCQUEVILLE).
6. *Si tu veux avoir un serviteur fidèle et qui te plaise, sers-toi toi-même* (FRANKLIN).

7. *L'œil du maître fait plus de besogne que ses deux mains* (B. FRANKLIN).

Plan. — « Le besoin réciproque que le pauvre a du riche et que le riche a du pauvre fit les serviteurs. » Un homme qui possède un grand domaine ne peut le cultiver seul, ni assurer par lui-même ou par ses parents le bon fonctionnement de la maison. Il lui faut des auxiliaires. Par contre, celui qui ne possède que ses bras aurait de la peine à assurer son existence, s'il ne trouvait du travail auprès de ceux qui sont plus favorisés que lui sous le rapport des biens matériels. Chez tous les peuples de l'antiquité, il y eut des esclaves. Cette forme sociale s'adoucit au IVe siècle par le servage, qui lui-même diminua peu à peu et disparut complètement à la Révolution de 1789 [1].

Depuis cette date, en France du moins, personne n'a jamais travaillé pour son semblable qu'en vertu d'un contrat débattu entre les intéressés et à des conditions librement consenties. Cette origine même des rapports entre maîtres et serviteurs crée à chacun d'eux des obligations et des devoirs qu'ils n'ont pas le droit d'éluder.

Les domestiques font en quelque manière partie de la famille; leur nom l'indique (*domus*, maison). A certains moments, ils remplacent les maîtres et ont la charge d'intérêts moraux et matériels auxquels la prospérité de la maison est étroitement liée (soin des enfants, la cuisine, la cave, la ferme, etc.). Le maître qui les emploie a le droit de les bien choisir, mais il a le devoir de les bien traiter et d'avoir confiance en eux. C'est le meilleur moyen d'en obtenir ce qu'on en attend.

Comme hommes, nos domestiques sont nos égaux; il faut donc les considérer comme des hommes, être poli envers eux, d'humeur égale, et ne leur donner que des ordres nets et précis. La politesse ne suffit même pas, il faut y joindre la bonté. Les maîtres doivent aimer leurs domestiques, les diriger, veiller sur leur conduite, leur assurer de bonnes conditions d'existence matérielle, afin d'adoucir ce que leur situation dépendante peut avoir de pénible. Mais ils sont surtout liés par un devoir d'équité. Ils doivent respecter scrupuleusement les conditions du contrat : ils paieront donc exactement les gages des domes-

____

[1]. Cette question sera reprise dans la trente et unième leçon sur la liberté.

tiques, ils ne leur imposeront point une tâche exagérée, et surtout ne contraindront d'aucune manière leur liberté morale et l'exercice de leurs droits naturels.

Les maîtres qui sentent toute l'importance de leurs obligations envers leurs serviteurs ne permettront jamais à leurs enfants de donner des ordres aux domestiques ou de les traiter avec insolence ou dédain; et, à ce point de vue, l'exemple des parents aura plus d'efficacité que leurs défenses.

Le domestique qui « entre en condition » aliène sa liberté, au moins en partie, et pour une durée déterminée. Il sait à quoi il s'engage, et son premier devoir est d'observer avec loyauté les clauses de son engagement. Il doit exécuter avec promptitude et conscience les ordres qu'il reçoit, son travail doit être assidu, même lorsqu'il n'est point surveillé de près. C'est ainsi que le serviteur justifie la confiance qui lui est accordée. Non seulement il ne cherche pas à détourner à son profit les objets ou les récoltes appartenant au maître, mais il fait de tout le meilleur usage sans gaspillage d'aucune espèce. Il prend les intérêts de son maître comme les siens propres, et se garde soigneusement de divulguer les choses qui doivent rester secrètes.

La bonté et l'affection que le maître témoigne à ses serviteurs ont chez ceux-ci leur contre-partie : ils s'attachent à la maison où ils vivent et à ceux qui l'habitent; ils prennent avec plaisir une partie des responsabilités du chef de la famille et ne marchandent point leur peine pour que sa prospérité ne soit pas compromise. Ils s'appliquent à ne donner que de bons exemples aux enfants, dans lequels ils respectent les parents.

La devise personnelle d'un bon domestique devrait être : « Pierre qui roule n'amasse pas mousse ». Celui qui reste longtemps dans la même place y gagne estime et considération, et le profit matériel n'est pas moindre pour lui. Les sociétés agricoles emploient une partie de leurs ressources à récompenser et à encourager les longs services; l'État les a lui-même suivies dans cette voie. Souvent, — autrefois surtout — l'affection des serviteurs pour leurs maîtres allait jusqu'au dévouement : lorsque la famille, dont ils faisaient partie par adoption, était frappée par le malheur, ils s'efforçaient d'adoucir, dans la mesure de leurs forces et de leurs moyens, les épreuves de leurs patrons.

Résumé. — Les maîtres et les serviteurs se rendent de mutuels services, en vertu d'un contrat librement accepté par eux. Les maîtres doivent avoir confiance dans leurs domestiques, être pour eux doux, polis et bienveillants. Ils doivent respecter leur dignité et leur liberté morale, veiller à leur bien-être matériel, les payer avec exactitude et ne pas leur imposer une tâche qui excède leurs forces.

Le serviteur doit travailler avec loyauté pour son maître, prendre ses intérêts et ne point divulguer ses affaires. Il doit s'attacher à la famille qu'il sert et rester le plus longtemps possible dans la même place; il y gagne estime, considération et profit.

Questions. Problèmes moraux. Exercices de rédaction. — 1. On dit que les bons maîtres font les bons serviteurs, Expliquez ce qu'on entend par là, et ne serait-il pas juste de dire aussi : « Les bons serviteurs font les bons maîtres »?

2. Les enfants peuvent-ils donner des ordres aux serviteurs de leurs parents? Comment? Dans quels cas? Dans quel ton?

3. Quels sont ceux qui sont le mieux servis : ceux qui commandent avec douceur et bienveillance ou ceux qui donnent des ordres avec dédain et mépris?

LECTURES ET EXERCICES DE MÉMOIRE. — **1. Le domestique moderne.**

Les domestiques tiennent aujourd'hui, par-dessus tout, à l'indépendance. Il faut s'arranger de manière à leur laisser une indépendance raisonnable, au prix de certains dérangements. Il y a trop de milieux où les domestiques sont encore considérés comme *la chose* de ceux qui les payent, et qui souvent, les payent mal. Ils sont des personnes; ils ont des intérêts, des affections étrangers à la famille où ils entrent. Ils ont le droit (dans une mesure à déterminer) de suivre ces intérêts et de jouir de ces affections. S'ils ont des goûts intellectuels, — ce qui ne laisse pas d'arriver, — ils ont le droit de les satisfaire; c'est à nous de nous arranger de manière à leur en donner les moyens. Enfin, s'ils ont des opinions, des croyances différentes des nôtres, contraires aux nôtres, il est superflu d'ajouter que nous devons les respecter.

Si ces quelques notions très simples, et de la morale la plus élémentaire, pénétraient dans l'esprit de tous les maîtres, il ne serait pas si difficile d'assurer une juste indépendance aux serviteurs, et les meilleurs d'entre eux s'en contenteraient probablement. Mais voilà : il faut toujours dire une indépendance *raisonnable*, une indépendance non absolue, relative. Le dosage en est délicat. Qui donc s'en chargera, sinon le vieil esprit de famille sagement modernisé? Je dirais volontiers qu'il faut assurer aux serviteurs le degré d'indépendance compatible avec le sentiment d'un lien moral entre eux et leurs maîtres. Car, à mon sens. tout est là. Il s'agit de ne pas laisser se rompre ce lien. Faisons un contrat, soit, mais que les contractants ne se considèrent ni comme des ennemis, ni même comme des étrangers. Car ils vivent sous le même toit, ils sont, en quelque façon, des associés. Donner une place dans la maison et mêler à sa vie, à tous les détails les plus intimes de l'existence, des gens qui n'auraient en vue, comme l'ouvrier de fabrique, que le salaire, voilà à quoi il est très dur de se résoudre.

Tant qu'il y aura des serviteurs particuliers, les bons maîtres prétendront, et ils auront raison de prétendre à quelque affection de leur part, à quelque confiance. Ces mots disent tout. Ils impliquent une certaine tutelle et une certaine soumission librement, cordialement acceptée.

La maîtresse de maison qui agirait ainsi envers ses domestiques se bornerait à suivre, dans ses rapports avec eux, l'évolution générale de la famille. Elle a beaucoup changé, la famille; elle change encore. Où est l'obéissance passive? Où est l'étroite union de tous ses membres? Sans doute, là encore, il y a, par bonheur, des exceptions, mais elles se font rares. L'indépendance, les enfants eux-mêmes la réclament. L'art des parents consiste à leur en donner juste ce qu'il faut pour contenter un désir qui n'est pas entièrement illégitime, sans mettre en péril la subordination indispensable. Si nous traitions nos domestiques comme nous traitons nos enfants, ce serait déjà un progrès sensible. Et là où cette règle serait appliquée, il est très vraisemblable que l'on verrait moins de heurts, de conflits.

Ainsi, la solution serait dans un heureux tempérament du système patriarcal par le système du contrat, avec prédominance, selon les personnes en cause, tantôt de l'un, tantôt de l'autre. Tout dépend, en définitive, des individus. Il est des serviteurs qui poussent très loin le besoin de l'indépendance, et il est des maîtres qui ne se soucient guère de la confiance et de l'affection de leurs serviteurs. Il en est d'autres, au contraire, qui font passer cela avant tout le reste, et il est encore des serviteurs qui comprennent ces maîtres, qui sentent comme eux. De quoi s'agit-il après tout? D'attendre, en créant un *modus vivendi* aussi équitable que possible, et aussi agréable aux serviteurs, qu'aux maîtres, les transformations à venir — que nous ne verrons pas, heureusement.

Le Temps, août 1903.

Autres lectures. — 2. *Service des domestiques*, J.-J. Rousseau (PONTSEVREZ, Problèmes de Morale, p. 81). — 3. *Nathalie Savichna*, L. Tolstoï (MASSON ET ROUSTAN, Nouveau livre de Morale pratique, p. 31). — 4. *A une vieille servante*, J. Autran, La vie rurale (Même ouvrage, p. 33). — 5. *Conduite à tenir envers les domestiques* (FÉNELON, Éducation des Filles, ch. XII). — 6. *La femme de chambre* (BARRAU, Morale pratique, p. 383). — 7. *La partie de chasse* (Même ouvrage, p. 385). — 8. *L'esclave dans la famille* (FUSTEL DE COULANGES, La cité antique, p. 124). — 9. *Une leçon d'égalité* (E. QUINET, Histoire de mes idées, Édition du centenaire, p. 7). — 10. *L'abolition de l'esclavage* (B. FRANKLIN, Essais de Morale, p. 309). — 11. *La brosse*, Xavier de Maistre, Voyage autour de ma chambre.

Bibliographie. — PAYOT, *Cours de Morale*, p. 152 (A. Colin, éditeur). — FUSTEL DE COULANGES, *La cité antique*, p. 124 à 130 (Hachette, éditeur). — CH. GIDE, *Les maîtres et les serviteurs* (Journal l'Émancipation, août 1904).

COMPLÉMENTS POUR LE COURS SUPÉRIEUR.

C'est librement, de leur plein gré, que les serviteurs s'engagent à travailler au bénéfice d'un maître et sous ses ordres. Il en est de même pour les ouvriers qui se mettent au service d'un patron. Mais lorsque l'employé est mineur, il est protégé par la loi contre les abus dont il pourrait être victime (Loi sur le travail des enfants dans les manufactures).

Les enfants qui ont accompli leur treizième année peuvent être placés en apprentissage par leurs parents ou tuteurs en vertu d'un contrat également réglementé par la loi.

CHAPITRE II

L'ÉCOLE

6ᵉ Leçon. — Devoirs de l'enfant vis-à-vis de lui-même. — Assiduité. — Application. — Docilité. — Soumission à la règle.

Pensées et maximes. — *1. Il n'est point ici-bas de moisson sans culture* (VOLTAIRE).

2. Faites vite et gaiement ce que vous êtes obligé de faire.

3. Un homme sans science est semblable à un fleuve sans eau.

4. Toute bonne action qui vise une récompense perd de sa valeur.

5. L'instruction donne à l'homme de la dignité (DIDEROT).

6. Écoute beaucoup et parle peu (BIAS).

7. Quelques heures d'attention à l'école sont des journées de misère épargnées dans la vie (BOSSUET).

8. Qui ne sait rien ne peut rien.

Plan. — Vous êtes-vous jamais demandé pourquoi vous allez à l'école où vos parents vous envoient tous les jours? Ils vous ont donné la vie du corps et vous fournissent sans cesse les moyens de la conserver. Ils ne se bornent pas à ce rôle physique et matériel. Dès votre jeune âge, ils forment également votre esprit et votre cœur en vous apprenant à parler et à penser, à aimer le bien et à le faire, à haïr le mal et à l'éviter. Mais des occupations absorbantes, auxquelles ils ne peuvent se soustraire, les empêchent de s'occuper de votre instruction comme ils le voudraient, et ils sont aidés ou suppléés dans cette tâche par les instituteurs et les institutrices qui dirigent les écoles. C'est là que l'on s'efforce de vous faire acquérir les connaissances nécessaires à tout le monde, et

sans lesquelles on ne peut vivre complètement une vie
utile.

D'un autre côté, la société, dont vous faites déjà partie
et dont vous serez plus tard des citoyens actifs, a besoin
que tous ses membres soient capables de lui faire honneur
par leur savoir et leur conduite, et qu'ils la fassent avancer
dans la voie du progrès matériel et moral. C'est pourquoi
elle emploie une partie de ses ressources, et non la moindre,
à entretenir des écoles et à les doter d'un matériel et d'un
personnel qui leur permettent d'atteindre le but auquel
elles visent.

Ces écoles, aujourd'hui nombreuses et bien installées,
ne sont ce que vous les voyez que depuis que la République
s'est attachée à répandre l'instruction. Avant la Révolution
de 1789, l'enseignement et l'organisation des écoles était
affaire privée ou de charité. L'État ne se préoccupait pas
de former des citoyens éclairés et libres, il n'avait besoin
que de sujets dociles. Au contraire, les fondateurs de la
République considéraient l'enseignement primaire comme
« un intérêt d'ordre public, comme une nécessité sociale ».
Depuis cette époque, il est inscrit au premier rang des institutions d'une nation libre, au lieu de rester affaire privée
ou œuvre de bienfaisance. Cette conception de l'enseignement a subi des éclipses aux périodes de restauration
monarchique ; mais chaque fois, en 1848, en 1870, la République y est revenue.

Sans remonter plus haut que le milieu du siècle dernier,
on se rend compte de la profonde différence qu'il y a entre
l'école de la République et l'école des régimes politiques
qui l'ont précédée : nombre des classes, locaux, matériel,
maîtres, programmes et méthodes, ont énormément gagné,
et aujourd'hui, pour rester ignorant, il faut le vouloir.

Mais tel n'est point votre désir ni celui de vos familles.
Vous voulez apprendre tout ce qui pourra vous être enseigné
à l'école, et, pour cela, vous êtes décidés à remplir avec
exactitude les devoirs que vous crée votre situation d'écoliers, et au premier rang desquels sont ceux qui vous con-
cernent vous-mêmes.

Tout d'abord, vous serez assidus, car l'assiduité est la
condition fondamentale du progrès. Il ne suffit pas de
paraître tous les jours à l'école ; il faut y arriver à l'heure,
et ne pas en partir avant la sortie générale. On n'assiste
autrement, qu'à des classes tronquées, dont les résultats

sont loin d'être satisfaisants : une leçon à laquelle on n'a pas assisté vous empêche de comprendre la suivante, et si vous manquez celle qui suit la leçon de ce jour, vous ne pouvez faire les exercices pratiques destinés à la fixer dans votre esprit. A tout bout de champ, le maître sera obligé à des revisions, à des retours en arrière qui compromettront la bonne marche de l'enseignement et les progrès généraux de tous les élèves.

Que penseriez-vous donc des enfants assez dénués de bon sens et de cœur pour faire l'école buissonnière? Ils sont ingrats envers leurs parents et la société, et ils sont imprévoyants, car ils se font un tort considérable à eux-mêmes.

Être présent en classe de huit heures du matin à quatre heures du soir ne suffit même point. Ce n'est pas en respirant l'air scolaire que vous acquerrez le savoir et que vous le garderez en votre esprit. Il faut s'appliquer à l'étude et y apporter toute son attention et toute sa volonté; il ne faut pas craindre de demander des explications au maître sur ce que l'on comprend mal; il faut surtout exécuter la tâche qui vous est donnée, avec le vif désir de la mener à bien. Vous ne viendrez jamais en classe sans avoir soigneusement fait vos devoirs, s'il vous en est donné, et étudié à fond les leçons dont il vous faudra rendre publiquement compte. Vous éviterez ainsi la honte des reproches mérités, et vous répondrez à ce qu'attendent de vous vos familles, qui se privent de votre aide pendant plusieurs années, et l'État qui met à votre disposition les moyens de vous instruire pour devenir des citoyens utiles.

Il n'est pas de société possible sans lois et sans direction; et l'école est une société comme une autre, ayant un but fixe et une mission bien déterminée. Elle ne pourrait atteindre ce but et remplir cette mission si toutes les volontés n'étaient pas attentives à bien exécuter ce qui entre dans leur rôle. La direction de la société scolaire appartient au maître. Les écoliers doivent suivre docilement ses conseils et se conformer à ses ordres et à ses avis. Les uns et les autres ont un maître commun, le règlement, auquel tous doivent se soumettre. Le travail ne serait ni possible ni fructueux en dehors de la règle; le bon plaisir et l'anarchie seraient également funestes aux progrès.

Résumé. — Notre famille et la République ont le souci de nous assurer une bonne éducation et une solide instruction, qui nous mettent en état d'être plus tard des citoyens utiles. Par notre assiduité et notre application en classe, nous reconnaîtrons les sacrifices faits pour nous. Nous ne nous absenterons jamais volontairement de l'école; nous y travaillerons de toutes nos forces. Avec toute notre attention, nous suivrons les leçons du maître, nous ferons les devoirs qui nous seront donnés et nous apprendrons les leçons de chaque jour.

Questions. Problèmes moraux. Exercices de rédaction. — 1. Comment étudiez-vous vos leçons? Suffit-il de les savoir par cœur?

2. Pourquoi faut-il fréquenter l'école? Inconvénients, pour l'élève, de trop nombreuses absences.

3. « Fais ce que tu fais. » Que faut-il entendre par ce conseil et comment l'écolier peut-il le mettre en pratique?

4. Vous avez dans votre cours deux condisciples très différents : l'un est peu intelligent, mais très laborieux; l'autre comprend vite, mais ne travaille pas avec application. Quelle est la conséquence de leur conduite dès maintenant et que sera-t-elle dans la vie?

5. Dans une composition, un élève a copié son devoir sur son livre et est classé le premier. Vous avez connaissance du fait. Que devez-vous faire et que faites-vous?

6. Votre camarade Paul a fait ce matin l'école buissonnière. Pendant la récréation, Jean lui conseille de dire au maître qu'il a été malade et qu'il a dû rester à la maison. Que pensez-vous de la valeur de ce conseil?

7. On dit : « Travail commencé est à moitié fait ». Que pensez-vous de cette idée?

8. Quelle différence y a-t-il entre entendre et écouter, voir et regarder?

9. Quelles sont les diverses manières de perdre son temps à l'école?

LECTURES ET EXERCICES DE MÉMOIRES. — 1. Monsieur Billot.

M. Billot étudia de bonne heure la législation et se livra sans relâche aux plus laborieux et aux plus difficiles travaux, conquérant, à l'aide d'une opiniâtre persévérance bien plus que par le bienfait d'une conception rapide, cette suprématie qu'on lui reconnaît dans le domaine du droit et de la législation.

Pendant quelques années, il a plaidé au barreau, perdant peu de causes parce qu'il n'en acceptait pas de mauvaises. Ensuite, devenu un jurisconsulte éminént, il a préparé et discuté toutes nos lois importantes, et, par sa haute raison, par cette autorité de l'intelligence et du savoir unies à la probité et au civisme, il est aujourd'hui l'oracle de nos conseils et l'honneur d'un pays qui le vénère. Il est encore aujourd'hui, bien que sa fortune soit assurée, logé à un second étage, dans une chambre chétivement meublée, la même qui lui servait autrefois de cabinet d'avocat. C'est là que, dès l'âge de vingt ans, il a contracté l'habitude de se lever à quatre heures du matin, pour s'assurer, pendant ses veilles matinales, le silence et l'isolement nécessaire à ses travaux, pour ne rien retrancher des heures où son expérience et ses lumières sont au service de ses concitoyens. Sans cesse, des gens de tout rang, de tout âge, des hommes instruits et des hommes ignorants, hantent ce modeste cabinet. Il les accueille avec affabilité, il les écoute avec patience, il réfléchit sur leurs petites affaires avec ce scrupule qu'il apporte aux plus graves; ils s'en vont satisfaits de ses conseils, flattés de cette réception. Cette vie laborieuse ne laisse place ni au luxe, ni à l'oisiveté; aussi ses mœurs sont-elles austères, sa tempérance stricte, ses habitudes empreintes d'une simplicité antique qui contraste, sans qu'il s'en aperçoive, avec le faste et la mollesse qui règnent autour de lui.

TÖPFFER, *Le presbytère* (Hachette, éditeur).

Autres lectures. — 2. *La dernière classe*, Alp. Daudet (LABBÉ, Morceaux choisis, Cours élémentaire, p. 140). — 3. *Les élèves célèbres du lycée Louis-le-Grand* (P. JANET, Lectures variées de Littérature et de Morale, p. 113). — 4. *Les qualités d'un bon esprit* (Même ouvrage, p. 108). — 5. *Un écolier en 1789*, Erckmann-Chatrian (MASSON ET ROUSTAN, Nouveau livre de Morale pratique, p. 142). — 6. *Lettre d'une mère à son fils*, Sarah Bernhardt (Même ouvrage, p. 147). — 7. *Nécessité de l'attention*, Bossuet (Même ouvrage, p. 148). — 8. *Un écolier modèle*, Marmontel (Même ouvrage, p. 149). — 9. *Dans une mansarde.* L'école (ED. DE AMICIS, Grands Cœurs, p. 17 et 19). — 10. *Le premier de la classe* (Même ouvrage, p. 46). — 11. *Le lièvre et la tortue* (LA FONTAINE, liv. VI, fable 10). — 12. *Conseils d'une abeille*, Durand (MASSON, Composition française C. E., p. 75). — 13. *L'écolier et l'abeille*, Naudet (CARRÉ ET MOY, Première année de récitation, p. 32). — 14. *La châtaigne*, Arnault (BATAILLE, Récitation et rédaction, p. 88). — 15. *La leçon*, H. Malot, Sans famille (JOST ET CAHEN, Lectures courantes, 1re série, p. 173). — 16. *Fais ce que tu fais*, Girardin (Même ouvrage, p. 182). — 17. *La leçon* *d'histoire* (Même ouvrage, p. 210). — 18. *Le hanneton*, R. Töpffer, Nouvelles Genevoises (Même ouvrage, 2ᵉ série, p. 179). — 19. *Une médaille bien méritée* (Ed. DE AMICIS, Grands cœurs, p. 113). — 20. *Chant des écoliers* (M. BOUCHOR, Chants populaires des écoles, p. 6).

Bibliographie. — E. QUINET, *Édition du centenaire*, p. 17 et 33. — J. SIMON, *L'école*. — J.-J. ROUSSEAU, *Émile*. — F. BUISSON, *Dictionnaire de pédagogie*, première partie. Articles : *École, École primaire, Enseignement primaire, Instruction publique*.

7ᵉ LEÇON. — **Devoirs des écoliers envers le maître :
affection, obéissance, respect, reconnaissance.**

Pensées et maximes. — 1. *Celui qui instruit est un second père.*

2. *Maîtres et élèves ont un maître commun : l'affection* (LEGOUVÉ).

3. *C'est être un monstre que de ne pas aimer ceux qui ont cultivé notre âme* (VOLTAIRE).

4. *Les réprimandes que l'on fait aux jeunes gens sont les véritables marques de l'affection qu'on a pour eux* (MME DE MAINTENON).

5. *Aimez qu'on vous conseille et non pas qu'on vous loue* (BOILEAU).

Plan. — Vos parents, dans l'impossibilité où ils se trouvent de s'occuper complètement de votre instruction, vous envoient à l'école pour que vous y acquériez les connaissances qui vous seront utiles dans la vie. Il suit de là qu'ils délèguent à vos maîtres une partie de leur autorité, et qu'ils leur donnent le droit de vous diriger et de vous commander pendant tout le temps que vous passez en classe.

Sans cette autorité, le maître ou la maîtresse ne pourrait mener à bien la tâche que lui confient, d'une part la famille et de l'autre la société ; il n'y a pas de travail utile possible sans ordre, et vous sentez bien que si vous étiez abandonnés à votre bon plaisir, sans règle et sans discipline, il pourrait arriver que vous donniez au jeu le pas sur le travail. Il faut donc qu'on vous gouverne. Par son essence, ce gouvernement ne tend pas à vous priver de tout plaisir et de toute joie, au contraire, mais il y a temps pour tout. De même que vous obéissez à vos parents par amour, vous devez exécuter les ordres de vos maîtres par affection.

L'affection de votre instituteur a précédé la vôtre, car, sans cette affection réciproque, le rôle éducatif de l'école ne serait pas rempli. Sous ce rapport, les mœurs scolaires ont suivi l'évolution des mœurs familiales et se sont profondément modifiées : au XIVe siècle et au XVe, la discipline scolaire était fort dure ; le fouet était d'un usage quotidien ; on dit que la seule différence, c'est que les fouets du XVe siècle étaient deux fois plus longs que ceux du XIVe. Montaigne, parlant des collèges de son temps, — où on élevait pourtant les enfants des gens de qualité, — dit : « Vous n'entendez que cris d'enfants suppliciés et de maîtres enivrés de leur colère ». Gerson demandait bien, à la même époque, que les châtiments corporels fussent abolis et que le maître eût pour ses élèves une tendresse de père, mais en vain. En 1363, on interdit aux étudiants l'usage des bancs et des chaises, et pour combattre leur orgueil, on les forçait à s'asseoir par terre, sur des bottes de paille. La Renaissance, qui modifia heureusement les méthodes, adoucit également la discipline scolaire, et, depuis, le mouvement s'est continué. Cette douceur dans les relations des maîtres et des élèves ne nuit ni au progrès, ni à l'éducation, au contraire. Vous avez assez de raison pour comprendre que dans ce qu'on exige de vous, on n'a en vue que votre intérêt et votre bonheur, et que, par suite, vous devez collaborer avec le maître et être vous-même un important agent de votre perfectionnement.

L'affection que votre maître a pour vous et celle que vous avez pour lui sont d'indispensables conditions de progrès pour les études. Parlant d'un écolier qui lui était confié : « Que pourrais-je lui apprendre, disait Socrate, il ne m'aime pas! » Quand on aime son maître, en effet, on a confiance en lui, on s'efforce de lui faire plaisir et de profiter de ses leçons. On lui obéit comme on obéit à ses parents, avec empressement et sans murmurer. Son savoir, son expérience, sa supériorité intellectuelle sur ses élèves, les peines qu'il se donne pour les instruire, commandent cette obéissance. S'il punit, ce n'est qu'à contre-cœur et avec le désir d'améliorer, de corriger celui qui a encouru la punition par sa conduite répréhensible.

Vous croyez peut-être que la tâche de votre instituteur est terminée quand le coup de cloche de quatre heures vous ouvre les portes de la classe. C'est une erreur, et le temps qu'il passe avec vous n'est qu'une partie de celui qu'il vous consacre; quand il est seul, il revient par la pensée sur le travail de la journée; il relève ce qui a été faible, insuffisant, pour le reprendre; il prépare les leçons qu'il vous destine pour le lendemain, et passe de longs instants penché sur vos devoirs, pour corriger les fautes que votre étourderie ou votre ignorance y ont laissées.

Votre instruction, vos progrès sont donc sa constante préoccupation; ses travaux, même en dehors de l'école, tendent à cet unique but. C'est donc à votre instituteur, autant qu'à vos propres efforts, que vous devrez plus tard le développement de votre intelligence et la possibilité qui vous sera donnée d'entrer dans une carrière de votre choix et d'y prospérer. Votre valeur morale dépendra, en grande partie, de votre éducation scolaire. Vous devrez donc beaucoup à votre maître : son dévouement de toutes les heures, accompli sans bruit, sans éclat, mais non sans mérite, vous oblige moralement à la reconnaissance et au respect.

Vos sentiments d'affection, de respect et de reconnaissance doivent se traduire par vos actes à l'école et hors de l'école : à l'école, par le rigoureux accomplissement de tous vos devoirs, par votre politesse, votre déférence et vos efforts pour donner à l'instituteur complète satisfaction. Hors de l'école, vous vous souviendrez des conseils du maître, et vous vous conduirez de manière qu'il puisse être témoin de vos actes sans avoir à les blâmer.

Quand vous aurez quitté l'école, vous ferez partie de l'Amicale et vous y jouerez un rôle actif et intelligent. Vous ne permettrez pas qu'on parle mal ou même légèrement de l'instituteur en présence des enfants, et vous ne vous associerez point à ceux qui cherchent à lui nuire, à le déconsidérer par jalousie, par méchanceté ou par haine contre les idées qu'il représente et qu'il répand.

Si votre maître vous quitte, vous agirez envers son successeur comme envers lui-même, et si, parvenu au terme d'une carrière bien remplie, il goûte, au sein des générations qu'il a contribué à élever, un repos mérité, vous l'honorerez comme un aïeul qui vit au milieu de ses petits-enfants, empressés à lui rendre l'existence douce et agréable.

Résumé. — En chargeant l'instituteur du soin de nous instruire et de participer à notre éducation, nos parents et la société lui dor.nent sur nous une autorité que nous devons respecter. C'est à la fois notre devoir et notre intérêt. Nous devons également aimer notre maître et lui témoigner notre reconnaissance par notre soumission et notre attention, car il se charge d'une tâche souvent ingrate, toujours pénible, en acceptant de nous instruire, de faire de nous des hommes utiles et de bons citoyens.

Questions. Problèmes moraux. Exercices de rédaction. — 1. Quelles sont vos impressions au moment de la rentrée des classes? Quelles résolutions prenez-vous au début de l'année? Projets d'avenir.

2. Comment avez-vous déjà essayé de prouver votre affection et votre reconnaissance à votre maître ?

3. Vous avez entendu dire, dans une conversation de grandes personnes, que l'instituteur fait un métier comme un autre. Est-ce votre avis? Si non, quelle opinion avez-vous du rôle de l'instituteur dans la société?

4. Y a-t-il dans votre classe un élève ingrat envers l'instituteur? A quoi le reconnaissez-vous pour tel?

5. « Je sais ce que je suis et ce que vous êtes », disait orgueilleusement le Dauphin à son précepteur Fénelon. Que voulait-il faire entendre par là et que faut-il penser de ces paroles et du sentiment qui les a dictées.

6. Votre maître vient d'être appelé à diriger l'école d'une commune importante. Vous lui écrivez en lui racontant les débuts de son successeur et la manière dont il a été accueilli par vos camarades et par vous.

LECTURES ET EXERCICES DE MÉMOIRE. — **1. Institutrice volontaire.**

Au bout de la troisième semaine, Noémie [1] eut une petite classe, faite avec les garçons et les filles du hameau qui n'en avaient pas. Ils avaient poussé là, comme la graine des terrains incultes, au hasard du vent et de la vie. Les parents disaient, qu'après tout, eux-mêmes avaient bien vécu sans savoir signer autrement que d'une croix les papiers que leur apportait le garde champêtre. Et pour ce qui était de chiffrer, ils taillaient des encoches dans un bâton; le compte se faisait aussi bien qu'avec de la craie sur une ardoise.

Noémie, tous les matins, montait jusqu'au hameau. Elle frappait dans ses mains, et de derrière les haies, à petits

1. L'auteur met en scène une institutrice de la ville que les médecins ont envoyée à la campagne pour guérir une crise d'anémie.

talonnements de pieds nus, il sortait des enfants à la file, comme les gorets roses que le pastoureau menait à la pâture. Cela s'était fait à petites fois, en causant avec les mères ; les fèves non plus ne poussent pas tout d'un coup.

Elle les asseyait sur un rang, les mains aux genoux, et elle leur contait des histoires, leur apprenait à compter jusqu'à vingt. Elle leur enseignait aussi qu'il fallait aimer l'oiseau qui mange les mouches, le chat qui prend les souris, le chien qui est le compagnon de l'homme.

C'étaient là, après tout, des choses un peu nouvelles pour ces petites têtes sauvages, aux yeux noirs comme des baies de prunellier. Quelquefois elle disait, comme à l'école là-bas :

« Que celui qui a compris lève la main. »

Et elle levait elle-même la main. Presque toujours, les filles avaient compris avant les garçons, plus lourds et distraits, regardant bouger des proies dans le taillis.

Il fallait voir comme elles étaient toutes là, le cœur tendu et la bouche ouverte, avec un feu dans leur prunelle ronde. Toutes les petites mains sales se levaient à la fois, comme les oisillons au bord du nid lèvent leur bec jaune quand la mère oiselle leur apporte la becquée.

Noémie s'était prise de bonne amitié pour ces petits pauvres qui sentaient la bruyère et la fumée des âtres. C'était aussi de petites pauvres que se composait sa classe à la ville, mais elles n'avaient pas, comme celles-ci, l'air libre de la montagne ; elles inclinaient sur l'épaule de pâles visages de souffrance. Elles lui en étaient d'autant plus chères. Il avait vraiment fallu l'ordre des médecins pour qu'elle se décidât à les quitter. Et elle se rappelait le jour où elle leur annonça qu'elle allait être momentanément remplacée par une autre maîtresse. Elles se pendaient à sa robe, lui baisaient voracement les mains en pleurant et criant comme si jamais elle n'eût dû revenir. Ah ! la bonne et tendre humanité que celle qui, pour avoir le courage de vivre, ne possède que son cœur !

CAMILLE LEMONNIER, Comme va le ruisseau.

Autres lectures. — 2. *Le professeur de mon père* (E. DE AMICIS, Grands cœurs, p. 204). — 3. *L'institutrice de mon frère* (Même ouvrage, p. 31). — 4. *Le directeur. Les institutrices* (Même ouvrage, p. 10, 68). — 5. *Le suppléant. Le professeur malade* (Même ouvrage, p. 85-156). — 6. *La mort de mon institutrice* (Même ouvrage, p. 295). — 7. *Carnot* (MASSON ET ROUSTAN, Nouveau livre de Morale pratique, p. 148). — 8. *Devoirs des écoliers envers les maîtres* (ROLLIN, Traité des études, liv. IV, 2ᵉ p., chap. v). —9. *Moins fort que les singes*, Girardin (JOST ET CAHEN, Lectures courantes, 1ʳᵉ série, p. 153). — 10. *La leçon d'histoire. La réparation*, Girardin (Même ouvrage, p. 210, 223). — 11. *Fénelon et son élève* (BARRAU, Morale pratique, p. 428). — 12. *Le maître d'école, le maître de pension* (Même ouvrage, p. 225, 226). — 13. *La mission morale de l'instituteur*, Guizot, Circulaire du 28 juin 1833 (STEEG, Vie morale, p. 355). — 14. *L'éducation morale à l'école*, J. Ferry, arrêté du 17 novembre 1883 (Même ouvrage, p. 357). — 15. *La mission de l'instituteur, Le Voltaire* (BANCAL, Carnet de Morale, p. 33). — 16. *A une maîtresse d'école*, V. de Laprade (LABBÉ, Morceaux choisis, Cours supérieur, p. 409). — 17. *Le danseur de corde et le balancier* (FLORIAN, liv. II, fable 16). — 18. *L'écolier*, Mme Desbordes-Valmore (LABBÉ, Morceaux choisis, Cours élémentaire, p. 47). — 19. *Le jardinier, l'enfant et le sauvageon* (A. NAUDET, liv. III, fable 15).

Bibliographie. — MONTAIGNE, *Essais*, chap. XXV. — COMPAYRÉ, *Histoire critique des doctrines de l'éducation.*

8ᵉ LEÇON. — **Devoirs envers les camarades (union, concorde, dignité). — Émulation bien entendue.**

Pensées et Maximes. — 1. *L'affection ne se laisse pas contraindre; elle se donne librement à qui l'attire* (MME PAPE-CARPANTIER).

2. *On se fait un trésor de perfections dans les bonnes compagnies.*

3. *Qui fréquente les livres devient meilleur* (GUYAU).

4. *L'école est une famille dont tous les enfants doivent être comme des frères* (GÉRARD).

5. *Sachez vous imposer de petits sacrifices.*

6. *La véritable émulation, c'est l'émulation avec soi-même* (LAVISSE).

Plan. — Puisque vous venez à l'école, vous êtes destiné à passer une partie de votre vie en contact avec les enfants qui y viennent comme vous et dans le même but qui vous y amène vous-même. Cette existence commune a une grande ressemblance avec celle que vous menez dans la famille avec vos frères et sœurs. Nous avons vu (quatrième leçon) que l'affection, le support, la bienveillance sont des sentiments en dehors desquels la vie de famille n'a pas de charmes. Il en est tout à fait de même à l'école : vos condisciples, vos camarades sont, en quelque mesure, des frères pour vous, comme plus tard, les hommes seront des frères pour votre adolescence et pour votre âge mûr; car si l'école ressemble à la famille par certains côtés, elle ressemble encore davantage à la société. Il faut donc que vous soyez réciproquement animés de sentiments fraternels pour que vos camarades et vous, vous trouviez bien en classe.

Vous travaillez en commun avec les enfants de votre division, vous recevez les mêmes leçons et faites les mêmes devoirs. Ici, comme dans un chantier, de la bonne volonté et de l'ardeur de chacun résulte une tâche bien faite. On travaille mieux et avec plus de plaisir quand on s'estime et quand on s'aime; on réagit les uns sur les autres dans le meilleur sens du mot, et l'éducation de tous en reçoit une influence heureuse, une orientation salutaire. Le maître, voyant son dévouement et ses efforts appréciés, est heureux à son tour; et, si cela était nécessaire pour stimuler son zèle, il trouverait dans cette satisfaction de nouvelles raisons de vous aimer et de travailler avec plus de cœur encore à votre perfectionnement intellectuel et moral.

A l'école, les enfants font l'apprentissage de la vie sociale : ils n'ont pas tous les mêmes goûts ni le même caractère; il faut donc qu'ils s'habituent à respecter dans les autres ce qu'ils veulent que les autres respectent en eux; ceux qui ont une tendance à la domination y apprendront qu'ils doivent tenir compte des désirs et des sentiments de leurs condisciples, et, par suite, renoncer à les régenter, bien plus, à les tyranniser.

Les écoliers sont égaux entre eux; comme dans la société la seule priorité incontestable est celle du mérite. Celui qui tirerait vanité de sa situation de famille, de sa force, de son savoir même, serait pour ses condisciples un mauvais camarade, et ces tendances lui aliéneraient rapidement l'affection de ceux qui vivent avec lui.

Les sentiments d'affection qui doivent exister entre tous les élèves d'une même école se traduisent, dans le cours de la scolarité, par des actes de bienveillance, d'aide, de protection envers les faibles et les nouveaux. Loin de chercher à faire des misères à ceux-ci, chacun s'efforcera de les initier avec douceur à la vie scolaire et s'ingéniera à leur éviter les petits ennuis qui peuvent résulter pour eux de leur inexpérience. Quand un élève des cours plus avancés sera, par la confiance du maître, investi du rôle d'aide ou de moniteur, il prendra ses fonctions temporaires au sérieux et il tâchera de les remplir de son mieux.

L'affection réciproque des élèves, leur commun désir de mériter celle du maître, créent entre eux la volonté de l'union pour la poursuite d'un but identique pour tous, la collaboration empressée qui double les forces, facilite leur expansion et rend possibles et réels les bons résultats cherchés.

Les écoliers se feront un point d'honneur de former entre eux une société basée sur la justice et sur la bonté. Ils supporteront les défauts de leurs camarades et chercheront à améliorer ceux-ci par leur exemple, et de cette louable rivalité, naîtra l'esprit de concorde qui bannira tout égoïsme. L'émulation n'aura plus pour but et pour résultat de pousser les élèves à se surpasser pour occuper les premières places, elle les portera à se surpasser eux-mêmes ; ils regarderont plutôt en eux qu'autour d'eux ; ils tâcheront de faire le mieux possible et non mieux que les autres. Au lieu de vouloir triompher du voisin, ils chercheront surtout leur propre approbation et celle du maître ; il n'est pas de satisfaction meilleure ni de plus noble.

Ainsi entendue, l'émulation ne nuira point à la confiance qui doit régner entre les élèves d'une même école : tant en classe qu'en récréation, leurs actes seront la manifestation visible de leurs bons sentiments. Ils se rendront avec empressement les petits services qui sont à leur portée : prêt de matériel : plumes, crayons, papier, encre, livres ; de jouets : billes, toupies, etc.

L'urbanité présidera à leurs rapports, et ils commenceront dès leur jeune âge à avoir pour autrui le respect de la dignité personnelle qu'ils garderont plus tard dans toutes leurs relations de la vie sociale.

Résumé. — Les écoliers forment une société dont l'affection doit être le lien. S'il en est ainsi, la tâche du maître sera plus facile et plus féconde, et le travail de chacun produira les meilleurs résultats possibles.

Les élèves se supporteront les uns les autres ; ils pardonneront de bon cœur les offenses, protégeront les faibles, donneront le bon exemple à tous et se rendront mutuellement de petits services.

Dans la poursuite du succès, ils seront poussés par le désir de faire toujours mieux que par le passé et non par l'ambition d'humilier un rival en le dépassant.

*Questions. **Problèmes moraux. Exercices de rédaction.*** — 1. Quels sont les services que vous pouvez rendre à vos camarades : 1° à l'école; 2° dans la cour de récréation; 3° hors de l'école?

2. Que penseriez-vous d'un camarade qui essaierait de tromper dans les compositions en copiant dans son livre?

3. Un des élèves de votre école, fier de la fortune de sa famille et de ses beaux habits, joue dédaigneusement dans la cour, et, hors de l'école, tient à distance ses condisciples. Quelles sont, à la longue, les conséquences de sa conduite?

4. Votre voisin vous demande de lui laisser copier la solution d'un problème donné par le maître et qu'il ne sait pas résoudre. Que devez-vous faire et que faites-vous?

5. Pierre fait exprès de troubler les jeux des petits dans un coin de la cour. Que pensez-vous de sa conduite?

6. Votre voisin, malade depuis quelques jours, vous demande par écrit de venir passer l'après-midi du dimanche avec lui. Vous aviez projeté, pour ce jour-là, une promenade avec d'autres camarades. Quelle décision prenez-vous et quelle réponse faites-vous à votre correspondant?

7. Au retour de l'école, deux de vos camarades se disputent sous vos yeux. Expliquez le sujet de la discussion. Ils en arrivent rapidement aux arguments frappants. Que devez-vous faire en cette circonstance?

8. Peut-on être bon élève et mauvais camarade? Exposez les qualités de l'un et les défauts de l'autre et concluez.

LECTURES ET EXERCICES DE MÉMOIRE. — 1. L'entrée à l'école.

La semaine d'après, j'allai à l'école. C'est ma mère qui vint m'y conduire, et je la suivis en me faisant tirer, car j'avais de la peine. J'étais grand pour mon âge, et il y avait tant de petits dans les écoles qui savaient de la lecture et de l'écriture! Est-ce que je n'allais pas être la risée de tous, moi qui ramassais si bien les épis, moi qui grappillais si bien les raisins, les amandes et les figues; moi qui étais un maître pour découvrir les nids, pour attraper les lézards et faire tournoyer les serpents dans les airs!... Qu'allais-je devenir, mon Dieu! qu'est-ce que j'allais être dans l'école, au milieu de ces gamins qui me craignaient quand nous jouions aux bœufs, aux trois sauts, aux quarante voleurs, et qui maintenant se moqueraient de moi?

O ma gloire de va-nu-pieds! O ma renommée de batailleur, de lutteur, de batteur d'estrade! Adieu, adieu.... Je sentais que j'allais tout perdre, je sentais que mes forces m'échappaient, que mon royaume — la campagne — m'allait manquer, que l'oiseau des grands horizons allait, dès ce moment, passer du nid paternel à la cage du monde et à ses moqueries!

Cependant ma mère, que je n'osais pas regarder, parlait doucement; sa voix était caressante, et malgré cela, je restais chevillé dans mes transes d'école; ma main se pelotonnait dans celle de ma mère, tandis que la sienne courait fiévreusement de mon poignet à mes petits doigts, avec des pressions, des tremblements.

« Brisquimi, viens, mon agneau, continuait-elle; regaillardis-toi un peu; nous allons arriver, et je ne veux pas te voir ainsi avec ton air de chat sauvage. »

Je ne répondais pas, voulant m'enfuir, quand, par hasard, je jetai les yeux sur ma mère, et alors, je n'eus plus le courage de m'évader. Est-ce que ce n'était pas un crime d'avoir seulement pensé à le faire? Oh! les bons regrets qui me vinrent! Avec quel amour je portai à mes lèvres la main de ma mère! Comme je la baisai, cette main qui m'avait emmailloté, qui m'avait bercé, qui me coupait encore le pain! Quand j'y pense, quelle transmutation douce de mon être!

Nous arrivâmes à la porte de l'école. Ma mère rayonnait de joie, et le maître, croyant que cette joie était aussi la mienne, me caressa et, à petits pas, il ouvrit une porte vitrée et m'encloîtra.

Ah! il y eut un beau remue-ménage quand j'entrai dans l'école.

« Vé, Brisquimi qui vient à l'école.

— On l'a ferré de neuf!

— La belle blouse qu'il vous a!

— Mouche-toi, déguenillé.

— Tu as donc vendu tes livres?

— Qui t'a pris ton cartable?

— Brisquimi, ton père a donc lâché son âne? »

Le sang me montait à la tête. Je fronçais les sourcils, je serrais les poings, les dents; j'aurais voulu leur donner une râclée à tous. Mais, quand nous sortirions de l'école! ... Le premier qui m'en soufflerait une recevrait une belle gifle! Mais les coups de poing guériraient-ils mes blessures?

Hélas! les enfants de mon pays me faisaient déjà subir toutes les peines dont je devais plus tard souffrir à cause de mon ignorance.

B. BONNET, *Vie d'enfant,* traduction d'A. DAUDET
(Dentu, éditeur).

Autres lectures. — 2. *Un souffre-douleur,* Michelet (MASSON ET ROUSTAN, Nouveau livre de Morale pratique, p. 151). — 3. *L'amitié au collège* (BARRAU, Morale pratique, p. 454). — 4. *L'élève rebelle* (Même ouvrage, p. 431). — 5. *Les enfants de l'école de Stanz* (Même ouvrage, p. 274). — 6. *Les petits écoliers de Passy* (Même ouvrage, p. 275). — 7. *Un enfant qui n'est pas bon,* Girardin (JOST ET CAHEN, Lectures courantes, 1re série, p. 156). — 8. *Les collégiens de Châtillon* (Même ouvrage, 2e série, p. 125). — 9. *Mes camarades* (ED. DE AMICIS, Grands cœurs, p. 10). — 10. *Mon ami Garonne, mon camarade Corretti* (Même ouvrage, p. 27 et 35). — 11. *Le collège,* P. Janet (LABBÉ, Morceaux choisis, cours moyen, p. 203). — 12. *La patte de dindon,* Legouvé (LABBÉ, Morceaux choisis, cours élémentaire, p. 131). — 13. *Monsieur l'Exemple* (H. S. B. Mon Journal, année 1892, p. 11). — 14. *A un grave écolier,* V. de Laprade (A. CAHEN, Morceaux choisis, p. 628). — 15. *A l'enfant en colère,* J. Aicard (JOST ET CAHEN, Lectures courantes, deuxième série, p. 149). — 16. *Le déjeuner à l'école,* Lachambeaudie (BATAILLE, Anthologie, p. 180).

Bibliographie. — F. BUISSON, *Dictionnaire de pédagogie,* partie générale, Divers articles (Hachette). — A. DAUDET, *Le petit Chose* (E. Dentu).

9e LEÇON. — **La solidarité à l'école. — L'amitié.**

Pensées et Maximes. — 1. *Toute grande affection nous élève parce qu'elle nous fait aimer un autre plus que nous-même* (MARBEAU).

2. *L'amitié est un baume pour tous les déchirements de la vie.*

3. *Il faut profiter du passé, se servir du présent et préparer l'avenir.*

4. *L'amitié d'un seul sage vaut mieux que celle d'un grand nombre de fous.*

5. *Au besoin, on connaît l'ami.*

6. *L'amitié est une fraternité* (SILVIO PELLICO).

7. *Pour les cœurs corrompus, l'amitié n'est point faite* (VOLTAIRE).

Plan. — La solidarité que nous avons trouvée dans la famille existe également à l'école, et nous la retrouverons dans la société. Les écoliers d'aujourd'hui doivent quelque chose à ceux qui les ont précédés sur les bancs qu'ils occupent, et ils sont également tenus à quelque chose envers ceux qui les suivront. Si votre école a une bonne réputation, la conduite et le travail de vos aînés y ont contribué; si elle est dans un bon état matériel, c'est que ceux qui l'ont habitée l'ont respectée et soignée. Faites comme eux; conduisez-vous honnêtement, travaillez avec ardeur, ayez de l'ordre : vous remplirez vos devoirs envers vos condisciples de demain tout en pensant à vous, et vous contribuerez, en vivant en bons termes avec vos camarades, à perpétuer le bon renom de votre école.

Parmi tous ces camarades, il en est dont les goûts, le caractère, les habitudes s'accordent particulièrement avec les vôtres : vous aimez à jouer, à causer, à travailler avec eux. Vous êtes heureux de leur rendre service, et eux, de leur côté, sont animés envers vous de sentiments semblables. Vous les appelez volontiers *vos amis*. Cette amitié, née de la sympathie, fortifiée par l'estime, vous porte à rechercher la compagnie de ceux qui en sont l'objet; c'est un des plus doux sentiments qu'on puisse éprouver après l'amour filial et fraternel. On aime ses amis comme de véritables parents, comme des frères; « un ami est un frère qu'on se choisit ».

L'amitié chez les enfants n'a pas tout à fait le caractère qu'elle revêt entre des personnes plus avancées en âge. Elle devient alors un sentiment réfléchi qui exige, chez les personnes en cause, la raison, l'estime, la connaissance et le jugement. Mais si l'enfant a fait un bon choix parmi ses camarades, le sentiment de simple camaraderie d'aujourd'hui pourra devenir l'amitié de demain et durer pendant tout le cours de la vie.

Vos amitiés ne doivent pas être exclusives ni irraisonnées: vous devez avoir de l'affection pour tous vos camarades, mais il est nécessaire que vous *choisissiez* bien, parmi eux, ceux que vous voulez fréquenter dès l'école, car les liens que vous nouerez ainsi se fortifieront par l'habitude, et vous pourrez plus tard avoir du regret d'avoir choisi à la légère.

Quelles sont les qualités que vous devez rechercher chez vos amis? Évidemment celles qu'il est pour vous avantageux de posséder : la franchise, la bonté, l'honnêteté, la bonne humeur. Il ne faut pourtant point que votre choix puisse être taxé d'égoïsme; il ne faut pas que, dans l'échange qui a lieu entre amis, tous les bénéfices soient pour vous. Vous n'écarterez donc pas un camarade parce qu'il serait faible, maladif, malheureux; au contraire, car si vous devez gagner au contact de vos amis, il est juste que, de leur côté, ils aient quelque profit à posséder votre affection.

Mais ce profit doit avoir avant tout un caractère moral : il y aura entre vos amis et vous un échange constant de bons procédés, de bons exemples, afin que, les uns par les autres, vous puissiez poursuivre votre perfectionnement, but suprême de la vie.

Quand vous aurez quitté l'école, vous étendrez le cercle de vos connaissances et de vos relations; vous pourrez également augmenter le nombre de vos amis. Les mêmes principes guideront votre choix. Vous vous rappellerez qu'un véritable ami souffre de ce qui afflige son ami et se réjouit avec lui de ce qui lui arrive d'heureux. Si l'amitié est fondée sur de nobles sentiments, si deux amis sont pénétrés de l'importance de leurs devoirs réciproques, ils ne redouteront point de se donner les conseils, de se faire les observations que leur conduite peut exiger ou justifier.

L'amitié, dit-on, vit de sacrifices réciproques : nous devons être indulgents pour nos amis et supporter avec patience leurs défauts s'ils ne font du tort qu'à nous. C'est lorsque la conduite de notre ami peut avoir pour lui des conséquences fâcheuses, que nous ne devons pas craindre d'intervenir pour lui faire voir qu'il se trompe. Si nous le froissons sur le moment, nous pouvons être assurés qu'à la réflexion et une fois de sang-froid, il nous sera reconnaissant. S'il en était autrement, il ne mériterait pas le titre d'ami.

C'est une vérité de sens commun que l'amitié, ainsi entendue et pratiquée, ne peut exister qu'entre personnes honnêtes et professant les unes pour les autres une véritable estime. C'est en pensant aux autres inclinations que le fabuliste a dit :

> Chacun se dit ami, mais fou qui s'y repose.
> Rien n'est plus commun que le nom,
> Rien n'est plus rare que la chose.

Une association d'intérêts, de passions ou peut-être de vices ne peut s'appeler amitié, car elle ne résiste pas aux conflits qui s'élèvent tôt ou tard entre les associés. Comment des personnes, dont l'intérêt personnel, plus ou moins bien entendu, est le mobile, sauraient-elles se résoudre à ces sacrifices qui sont le pain quotidien de l'amitié? Ce n'est certainement pas elles qui accourraient vers l'ami dans le malheur et qui voudraient partager le fardeau de ses peines!

Résumé. — De même que nous bénéficions de la conduite des écoliers qui ont passé dans l'école avant nous, nous devons travailler au profit de ceux qui nous suivront.

Si tous nos camarades ont des droits à notre affection, il nous est permis de distinguer parmi eux des amis que nous chérirons comme des frères; nous nous réjouirons avec eux, nous les consolerons dans la douleur, nous les aiderons dans le besoin.

Nous ne nous lierons pas à la légère; mais l'amitié donnée le sera pour la vie.

Questions. Problèmes moraux. Exercices de rédaction. — 1. Quel est, de vos camarades, celui que vous admirez le plus? Raisonnez votre admiration.

2. Si un de vos camarades avait l'habitude de parler grossièrement, que feriez-vous?

3. Que pensez-vous d'un écolier qui donnerait des sobriquets à ses camarades?

4. « Les méchants n'ont point d'amis. » Pourquoi? selon vous.

5.   J'aime mieux un franc ennemi,
       Qu'un bon ami qui m'égratigne.   (ARNAULT).

Expliquez le sens de ces deux vers, en insistant sur les mots *franc* et *bon.*

6. Indiquez les services que se rendent deux amis véritables.

7. Les mots « mon ami » viennent fréquemment dans les entretiens de deux personnes qui sont plutôt indifférentes l'une pour l'autre. Quel est le sens et la portée réelle de cette expression?

8. L'affection se commande-t-elle? Si non, quelle en est la source? Quelles sont les raisons qui vous ont porté à aimer votre ami? (il faut qu'il s'agisse d'un ami réel et non d'un ami supposé).

LECTURES ET EXERCICES DE MÉMOIRE. — 1. La mort d'un ami.

J'avais un ami; la mort me l'a ôté; elle l'a saisi au commencement de sa carrière, au moment où son amitié était devenue un besoin pressant pour mon cœur. Nous nous soutenions mutuellement dans les travaux pénibles de la guerre; nous n'avions qu'une pipe à nous deux; nous buvions dans la même coupe; nous couchions sous la même tente, et, dans les circonstances malheureuses où nous sommes, l'endroit où nous vivions ensemble était pour nous une nouvelle patrie. Je l'ai vu en butte à tous les périls de la guerre, et d'une guerre désastreuse. La mort semblait nous épargner l'un pour l'autre; elle épuisa mille fois ses traits autour de lui sans l'atteindre, mais c'était pour me rendre sa perte plus sensible. Le tumulte des armes, l'enthousiasme qui s'empare de l'âme à l'aspect du danger, auraient peut-être empêché ses cris d'aller jusqu'à mon cœur. Sa mort eût été utile à son pays et funeste aux ennemis. Je l'aurais moins regretté. Mais le perdre au milieu des délices d'un quartier d'hiver! Le voir expirer dans mes bras, au moment où il paraissait regorger de santé, au moment où notre liaison se resserrait encore dans le repos et la tranquillité! Ah! je ne m'en consolerai jamais!

Cependant sa mémoire ne vit plus que dans mon cœur; elle n'existe plus parmi ceux qui l'environnaient et qui l'ont remplacé; cette idée me rend plus pénible le sentiment de sa perte. La nature, indifférente de même au sort des individus, remet sa robe brillante du printemps et se pare de toute sa beauté autour du cimetière où il repose. Les arbres se couvrent de feuilles et entrelacent leurs branches; les oiseaux chantent dans le feuillage; les mouches bourdonnent parmi les fleurs; tout respire la joie et la vie dans le séjour de la mort; et le soir, tandis que la lune brille au ciel et que je médite près de ce triste lieu, j'entends le grillon poursuivre gaiement son chant infatigable, caché sous l'herbe qui couvre la tombe silencieuse de mon ami.

La destruction insensible des êtres et tous les malheurs de l'humanité sont comptés pour rien dans le grand tout. La mort d'un homme humble qui expire au milieu de ses amis désolés, et celle d'un papillon que l'air froid du matin fait périr dans le calice d'une fleur, sont deux époques semblables dans le cours de la nature. L'homme n'est rien qu'un fantôme, une ombre, une vapeur qui se dissipe dans les airs.

XAVIER DE MAISTRE, *Voyage autour de ma chambre*, XXI.

Autres lectures. — 2. *Jeannot et Colin*, Voltaire (LABBÉ, Morceaux choisis, Cours moyen, p. 196). — 3. *Adieu à un ami*, Cousin (GUSTAVE MERLET, Extraits des Classiques français, classe de quatrième, p. 135). — 4. *Le protecteur de Nelli* (E. DE AMICIS, Grands cœurs, p. 44). — 5. *Le petit chemin de fer mécanique* (Même ouvrage, p. 117). — 6. *Rareté des vrais amis* (BARRAU, Morale pratique, p. 454). — 7. *L'amitié au collège* (Même ouvrage, p. 454). — 8. *Damon et Pythias, Antonio et Roger* (Même ouvrage, p. 459 et 461). — 9. *Pélisson* (Même ouvrage, p. 210). — 10. *Choix des amis*, Amiel, Fénelon (R. THAMIN, Extraits des Moralistes, p. 393 et 527). — 11. *Fraternité pratique*, V. Hugo (MASSON ET ROUSTAN, Nouveau livre de Morale pratique, p. 93). — 12. *L'ours et l'amateur de jardins* (LA FONTAINE, liv. VIII, fable 10). — 13. *Paroles de Socrate* (LA FONTAINE, liv. IV, fable 17). — 14. *Les deux amis* (LA FONTAINE, liv. VIII, fable 11, Coupure à faire : deuxième hémistiche du seizième vers, dix-septième et dix-huitième vers). — 15. *Les deux pigeons* (LA FONTAINE, liv. IX, fable 2. Supprimer les dix-neuf derniers vers). — 16. *Le lapin et la sarcelle* (FLORIAN, liv. IV, fable 13). — 17. *Le choix d'un ami* (XÉNOPHON, Mémorables de Socrate ; MOSSIER, Lecture et récitation hebdomadaires, p. 164).

10ᵉ LEÇON. — Ce qu'il faut éviter (envie, jalousie, hypocrisie, délation).

Pensées et Maximes. — 1. *L'envie suppose toujours de la méchanceté dans le cœur.*

2. *Notre défiance justifie la tromperie d'autrui* (LA ROCHEFOUCAULD).

3. *Souffrir qu'un méchant fasse du mal quand on peut l'empêcher, c'est participer à son crime* (Maxime orientale).

4. *La jalousie est le chagrin du bonheur d'autrui* (GÉRARD).

5. *La jalousie est la passion des âmes lâches* (MASSILLON).

6. *On est capable de tout dès qu'on peut être ennemi du mérite et de l'innocence* (MASSILLON).

Plan. — La présence de nos condisciples nous excite à l'effort ; le travail en commun le facilite, et la poursuite d'un but identique, par nos camarades et par nous, produit cette atmosphère de légère fièvre qui est l'émulation. Toutefois, comme nous l'avons vu dans la huitième leçon, l'émulation qui doit soutenir nos efforts, c'est, en quelque sorte, l'émulation avec nous-mêmes. C'est à nous, dans le passé, que nous devons nous comparer dans le présent, et non à nos camarades de classe, car un triomphe sur eux ne serait point la preuve indiscutable de notre perfectionnement, but suprême auquel nous devons tendre. Au lieu de nous conduire vers le mieux, cette comparaison avec nos condisciples pourrait même avoir sur notre esprit et sur notre cœur une néfaste influence. Si nous constations la supériorité de nos voisins sur nous, et, en même temps, l'impossibilité de nous élever jusqu'à eux, malgré nos efforts, le sentiment de notre impuissance pourrait donner naissance en nous à deux sentiments condamnables l'envie et la jalousie.

Ces deux sentiments sont si voisins par leur nature et par leur forme extérieure, qu'on les prend souvent l'un pour l'autre. Pour les différencier, nous dirons qu'on est surtout jaloux de ce qu'on possède, et qu'on est envieux de ce que possèdent les autres. En outre, comme senti- ment, l'envie est une disposition plus permanente que la jalousie, qui se manifeste surtout par à-coups, comme une maladie aiguë : on a un accès de jalousie, on ne dit pas un accès d'envie. Celle-ci serait plutôt une maladie chronique de l'âme.

L'envieux voudrait posséder, sans efforts personnels et par des moyens dont la moralité le laisse indifférent, les biens qui sont le partage de son voisin. Il souffre de toute supériorité, et croit volontiers que ceux qui en jouissent la doivent plutôt à l'intrigue, à la faveur qu'à leur propre mérite. Voilà pourquoi on a dit avec raison que l'envie n'existe que dans les cœurs méchants.

L'envieux ne peut être un bon camarade ; s'il n'a pas le courage de faire directement du tort à ceux qui lui por- tent ombrage, il ne ferait rien non plus pour détourner d'eux la souffrance, le malheur. Il se réjouit, au contraire — quoique sans oser le montrer — des disgrâces qui les atteignent. Mais cette joie est empoisonnée et incapable de contribuer à nous doter de cette santé morale qui est l'apanage des âmes bien équilibrées.

Entrer dans la vie avec l'envie au cœur, c'est se pré- parer une existence de désenchantements et de souffrances de toute sorte. Il ne faut donc pas nous laisser dominer par ce sentiment, mais bien, dès que nous le sentons poindre en nous, faire appel à notre raison, à notre dignité, pour le combattre et l'anéantir. Si nous le laissions se for- tifier par l'habitude, nous serions moralement perdus.

L'envieux et le jaloux ne veulent pas être connus comme tels ; ils ont conscience de leur bassesse et de leur indignité ; tout en gardant pour leurs camarades ces sentiments inavouables, ils veulent le duper et garder leur estime. Ils font semblant d'être animés de bonnes intentions, alors qu'ils mettent adroitement tout en œuvre pour trahir ceux qui ne se défient pas d'eux.

C'est ainsi que l'envie les conduit à l'hypocrisie, une des formes les plus dégradantes de la lâcheté. L'hypocrite, en effet, pare le vice des dehors de la vertu, et si c'est, comme on l'a dit, un hommage qu'il rend à celle-ci, il n'en est pas moins vrai qu'il n'a pas le courage de s'affranchir de ses mauvais instincts, pour suivre noblement le bon chemin.

Incapables de conquérir le succès par des moyens honnêtes et loyaux, l'envieux et le jaloux se contentent de le rabaisser par leurs insinuations malveillantes et de l'humilier par tous les moyens à leur portée ; ils lui tendent des pièges, ils guettent avec vigilance ses moindres écarts ; ils ne reculent ni devant la médisance, ni devant la délation, et sont heureux de dénoncer l'objet de leur envie à ceux dont il dépend pour le faire tomber en disgrâce.

Il peut y avoir honneur et courage à signaler les abus, les dénis de justice, les violations de la loi ; mais il faut le faire hautement, sans se cacher, en visant l'acte immoral et non la personne. La délation est, au contraire, secrète, haineuse, souvent anonyme ; elle cherche à nuire et non à redresser ; au lieu d'être un effort de la vertu, c'est une bassesse de la lâcheté.

Résumé. — L'ambition malsaine de surpasser les autres peut, si nous ne la surveillons, nous conduire à l'envie et à la jalousie qui sont deux vilains défauts. L'envieux est un méchant qui ne sera jamais véritablement heureux. Il devient forcément hypocrite et ne recule pas devant la délation pour abaisser ceux qui sont supérieurs à lui par leur mérite ou leurs vertus. Le jaloux, l'envieux, l'hypocrite et le délateur sont également méprisables.

Questions. Problèmes moraux. Exercices de rédaction. — 1. Le respect du règlement impose-t-il le devoir de dénoncer ceux qui le violent ? Dans quels cas ?

2. « Va te faire pendre ailleurs ! » Dans quels cas emploie-t-on cette expression, que signifie-t-elle et qu'en pensez-vous ?

3. Si vous surpreniez votre voisin copiant une composition de classement sur un livre, que feriez-vous ?

4. En votre présence, un élève a commis une vilaine action. Le maître recherche le coupable. Devez-vous le dénoncer ? Dans la négative, que ferez-vous ?

5. Que pensez-vous des rapporteurs qui, par légèreté et sans méchanceté réelle, racontent tout ce qui se passe devant eux?

6. Le sentiment de réprobation que certains manifestent pour les agents de police est-il justifié? Quelle en est la cause?

Lectures et Exercices de mémoire. — 1. L'envie.

Si l'homme est créé libre, il doit se gouverner;
Si l'homme a des tyrans, il doit les détrôner.
On ne le sait que trop, ces tyrans sont les vices.
Le plus cruel de tous dans ses sombres caprices,
Le plus lâche à la fois et le plus acharné,
Qui plonge au fond du cœur un trait empoisonné,
Ce bourreau de l'esprit, quel est-il? — C'est l'envie.
L'orgueil lui donna l'être au sein de la folie;
Rien ne peut l'adoucir, rien ne peut l'éclairer;
Quoique enfant de l'orgueil, il craint de se montrer.
Le mérite étranger est un poids qui l'accable;
Semblable à ce géant si connu de la fable,
Triste ennemi des dieux, par les dieux écrasé,
Lançant enfin les feux dont il est embrasé,
Il blasphème, il s'agite en sa prison profonde;
Il croit pouvoir donner des secousses au monde;
Il fait trembler l'Etna dont il est oppressé :
L'Etna sur lui retombe, il en est terrassé.
Cœurs jaloux! à quels maux êtes-vous donc en proie?
Vos chagrins sont formés de la publique joie.
Convives dégoûtés! l'aliment le plus doux,
Aigri par votre bile est un poison pour vous.
O vous qui de l'honneur entrez dans la carrière,
Cette route, à vous seuls, appartient-elle entière ?
N'y pouvez vous souffrir les pas d'un concurrent?
Voulez-vous ressembler à ces rois d'Orient
Qui, de l'Asie esclave, oppresseurs arbitraires,
Pensent ne bien régner qu'en étranglant leurs frères?

VOLTAIRE.

Autres lectures. — 2. *La jalousie et l'émulation,* La Bruyère (STEEG, *Vie morale,* p. 272). — 3. *Le baromètre,* Maxime Ducamp (*Mon Journal,* année 1892, p. 98). — 4. *Il ne faut pas rapporter* (GÉRARD, Maximes morales du petit écolier, p. 77). — 5. *Émulation trop passionnée* (BARRAU, Morale pratique, p. 60). — 6. *Noble émulation et basse jalousie* (Même ouvrage, p. 61). — 7. *Envie. La lutte. Une dispute* (ED. DE AMICIS, Grands Cœurs, p. 108,

161, 181). — 8. *Histoire d'une vieille reine et d'une jeune paysanne* (FÉNELON, fable 16). — 9. *Histoire d'Alibée, Persan* (Même ouvrage, fable 25). — 10. *L'aigle et la pie* (LA FONTAINE, liv. XII, fable 11). — 11. *Le lièvre et la tortue* (LA FONTAINE, liv. VI, fable 10). — 12. *Le lion abattu par l'homme* (Même ouvrage, liv. III, fable 10). — 13. *Le linot* (FLORIAN, liv. II, fable 22). — 14. *La chenille* (Même ouvrage, liv. V, fable 12). — 15. *L'araignée et le ver à soie*, Le Bailly (Moy, 1re année de Récitation, p. 5).

Bibliographie. — PAYOT, *Cours de Morale*, p. 158. — BUISSON, *Dictionnaire de Pédagogie*, article *Émulation*.

11e Leçon. — L'éducation après l'école. — Fréquentation des cours d'adultes. — Lectures.

Pensées et Maximes. — 1. *Plus on est ignorant, moins on s'en aperçoit.*

2. *Nos plus sûrs protecteurs sont nos talents.*

3. *Écoute beaucoup et ne parle qu'à propos.*

4. *Aimer à lire, c'est faire échange des heures d'ennui que l'on doit avoir dans la vie contre des heures délicieuses* (MONTESQUIEU).

5. *L'ignorance est une mauvaise monture qui fait sans cesse broncher celui qui est dessus* (Pensée arabe).

6. *Ta destinée fût-elle de vivre cent ans, apprends toujours* (Proverbe russe).

7. *Un bon livre est le meilleur des amis* (MONTESQUIEU).

8. *Les livres sont à l'âme ce que la nourriture est au corps* (SAINT-ÉVREMOND).

Plan. — Malgré tous les efforts de vos maîtres et les vôtres, la persistance du savoir acquis à l'école est très faible, et il se fait un déchet considérable dans la période de l'adolescence, si vous mettez complètement de côté livres et cahiers quand vous avez quitté la classe ; dans peu de temps, vous avez oublié la majeure partie de ce que vous aviez appris. On a fait la statistique de ce qu'il y a d'illettrés dans les armées des principales nations — et on entend par illettrés ceux qui ne savent même pas signer leur nom : sur mille hommes incorporés, on compte un illettré en Allemagne, 20 en Suisse, 50 en France, 380 en Italie, 615 en Russie! Et ces chiffres ne montrent pas encore toute la gravité du mal, car on peut savoir signer son nom et être parfaitement incapable d'écrire ou de lire.

Si un illettré n'est pas une non-valeur absolue, il ne peut pourtant faire autre chose qu'un travail manuel mécanique, et il lui est bien difficile de se perfectionner. Il ne faut donc pas se placer par sa faute dans cette catégorie d'infirmes intellectuels, et quand on a eu le bonheur de fréquenter l'école, il faut conserver et augmenter les connaissances qu'on y a acquises.

Plusieurs moyens s'offrent à nous pour y réussir.

L'école s'ouvre le soir pour les adultes qui n'y seraient pas admis dans le jour à cause de leur âge. En fréquentant ces cours du soir ou cours d'adultes, nous pouvons fixer, perfectionner et augmenter nos connaissances. Bien peu d'écoles aujourd'hui sont privées de cours d'adultes, cet utile prolongement de l'œuvre éducative, dû à la bonne volonté des maîtres; mais il n'y a pas très longtemps que les cours du soir ont pris cette importance et cette étendue. Les premiers essais — isolés — furent tentés à la fin du XVIIIe siècle et au début du XIXe siècle. Ce ne fut toutefois qu'après la révolution de 1830 que le mouvement se prononça nettement. En 1837, il y avait en France 1 800 cours d'adultes comptant 37 000 élèves. Ces nombres doublèrent en trois ans et allèrent croissant jusqu'à l'établissement du Second empire, qui, tout d'abord, ne se montra pas favorable aux cours d'adultes. Ce fut M. Duruy, ministre de l'instruction publique, qui, en 1864, provoqua leur renaissance. Ils ont atteint, sous la République, une prospérité et une valeur qu'ils n'avaient jamais connues auparavant.

Aux cours d'adultes ont été ajoutées les conférences et les associations amicales d'anciens élèves, qui en sont le complément naturel. Nous aurons tout avantage à assister aux conférences et à faire partie de l'Amicale de notre école. Nous ne perdrons point nos anciens condisciples de vue, et, au contraire, nous conserverons dans l'amitié les sentiments de camaraderie que notre présence sur les mêmes bancs avaient fait naître.

On dit qu' « on ne peut que gagner en bonne compagnie ». Notre perfectionnement peut donc, en partie, dépendre de nos fréquentations. Si elles sont bonnes, nous nous améliorerons; si nous sommes en relations avec des personnes instruites et sensées, nous apprendrons toujours quelque chose à leur contact. Elles joindront à leurs bons exemples des conseils que nous aurons tout profit à suivre ; car en écoutant ceux qui ont plus de savoir et d'expérience que nous, non seulement nous évitons de commettre des sottises, mais nous devenons capables de prévoir les conséquences de nos actes, et nous prenons insensiblement d'excellentes habitudes d'esprit et de conduite.

En supposant même que les deux moyens que nous venons d'indiquer nous fassent défaut, nous ne sommes pas dans l'impossibilité de continuer à nous instruire, car nous avons toujours la ressource de lire de bons livres. Que n'a-t-on pas dit à l'éloge du livre et sur les bienfaits de la lecture ? Nous ne le répéterons pas ; mais lire n'est pas tout : il y faut la manière. Un philosophe du XVIIᵉ siècle, Malebranche, disait : « Il est très utile de lire quand on médite ce qu'on lit ». En effet, si notre esprit ne s'applique pas, non seulement à comprendre, mais à critiquer ce que le livre ou le journal nous offre, pour en tirer des conclusions pratiques, le temps employé à notre lecture sera bien près d'être du temps perdu.

Prenons donc de bonne heure l'habitude de réfléchir sur ce que nous lisons, et surtout ne nous laissons pas éblouir et tromper par ce qui est *imprimé*. Le papier prend ce qu'on met dessus ; il ne suffit pas qu'une parole soit traduite en caractères d'imprimerie pour qu'elle acquière par là un incontestable caractère de vérité. Elle ne sera vraie pour nous qu'autant que, l'ayant pesée, nous l'aurons reconnue pour telle. Mais, pour exercer efficacement ce contrôle, cette critique, il faut de l'attention, de la volonté, de la pratique. Voilà pourquoi il faut lire et réfléchir tout autant.

Notre maître sera heureux de mettre à notre disposition ses propres livres et ceux de la bibliothèque de l'école. Il nous guidera dans nos premières lectures et nous aidera même à démêler le vrai du faux dans ce qui, tous les jours, sollicite notre attention.

Résumé. — Nous avons tout intérêt à conserver et à étendre les connaissances que nous avons acquises à l'école. Aussi ne devons-nous pas laisser notre esprit se rouiller dans la paresse intellectuelle. Dans ce but, nous serons assidus au cours d'adultes, aux conférences et aux réunions de l'Amicale.

Nous rechercherons la compagnie des personnes plus expérimentées et plus instruites que nous, et surtout nous lirons avec soin de bons livres dans nos moments de loisir.

Questions. Problèmes moraux. Exercices de rédaction. — 1. Le poëte Manuel dit, dans sa pièce *Les ouvriers* : « Quiconque sait lire est un homme sauvé ! » Qu'entendez-vous par là ? Vous rappelez-vous une lecture qui vous ait amélioré ? Laquelle et comment ?

2. Quel est celui des livres de la bibliothèque scolaire qui vous a le plus intéressé, et quelles sont les raisons de cet intérêt ?

3. Comment lisez-vous pour tirer profit de vos lectures, et quel profit en retirez-vous ?

4. Un de vos camarades, qui vient de quitter l'école, se croit assez instruit et prétend qu'il n'a plus rien à apprendre, sauf le métier auquel il se destine. Écrivez-lui pour lui démontrer son erreur. Montrez-lui notamment qu'il a besoin de continuer à s'instruire pour faire d'abord un bon apprenti, ensuite un bon ouvrier.

5. Dans la fable *La renoncule et l'œillet*, le fabuliste nous montre la renoncule inodore acquérant par voisinage le parfum de l'œillet. Le parfum gagné par la renoncule est-il bien à elle, et quelle leçon peut-on tirer de cette fable pour la vie ordinaire ?

Lectures et Exercices de mémoire. — 1. Douloureuse
Ignorance.

A la bergerie de Bronzet, on remarquait, sur l'une des murailles blanchies à la chaux, dans un cadre rougeâtre et criblé de petits trous, une vieille gravure d'un tableau de Prudhon. « Petit [1], me fit le vieux pâtre Boutignan, le jour où j'arrivai à la bergerie, on m'a dit que tu savais lire ; est-ce que ce serait vrai ? — Je lis un peu, bien guère. — Tu es allé dans les écoles ? — Jamais. — Et qui t'a appris ? — Dans le temps que je gardais les pourceaux, notre homme d'affaires, dans les nuits d'hiver, m'apprit dans son bureau le peu que je sais. — Ah ! c'est un bien brave homme, Étienne.... Dis, est-ce que tu pourrais me lire ce qu'il y a d'écrit sur ce tableau ? — Et moi, dressé sur la pointe des pieds et relevant la tête, je lus : *La vengeance poursuivant le crime.* — Oui, c'est bien ça ! s'écria le pâtre tout joyeux ; mon petit ami, tu es un homme, tu en sais plus que ton baïle. »

Et alors, silencieux, tout en pensements, Boutignan alla s'appuyer pendant quelques instant contre le manteau de

---

1. Le jeune Brisquimi a été envoyé comme aide au maître berger Boutignan. Il retrace, dans le présent morceau, sa première rencontre avec son patron.

la cheminée; les rides de son front se creusèrent; ses sourcils, moitié noirs, moitié gris, se hérissèrent; puis, comme quelqu'un qui a assez ruminé ce qu'il cherchait, il se lève, fait quelques pas vers la porte restée grande ouverte, et, les yeux noyés dans les immenses prairies qui s'étendent de la grand'roubine de ceinture au Rhône, avec un grincement de dents, le baïle-pâtre lança ces paroles dans l'espace :

« Oh! mon pauvre père, mon père, comme vous aviez raison de le dire : quelle belle chose c'est que la lecture! Lire! se fortifier l'esprit avec l'esprit des autres, s'imbiber le cœur des sentiments qui vous agréent; lutter avec ceux qui luttent, oublier ses males heures dans les tristesses d'un poète, l'aimer, le suivre, le combattre ou l'applaudir, selon que ses pensées s'accordent aux vôtres ou s'en séparent.... Quels soulas dans la vie! que c'est beau, mon fils! quelle belle chose tu sais là! Est-ce que tu saurais écrire, Braisquimi? — Je connais un peu la *grosse*. — La *grosse* ou la *fine*, qu'est-ce que ça y fait, nigaud? Tu sais écrire, faire parler le papier, que demandes-tu de plus?... Quand le papier parle, barbe blanche s'incline!... Ah! si j'avais su, si je savais ce que tu sais, qui sait ce que j'aurais dit, ce que j'aurais fait? Peut-être moins, peut-être plus qu'un homme de tête. J'aurais toujours pu dire le poids que j'ai là, qui m'écrase la poitrine.... Quoi. qu'il en soit, je ne serais pas l'âne porteur d'une figure humaine que je suis; dans les livres, je verrais autre chose que le noir et le blanc que j'y vois; je pourrais lire, écrire, penser; je pourrais être fier, être heureux dans ma vie de pâtre, car alors, en dehors de l'adresse que j'ai, je pourrais dire fièrement : je suis un homme : Mais je ne sais ni *a* ni *b*; je suis un imbécile, un zéro en chiffre! Je ne suis ni tu, ni vous, ni coque ni moque, ni fifre ni bûche; je suis un homme manqué! »

Un grand sanglot traversa ces dernières paroles. Le berger, la tête inclinée sur sa poitrine, un moment demeura comme effondré; il devait cruellement souffrir dans son silence, car, outre le flot qui lui crevait les yeux, sa figure éclatait, rougissait, flamboyait; les tendons de son cou s'agitaient, nerveux comme des nerfs de bœuf, tout son corps tremblait. Il me faisait peine, je n'avais jamais vu un être si attristé, et mon petit cœur d'enfant battait d'effroi à se rompre.

La douleur de cet homme, que je lisais sur son visage, m'enlevait la parole des lèvres; mes yeux furetaient, ne faisaient qu'aller et venir de son visage au tableau, du tableau à son visage.

B. BONNET, *Vie d'enfant*, traduction d'A. DAUDET
(Dentu éditeur).

Autres lectures. — 2. *Pétrarque, Sophie Germain* (BARRAU, *Morale pratique*, p. 71-73). — 3. *L'éducation du souverain* (E. QUINET, Édition du centenaire, p. 152). — 4. *Les classes du soir* (E. DE AMICIS, Grands cœurs, p. 161). — 5. *Faut-il instruire le peuple?* Voltaire (R. THAMIN, Extraits des Moralistes, p. 599). — 6. *De l'éducation dans le gouvernement républicain*, Montesquieu (Même ouvrage, p. 377). — 7. *Le dévouement à la science*, Aug. Thierry (LABBÉ, Morceaux choisis, Cours supérieur, p. 322). — 8. *La dernière classe*, Al. Daudet (LABBÉ, Morceaux choisis, Cours élémentaire, p. 140). — 9. *L'homme qui prétend tout savoir* (LA BRUYÈRE, Les caractères, chap. v). — 10. *Choix des livres* (PAUL BOURDE, Le patriote, p. 75). — 11. *Le coq et la perle* (LA FONTAINE, liv. Ier, fable 20). — 12. *L'âne chargé d'éponges et l'âne chargé de sel* (LA FONTAINE, liv. II, fable 10). — 13. *Le renard et le bouc* (LA FONTAINE, liv. III, fable 5). — 14. *Le lièvre et la tortue* (LA FONTAINE, liv. VI, fable 10). — 15 et 16. *Le rat et l'huître; L'avantage de la science* (LA FONTAINE, liv. VIII, fables 9 et 19).

Bibliographie. — LEGOUVÉ, *L'art de la lecture* (Hetzel, éditeur).

CHAPITRE III

LA PATRIE

**12ᵉ Leçon. — Grandeur et malheurs de la Patrie. —
Le patriotisme.**

Pensées et Maximes. — 1. *On n'emporte pas la patrie à la
semelle de ses souliers* (DANTON).

2. *L'exilé partout est seul* (LAMENNAIS).

3. *L'accent du pays où l'on est né demeure dans l'esprit et dans
le cœur comme dans la langue* (LA ROCHEFOUCAULD).

4. *Une nation est une âme, un principe spirituel* (E. RENAN).

5. *Une nation ne meurt pas de reconnaître une faute, mais d'y
persister* (A. DUQUET).

6. *Il n'y a point d'honnêteté réelle sans patriotisme* (PAUL
BOURDE).

7. *Il faut vivre d'abord et puis philosopher.*

Plan. — Le mot de *patrie* avait chez les anciens un sens
beaucoup plus étroit et plus précis, en quelque sorte, qu'il
ne l'a pour nous, Français du XXᵉ siècle. C'était, à proprement parler, la terre des pères. La patrie de chaque
homme était la part du sol sanctifiée par la religion du
foyer, et où étaient déposés les ossements des ancêtres.
L'amour, le respect, le culte de la patrie étaient plus locali-
sés et plus concrets que le patriotisme actuel [1]. Ce sentiment a évolué comme les autres sentiments humains, et
avant d'arriver à la conception actuelle, les esprits ont
passé par certaines étapes que l'étude de l'histoire nous

---

1. Le mot de *patriote* fut inventé par Saint-Simon, qui l'appliquait à
Vauban, « un insensé pour l'amour du public », ainsi que le désignait
Louis XIV.

fait connaître. L'amour de la patrie, limité d'abord à la terre familiale, s'étend ensuite à la tribu, puis à la ville. Ainsi, dans l'histoire des Bourgeois de Calais, Eustache de Saint-Pierre et ses compagnons se dévouent pour leur cité et non pour la conserver au roi de France. Dans cette période du moyen âge, l'amour de la France n'existe pour ainsi dire pas; la masse populaire a à peine conscience de sa nationalité, et les puissants placent leur intérêt et leur ambition au-dessus de tout autre sentiment social. Ainsi, sous Louis XIV, Condé a combattu sans scrupules avec les ennemis de la France, et, pendant la Révolution, les émigrés ont cherché à abattre la France avec le secours de l'étranger.

Pour nous, la patrie est tout à la fois le sol de la France et le peuple qui l'habite. A cette communauté d'origine et d'habitation, se joint celle des mœurs, des intérêts, des traditions et des aspirations, ces deux dernières constituant le patriotisme au meilleur sens du mot. A mesure que nous apprécions ce qu'ont fait nos ancêtres pour rendre cette terre de France habitable, commode, agréable et grande, nous apprenons à chérir cette nation dont nous faisons partie, et cette terre qui nous nourrit pendant notre vie et nous gardera après notre mort. Mais pour qu'un peuple aime vraiment sa patrie, pour qu'elle soit pour lui autre chose que sa terre natale, il est nécessaire qu'il soit *libre*, qu'il soit assuré de garder intacte sa dignité de citoyen, de « ne recevoir la loi d'aucun despote, homme ou nation de proie ». C'est en ce sens qu'on dit : « Le citoyen seul a une patrie ».

S'il renonce à cette liberté, à cette indépendance, un un peuple perd sa patrie. Comme à l'esclave et au serf, il lui est indifférent d'appartenir à tel ou tel maître. Il pourra se dévouer à un homme, prince, roi ou empereur, mais ce n'est plus lui qui agit et qui se glorifie; sa personnalité est absorbée dans la personnalité royale.

C'est de cette conception dangereuse qu'est né le *chauvinisme* qui, à l'origine [1], appliqué au fanatisme napoléonien, est devenu synonyme de patriotisme exagéré, irréfléchi et surtout belliqueux.

Le véritable patriotisme est donc un sentiment récent,

1. Mot formé de Chauvin, personnage du vaudeville de Scribe : *Le Soldat laboureur.*

mais supérieur comme hauteur, pureté et noblesse, au patriotisme d'avant la Révolution. C'est justement au moment de la Révolution que l'amour de la liberté, s'ajoutant à l'amour du pays et du sol natal, a suscité les actions les plus héroïques. À ce moment, la « patrie en danger » s'est grandie en raison même de ce danger. Elle a tenu victorieusement tête à tous ses adversaires, et c'est à la puissance de l'idée qu'elle représentait qu'elle a dû ce triomphe sans égal dans l'histoire. Les malheurs de la patrie sont marqués par les éclipses qu'a subies le sentiment de la liberté. Entraînée alors par ses chefs d'un moment dans des guerres injustes, elle a perdu en dignité ce qu'elle paraissait gagner en force, et il a fallu qu'elle s'affranchisse de la domination des rois et des empereurs pour retrouver et mériter l'amour et le dévouement volontaire de ses enfants.

On reproche à l'amour de la patrie d'être un sentiment étroit et mesquin ; on dit que les hommes étant tous frères, nous devons étendre sans réserve à l'humanité entière l'affection que nous avons pour nos compatriotes. Dans l'état actuel des rapports des nations entre elles, c'est là une utopie séduisante par sa générosité, mais dangereuse par ses conséquences possibles. Les peuples ont des traits généraux communs, il est vrai ; mais ils ont aussi des mœurs, des caractères et des aspirations différentes. Ils sont frères tant qu'ils se respectent les uns les autres et qu'ils ne cherchent pas à entreprendre sur les avantages matériels ou moraux de leurs voisins. Dès que l'un d'eux franchit cette limite, il devient un ennemi pour la nation menacée, et la résistance de celle-ci aux manœuvres coupables de l'agresseur est absolument légitime.

Au reste, si nous comparons ce que nous devons aux autres peuples et ce que nous devons à nos ancêtres, la balance sera en faveur des bienfaits de la patrie ; notre amour pour celle-ci doit donc primer l'amour que nous pouvons et devons porter aux autres hommes, mais ces deux amours ne sont ni inconciliables ni exclusifs.

Le sentiment patriotique et l'amour de l'humanité doivent nous faire souhaiter la disparition de la guerre entre les nations, comme sont disparues, sous le régime de la loi, les luttes violentes dans la cité. Le dicton populaire : « Un mauvais arrangement vaut mieux qu'un bon procès ! » peut s'appliquer aux différends entre les nations. Dans une guerre, tout le monde perd, vainqueur et vaincu, car rien ne peut remplacer ce qui est anéanti, richesses matérielles, et surtout vies humaines sacrifiées. Aussi les idées *pacifistes* ont-elles fait de grands progrès depuis quelques années, et on ne regarde plus aujourd'hui comme irréalisable l'idée de résoudre par l'arbitrage les contestations entre États; l'institution du *Tribunal de la Haye* (mai 1899) n'a pas d'autre destination. Il a déjà manifesté dans ce sens son action bienfaisante, sinon souveraine. Mais ce n'est point parce que l'on n'arrive pas du premier coup à supprimer les conflits armés, qu'il faut jeter le manche après la cognée et se résigner sous prétexte que les efforts sont vains. Il faut, au contraire, redoubler d'ardeur pour la lutte pacifique, persuadés que le bien l'emportera sur le mal.

Résumé. — Nous réunissons dans le même amour la libre terre de France et le peuple libre qui l'habite. Notre amour pour notre pays ne nous empêche pas de considérer tous les hommes comme nos frères, à condition qu'ils respectent nos droits.

C'est pourquoi nous souhaitons que la guerre disparaisse du monde entier, et que les contestations entre les nations soient jugées par un tribunal supérieur de paix.

Questions. Problèmes moraux. Exercices de rédaction. — 1. Quels sentiments éprouveriez-vous si, très éloigné de votre pays, vous rencontriez un de vos compatriotes, même inconnu de vous auparavant?

2. Que pensez-vous de cet aphorisme : « Là où on est bien, là est la patrie » (PONTSEVREZ, *Problèmes de Morale*, p. 88).

3. Montrez la justesse de cette pensée : « C'est être un mauvais citoyen que de ne savoir point tout ce qu'on a la possibilité d'apprendre ». Concluez par la manière dont un enfant peut servir sa patrie.

4. Quel est le sens de cette parole : « La science et l'art n'ont pas de patrie, mais les savants et les artistes en ont une »

5. Les Polonais résident toujours en Pologne, les Irlandais en Irlande, les Alsaciens et les Lorrains en Alsace et en Lorraine, les Boers sur les bords du Vaal et de l'Orange.... Peut-on dire que ces peuples ont conservé leur patrie? Sinon, qu'est-ce qui leur manque?

6. L'idée de patriotisme implique-t-elle la haine de l'étranger? Qu'est-ce que le patriotisme et comment peut-il se montrer? Est-ce seulement sur les champs de bataille?

Lectures et Exercices de mémoire. — 1. Patriotisme et humanité.

A chaque nation, sur son territoire, il est loisible de travailler au développement d'un réseau d'institutions protectrices, précisément parce que l'unité nationale met la puissance publique au service de la justice intérieure et fait régner entre les individus un « état de droit ». Mais, entre les nations, cet état de droit est-il organisé? La société qu'elles forment en est encore à la période anarchique. Or, en anarchie, que chacun se tienne sur ses gardes, et, en dernier recours, compte sur sa force. C'est pourquoi la nation la plus éprise de justice ne saurait cesser d'aiguiser son épée. C'est pourquoi l'éducateur le plus pacifiste ne saurait manquer d'enseigner d'abord le respect du devoir militaire.

Est-ce à dire qu'il lui soit interdit, tout en obéissant ainsi aux nécessités du présent, de préparer un meilleur avenir. Cet état de droit, qui n'est pas organisé encore, ne pouvons-nous, par des efforts raisonnés, en hâter la constitution? Déjà les linéaments de ce droit se dessinent. Pour de grands objets d'intérêt humain, les nations ont multiplié déjà les conventions et les congrès. Au cours du dernier siècle, elles ont soumis plus de cent de leurs litiges à des arbitres. Peu à peu, la pratique de l'arbitrage se généralise et se régularise sous nos yeux; plusieurs nations limitent méthodiquement, par des engagements réciproques, le champ du *casus belli*. Continuerons-nous, devant ce progrès, à tourner en dérision l'effort des pacifistes? N'essaierons-nous pas bien plutôt de faire comprendre aux jeunes générations qu'elles se trouvent là en présence d'un idéal qui, peu à peu, s'incarne dans les faits, et qu'il leur appartient sans doute de hâter cette incarnation, si elles savent perfectionner les mœurs publiques en même temps que le droit international, et — tout en se tenant prêtes à résister à la brutalité des autres — si elles se montrent capables de maîtriser, dans le peuple auquel elles appartiennent, les survivants de la brutalité collective.

Par cette double éducation des volontés, qui unirait la prévoyance de la guerre à l'espérance de la paix et s'efforcerait de satisfaire à la fois, sans sacrifier aucun des deux à l'autre, aux nécessités du présent et aux vœux de l'avenir, ne réussirait-on pas à former un peuple à la fois fort et juste, sans reproche en même temps que sans peur, toujours prêt à résister au mal, mais désormais incapable de déchaîner le mal, gardant à portée de la main l'épée luisante, mais maniant cependant la truelle et gâchant le mortier pour les fédérations futures?

En tout cas, le peuple qui dresserait ses instincts vers cet idéal, et qui saurait, cuirassé et casqué, respecter les institutions et garder les mœurs de la paix, ce peuple-là donnerait un noble exemple, il ouvrirait un sillon fécond, il mériterait bien de l'humanité. En imprégnant notre enseignement de cet esprit, qui oserait dire encore que nous manquons à nos devoirs envers la patrie et que nous travaillons à l'abaissement de la France? Nous ne faisons qu'élever plus haut, pour l'adapter aux exigences de la conscience contemporaine, l'effort de son génie traditionnel. Nous lui préparons des gloires nouvelles, qui ne pâliront pas devant ses gloires passées.

C. BOUGLÉ, *Solidarisme et Libéralisme*
(CORNÉLY, éditeur).

Autres lectures. — 2. *La magistrature de la France, Une grande nation, la Marseillaise* (E. QUINET, Édition du centenaire, p. 102, 101, 232). — 3. *Le patriotisme; L'exil* (FUSTEL DE COULANGES, La cité antique, p. 233 et 132). — 4. *Le vrai patriotisme*, J. Simon (STEEG, Vie morale, p. 314). — 5. *Aristide et Thémistocle* (BARRAU, Morale pratique, p. 332). — 6. *Les enfants de la République* (JOST ET LEFORT, Récits patriotiques, p. 74). — 7. *Nos marins; La défense de Châteaudun* (Même ouvrage, p. 98, 229). — 8. *Héroïsme de trois instituteurs*, Sarrazin (MASSON ET ROUSTAN, Nouveau livre de morale pratique, p. 79). — 9. *Le Gué*, Sully Prudhomme (LABBÉ, Morceaux choisis, Cours supérieur, p. 439). — 10. *Aimez la France* (JOST ET BRAEUNIG, Lectures pratiques, p. 150). — 11. *La Patrie*, E. Siebecker, Poésies d'un vaincu (Même ouvrage, p. 169). — 12. *L'Alsace*, Erckmann-Chatrian (Même ouvrage, p. 169). — 13. *Vauban* (JOST ET LEFORT, Récits patriotiques, p. 52). — 14. *Aux morts pour la Patrie* (M. BOUCHOR, Chants populaires pour les écoles, 1re série, p. 10). — 15. *La Marseillaise* (ROUGET DE L'ISLE).

Bibliographie. — PAUL BOURDE, *Le patriote* (Hachette, édit.). — GŒPP ET DUCOUDRAY, *Le patriotisme en France* (Hachette, édit.). — C. BOUGLÉ, *Solidarisme et libéralisme* (Cornely, édit.).

13ᵉ Leçon. — L'État et les citoyens. — Droits et devoirs réciproques.

Pensées et Maximes. — *1. L'intérêt des particuliers se trouve toujours dans l'intérêt commun* (Montesquieu).

2. Il fait partie de notre patrimoine d'aimer l'humanité et de la servir (Thalamas).

3. Gouverner, c'est réaliser le plus possible de paix, de justice et d'équité entre les hommes (Lamartine).

4. Les meilleures institutions deviennent vicieuses quand la morale cesse d'en être la base.

5. Mon cœur est pour la foule (Izoulet).

6. Il n'y a de sécurité que dans la liberté (Jules Simon).

Plan. — Les habitants d'un même pays ont des rapports nombreux et constants. Ces rapports sont très variés, et certains d'entre eux sont réglés par une série d'institutions dont l'ensemble constitue ce qu'on appelle l'*État*. On désigne encore par ce même mot la forme du gouvernement indépendamment des hommes qui exercent le pouvoir, ou le gouvernement lui-même représentant essentiellement la nation.

La conception et l'organisation de l'État ont varié depuis l'origine des sociétés. Montesquieu, renouvelant les théories des philosophes grecs Aristote et Platon, dit qu'il y a trois espèces de gouvernements ou d'États : le gouvernement républicain, le gouvernement monarchique et le gouvernement despotique. Le gouvernement républicain — celui que la France s'est donné — est celui où le peuple en corps, ou seulement une partie du peuple, a la souveraine puissance. L'État républicain a des citoyens; les États monarchiques n'ont que des sujets. Ceux-ci n'ont de part au gouvernement que celle — toujours révocable et précaire — que le souverain veut bien leur accorder. On voit, sans qu'il soit nécessaire d'y insister, combien la condition du citoyen est plus noble et plus digne que celle du sujet. Il est donc à la fois de notre devoir et de notre intérêt de faire prospérer l'État républicain.

Sous l'ancien régime, le roi était absolu et il pouvait dire : « L'État, c'est moi ! » Les sujets n'avaient qu'à s'incliner sous l'autorité servie par la force, souvent contre toute justice. C'est précisément contre les abus trop réels rendus possibles par ce despotisme, que la Révolution de 1789 a été faite et a substitué à l'autorité de droit divin, dont se réclamait la puissance royale, le droit naturel du peuple en qui elle a placé toute autorité (art. 3 de la Déclaration des droits de l'homme et du citoyen).

Il existe deux conceptions opposées du rôle de l'État moderne : les *autoritaires* tendent à renforcer sans cesse les pouvoirs de l'État; ils le chargeraient volontiers d'édicter une foule de prescriptions réglant minutieusement la conduite du citoyen. Les *individualistes*, au contraire, veulent réduire le rôle de l'État au minimum et le chargent seulement du maintien de l'ordre matériel et de la sécurité publique, laissant aux citoyens toute initiative pour faire eux-mêmes leurs affaires.

Sans prendre parti pour les uns ou pour les autres, nous examinerons quels sont les devoirs et les droits réciproques de l'État et du citoyen.

Le premier devoir de l'État, celui qui renferme implicitement tous les autres, c'est de faciliter aux citoyens l'exercice de leurs droits civils et politiques [1], en les protégeant, sous le règne de la loi et de la justice, contre ceux qui tenteraient d'y porter atteinte.

Comme conséquence, l'État doit faire des lois justes, conçues dans l'intérêt général, et veiller à ce qu'elles soient observées par tous.

Il doit assurer la sécurité et l'intégrité du territoire par l'application des lois faites dans ce but.

Il a la charge de contribuer à assurer la prospérité des citoyens :

La prospérité matérielle par le bon emploi des ressources provenant des contributions versées par la nation;

La prospérité intellectuelle, en favorisant le développement des sciences, des lettres et des arts;

La prospérité morale par l'entretien des écoles de tout ordre et de toute nature (écoles primaires, secondaires, supérieures, œuvres post-scolaires).

Il cherchera enfin à guérir ou à soulager les souffrances des citoyens malheureux par l'institution d'établissements de bienfaisance et d'assistance, par la création des retraites. Il fera ainsi œuvre de fraternité, et la fraternité est le devoir social par excellence.

L'arbitraire est disparu des moyens de gouvernement

---

1. On reportera à l'Instruction civique l'énumération de ces droits.

depuis que les principes de 1789, formulés dans la Déclaration des droits de l'homme et du citoyen, sont devenus la base de l'organisation politique et sociale. Aussi les droits de l'État vis-à-vis des citoyens sont réglés par la loi; ils sont, au reste, en corrélation étroite avec ses devoirs dont nous venons de parler.

L'État a le droit d'exiger de tous l'obéissance aux lois, et par suite, d'entretenir des agents dont le rôle est d'assurer la stricte observation des lois (préfets, magistrats, gendarmes, agents de police, et en général tous les fonctionnaires). Pour payer tous ces fonctionnaires qui travaillent pour le bien de tous, pour exécuter les travaux d'intérêt général et collectif, pour entretenir l'armée et la marine, il faut reconnaître à l'État le droit de lever les impôts.

Les droits que l'État exerce, il les tient des citoyens dont le libre concours a créé le gouvernement. A chacun de ces droits correspond, pour les citoyens, un devoir, et à chacun des devoirs de l'État, un droit pour le citoyen.

Le premier droit du citoyen, celui qui résume et contient tous les autres dans son éclatante brièveté c'est la liberté. L'homme libre dispose comme il l'entend de sa personne et de ses biens, il s'associe avec ses concitoyens, parle et écrit librement ce qu'il pense, fait le travail qui lui convient, vote comme il le désire et n'a qu'un maître : la loi. Ses devoirs envers l'État, c'est lui-même qui se les est imposés en acceptant de vivre dans la société dont il fait partie. Il faut qu'il connaisse les principales lois pour s'y conformer, qu'il s'instruise afin de prendre des décisions éclairées et qu'il contribue aux charges publiques. Nous examinerons ces devoirs avec plus de détail et de précision dans les eçons suivantes.

Résumé. — L'État républicain, constitué par la libre adhésion de la majorité des Français, doit faire de bonnes lois et veiller à leur application. Il doit sauvegarder l'honneur et l'intégrité de la patrie. Il doit assurer à tous les citoyens le libre exercice de leurs droits civils et politiques, tout en poursuivant l'amélioration des conditions de leur existence dans la société.

Les citoyens doivent contribuer, dans la mesure de leurs forces et de leurs moyens, à la bonne organisation et à la prospérité de l'État, en échange des avantages sociaux dont ils jouissent.

Questions. Problèmes moraux. Exercices de rédaction. — 1. Qu'appelle-t-on *petite patrie* et quels sont vos sentiments pour elle? Sont-ils en opposition avec ceux que vous avez pour la France?

2. Dans quels cas certains Français ont-ils été accusés de vouloir former un *État dans l'État*? Quelle est la portée et la valeur de ce reproche?

3. Exposez les résolutions que vous prenez à la suite de la connaissance que vous avez de vos obligations envers l'État.

4. Essayez de faire un tableau synoptique : 1° des droits de l'État et de ses devoirs envers les citoyens; 2° des devoirs des citoyens envers l'État et de leurs droits.

5. Comment l'État assure-t-il la liberté aux citoyens?

6. Pouvez-vous montrer de quelle manière l'État aide à la prospérité publique en encourageant l'agriculture, l'industrie, le commerce?

7. Quel est l'état politique (la forme de gouvernement) qui vous semble préférable? Justifier votre choix en vous basant sur la condition politique des individus sous chaque régime.

Lectures et Exercices de mémoire. — 1. Le gouvernement.

Le gouvernement est un danger et, si l'on peut dire, un mal nécessaire. La raison, l'expérience prouvent que sans gouvernement, sans l'organisation d'une force collective, capable de dompter toutes les forces particulières, il n'y a ni ordre ni sécurité; sans gouvernement il n'y a pas non plus d'égalité. A cet égard, la philosophie de notre histoire peut se formuler en quelques mots : quand il n'y a pas de gouvernement ou quand le gouvernement est trop faible, comme cela a été une première fois en Gaule avant l'arrivée des Romains, et une seconde fois en France au commencement du moyen âge, il se forme des classes supérieures qui dominent et exploitent durement les classes dites inférieures; l'inégalité tend constamment à s'accuser, à se creuser davantage; quand, au contraire, il s'élève un gouvernement fort, son premier soin est d'abaisser, de réduire les classes dominatrices; l'inégalité se comble peu à peu; l'État tend à se niveler; cela a eu lieu chez nous, d'abord sous le gouvernement des Romains, puis plus tard, sous le gouvernement des rois absolus; il y a entre ces deux termes, égalité et absolutisme, une affinité très explicable d'ailleurs, qui fait que le second arrive toujours à la suite du premier; mais les deux fois aussi, le gouvernement nous fit payer bien cher les avantages qu'il apportait; les deux fois, il faillit stériliser le sol, tuer l'activité, la vitalité du pays, et faire de la France un de ces peuples languissants, comme on n'en voit guère que dans les contrées orientales.

Le rôle du gouvernement, c'est d'établir l'ordre et d'assurer la sécurité; mais il n'arrive pas toujours que le gouvernement voie les limites nécessaires de son domaine ou veuille s'y renfermer. Et cependant, rien n'est plus désastreux à la longue qu'un gouvernement qui excède son rôle. On peut dire que, pendant trois siècles, le gouvernement en France a causé chaque année plus de mal qu'aucun fléau naturel n'en aurait jamais pu produire.

Malheureusement pour le peuple, la Révolution n'a pas su marquer avec précision les limites où l'action légitime du gouvernement finit, où commence le droit inflexible de l'individu. Elle nous a légué cette besogne à accomplir. De son achèvement dépend l'avenir des classes laborieuses. L'immense progrès qui s'est produit dans les conditions de leur existence matérielle depuis près de deux siècles ne doit pas être considéré comme définitif; il peut à chaque instant être compromis, tant que ce problème ne sera pas résolu. Les classes laborieuses peuvent beaucoup pour aider à la résoudre. Pour cela il ne faut pas qu'elles invitent le gouvernement à sortir de son rôle, ce qu'il ne fait déjà que trop, en lui demandant des privilèges économiques.

Il ne faut pas qu'elles attendent du gouvernement ce que la libre activité de chacun, ce que le travail et les efforts attentifs peuvent seuls réaliser : la diminution progressive de la misère, l'abolition progressive de toutes les servitudes fatales que la nature fait peser sur l'homme. Réduire le gouvernement à la stricte mesure de son action naturelle, c'est la tâche de l'avenir, c'est l'objet marqué de l'histoire future.

PAUL LACOMBE, *Petite histoire du peuple français*
(Hachette, éditeur).

Autres lectures. — 2. *La grandeur de la France*, Mignet (G. MERLET, Extraits des classiques français, p. 264). — 3. *Le citoyen et l'étranger* (FUSTEL DE COULANGES, La cité antique, p. 226. — 4. *Une nation*, E. Renan (STEEG, Vie morale, p. 322). — 5. *Le bien supérieur de l'État*, Channing (Même ouvrage,

p. 325). — 6. *La société nouvelle*, O. Gréard (Même ouvrage, p. 331). — 7. *La République*, Gambetta (MASSON ET ROUSTAN, Nouveau livre de Morale pratique, p. 50). — 8. *Un grand citoyen* (BARRAU, Morale pratique, p. 316; MAXIME PETIT, Le courage civique, p. 40). — 9. *Les membres et l'estomac* (LA FONTAINE, liv. III, fable 2). — 10. *La tête et la queue du serpent* (LA FONTAINE, liv. VII, fable 17). — 11. *Le vieillard et ses enfants* (LA FONTAINE, liv. IV, fable 18). — 12. *L'âme du peuple*, Lamartine (STEEG, Vie morale, p. 323). — 13. *Le suffrage universel*, Victor Hugo (MASSON ET ROUSTAN, Nouveau livre de Morale pratique, p. 51). — 14. *Déclaration des droits de l'homme et du citoyen*, (art. 1 à 4).

Bibliographie. — JULES SIMON, *La liberté politique*, chap. III (Hachette, édit.). — MONTESQUIEU, *Esprit des lois*.

COMPLÉMENTS POUR LE COURS SUPÉRIEUR. — **Naturalisation.**

L'homme a des droits à exercer et des obligations à remplir; c'est ce que fait de lui une personne. La loi donne dans certains cas des droits et des obligations à des êtres abstraits n'ayant pas d'existence réelle et en fait des personnes morales, civiles ou juridiques. Certaines personnes sont françaises de naissance et jouissent des droits de Français. D'autres le sont parce qu'elles ont acquis cette qualité : ainsi un enfant né en France d'un père étranger mais né lui-même en France est Français de plein droit. Mais un étranger peut en remplissant les conditions prescrites par la loi acquérir la nationalité française : c'est ce qu'on appelle la naturalisation. Elle est accordée après enquête sur la moralité de l'intéressé par décret du Président de la République.

14e Leçon. — Devoirs professionnels.

Pensées et Maximes. — 1. *Bien dire et bien penser ne sont rien sans bien faire.*
2. *Fais ce que tu fais.*
3. *La France a plus besoin de caractères que de fonctionnaires* (J. SIMON).
4. *Chacun son métier, les vaches seront bien gardées* (FLORIAN).
5. *Fais ce que tu dois, advienne que pourra.*

6. *Quoi que tu fasses, travaille avec énergie et avec intelligence* (J. PAYOT).

7. *Plus on est élevé en dignité, plus on a de devoirs à remplir* (BARRAU).

8. *Scyez plutôt maçon, si c'est votre métier* (BOILEAU).

Plan. — Les besoins variés des membres de la société et la nécessité de satisfaire ces besoins ont amené la division du travail et produit un grand nombre de métiers et de professions. Pour vous en rendre compte, parcourez les rues d'une ville et lisez les enseignes fixées au-dessus des portes; vous verrez qu'il y a des boulangers, des bouchers, des épiciers, des tailleurs, des cordonniers, des menuisiers, des charpentiers, des forgerons, etc. Autour de la ville vous apercevrez les cheminées des usines où l'on fabrique une foule de choses que vendent les marchands.

Vous savez aussi qu'il existe des avocats et des médecins, des notaires, des professeurs, des magistrats. Il est difficile d'établir une classification rigoureuse des professions. On admet généralement qu'il y a des professions libérales et des métiers manuels. Les premières demandent davantage à l'activité intellectuelle, les derniers se bornent à un travail plus matériel. Cette distinction n'est pas absolument juste, car, si le travail des mains domine dans le métier, il n'est pas douteux qu'il sera meilleur et plus productif s'il est effectué avec intelligence et réflexion. Par contre, ceux qui exercent une profession libérale, — tels les médecins, les peintres, les écrivains, — seraient bien en peine d'y réussir si leurs efforts intellectuels n'avaient pas l'aide de la main pour se traduire aux yeux et à l'esprit de leurs semblables.

Il est évident que, dans quelque situation qu'ils soient placés, les hommes ont des devoirs communs — nous les étudierons plus tard — mais il n'est pas moins vrai que la position que nous occupons dans le monde, le travail auquel nous nous y livrons nous imposent des obligations spéciales, qu'on appelle pour cette raison *devoirs professionnels*. Les devoirs professionnels ne sont pas identiques, cela est de toute évidence, pour l'avocat et le journalier, pour le médecin et le menuisier.

Celui qui exerce un métier, une profession, travaille pour lui-même d'abord, car il doit vivre du produit de son activité, et pour ses semblables ensuite, puisque ceux-ci utilisent les objets qu'il fabrique ou l'effort intellectuel ou artistique qu'il accomplit. De là découle pour lui l'obligation de mériter la confiance qu'il ambitionne, en exerçant son métier ou sa profession aussi bien qu'il le peut. Il a dû bien l'apprendre d'abord et il doit constamment chercher à l'améliorer par l'exercice. « Trop d'ouvriers, d'employés, de fonctionnaires croient être consciencieux en faisant machinalement leur travail. » Ils sont dans l'erreur, car nul ne remplit complètement son devoir s'il n'augmente pas son rendement utile. Les autres comptent sur lui et leur légitime espoir est trompé. Il en est au reste puni à bref délai ; car, avec la libre concurrence, la clientèle s'écarte des produits de mauvaise qualité et on n'emploie pas volontiers celui qui ne fait qu'un médiocre travail. Un devoir général commun à toutes les professions pourrait donc se formuler ainsi : « Fais la besogne de chaque jour un peu mieux que celle de la veille ».

Les ouvriers, qu'ils travaillent dans l'industrie pour le compte d'un patron, ou aux champs pour celui d'un cultivateur, seront donc attentifs à leur labeur ; ils emploieront utilement leur temps, leurs forces, leur intelligence et leur savoir pour mener à bien la tâche qu'ils ont acceptée [1].

Les écrivains, les journalistes, les peintres, les sculpteurs qui, comme ceux qui enseignent, ont une grande part dans l'instruction et l'éducation du public, dirigeront leurs efforts dans un sens tel qu'il puisse en résulter une amélioration pour l'esprit et le cœur de leurs contemporains et leurs descendants.

La confiance dont sont l'objet les médecins et les avocats, les engagements qu'ils ont pris en entrant dans leur carrière, les responsabilités qu'ils encourent, créent pour eux des obligations de prudence, d'attention, de probité, de discrétion, sans lesquelles la santé, la fortune et la réputation de leurs clients pourraient être compromises.

Pour les fabricants d'objets de consommation ou d'habillement, pour les industriels de tout ordre, le but unique ne doit pas être de gagner de l'argent. Il faut encore que ce soit par des moyens honnêtes ; ils ont en outre le devoir d'améliorer leurs procédés, de perfectionner

1. Nous réservons pour les leçons 30 et 31 les questions de participation aux bénéfices, de grève, etc.

leurs méthodes, de se tenir au courant des progrès scientifiques, car s'ils contribuent au bien-être de leurs concitoyens, ils coopèrent également à la prospérité, à la richesse et à la bonne renommée du pays.

Les commerçants, qui vendent les produits de l'industrie ou qui achètent ceux du sol, sauront, s'ils veulent rester honnêtes et estimables, se contenter d'un gain modeste et ils ne chercheront pas à tromper leurs clients par de fallacieuses réclames ou des procédés de charlatans.

Enfin, les fonctionnaires justifieront la confiance de l'État et de leurs concitoyens en conciliant avec justice les intérêts de l'un et des autres. Il n'y aura chez eux ni morgue ni dédain pour ceux avec qui leurs fonctions les mettent en rapports; ils se rappelleront qu'ils sont créés pour le public et non le public pour eux.

Si nul n'est obligé d'accepter des fonctions de l'État, il a le devoir, une fois ces fonctions acceptées, de s'y dévouer complètement. Travailler contre l'État, en se servant de la fonction qu'on remplit, constitue une véritable trahison. Le fonctionnaire que sa conscience ou ses opinions empêchent de servir l'État avec loyauté et fidélité a le devoir de se démettre de sa charge pour conserver sa liberté, car on ne peut être tenu d'agir contre ses convictions intimes ou de participer à des mesures que l'on réprouve.

Résumé. — Notre métier, notre profession ou nos fonctions nous imposent des devoirs spéciaux. Ceux qui ont un métier, les ouvriers, les employés, doivent travailler consciencieusement et s'efforcer de faire leur tâche de mieux en mieux. Les personnes qui exercent les professions libérales doivent chercher à améliorer leurs contemporains par la valeur morale de leurs œuvres ou de leur action. Les industriels, les commerçants se contenteront d'un gain honnête et n'auront point recours à des procédés de charlatans pour tromper leurs clients. Enfin, les fonctionnaires rempliront avec une scrupuleuse fidélité et une parfaite correction les emplois qu'ils ont recherchés.

Questions. — Problèmes moraux. Exercices de rédaction. — 1. Montrez comment l'agriculteur laborieux, le négociant probe, l'habile manufacturier enrichissent l'État en s'enrichissant eux-mêmes.

2. Le ministre Dubois disait à un chirurgien venu pour le soigner : « Ne me traitez pas comme les pauvres misérables de votre hôpital. — Ces misérables sont pour moi premiers minis_

tres quand leurs souffrances réclament mes services ! » Commentez ces paroles.

3. Quelle profession vous proposez-vous d'adopter? Quelles sont les raisons qui vous guident et les motifs qui déterminent votre choix. En général, que faut-il surtout considérer quand il s'agit du choix d'une profession ?

4. On dit: « Il n'y a pas de sot métier ». Qu'entend-on par là ?

5. Le dicton populaire: « Douze métiers, treize misères ! » est-il exact et quelle en est la signification?

6. Un juge apprend qu'un des inculpés qu'il doit juger lui est attaché par d'étroits liens de parenté. Que doit-il faire?

Lectures et Exercices de mémoire. — **Professions honorables.**

Chez les peuples démocratiques, où il n'y a point de richesses héréditaires, chacun travaille pour vivre, ou a travaillé, ou est né de gens qui ont travaillé. L'idée du travail comme condition nécessaire, naturelle et honnête de l'humanité s'offre donc de tout côté à l'esprit humain.

Non seulement le travail n'est point du déshonneur chez ces peuples, mais il est en honneur; le préjugé n'est pas contre lui, il est pour lui. Aux États-Unis, un homme riche croit devoir à l'opinion publique de consacrer ses loisirs à quelque opération d'industrie, de commerce, ou à quelques devoirs publics. Il s'estimerait mal famé s'il n'employait sa vie qu'à vivre. C'est pour se soustraire à cette obligation du travail que tant de riches Américains viennent en Europe : là, ils trouvent des débris de sociétés aristocratiques parmi lesquels l'oisiveté est encore honorée.

L'égalité ne réhabilite pas seulement le travail, elle relève l'idée du travail procurant un lucre.

Dans les aristocraties, ce n'est pas précisément le travail qu'on méprise, c'est le travail en vue d'un profit. Le travail est glorieux quand c'est l'ambition ou la seule vertu qui le fait entreprendre.

Ainsi l'idée du gain reste distincte de celle du travail. Elles ont beau être jointes; en fait, la pensée les sépare.

Dans les sociétés démocratiques, ces deux pensées sont au contraire toujours visiblement unies. Comme le désir du bien-être est universel, que les fortunes sont médiocres et passagères, que chacun a besoin d'accroître ses ressources et d'en préparer de nouvelles à ses enfants, tous voient bien clairement que c'est le gain qui est, sinon en tout, du moins en partie, ce qui les porte au travail. Ceux même qui agissent principalement en vue de la gloire, s'apprivoisent facilement avec cette pensée qu'ils n'agissent pas uniquement dans cette vue, et ils découvrent, quoi qu'ils en aient, que le désir de vivre se mêle chez eux au désir d'illustrer leur vie.

Du moment où, d'une part, le travail semble à tous les citoyens une nécessité honorable de la condition humaine, et où, de l'autre, le travail est toujours visiblement fait, en tout ou en partie, par la considération du salaire, l'immense espace qui séparait les différentes professions dans les sociétés aristocratiques disparaît. Si elles ne sont pas toutes pareilles, elles ont du moins un trait semblable.

Il n'y a pas de profession où l'on ne travaille pas pour de l'argent. Le salaire, qui est commun à toutes, donne à toutes un air de famille.

Ceci sert à expliquer les opinions que les Américains entretiennent relativement aux diverses professions.

Les serviteurs américains ne se croient pas dégradés parce qu'ils travaillent : car, autour d'eux, tout le monde travaille. Ils ne se sentent pas abaissés par l'idée qu'ils reçoivent un salaire car le président des États-Unis travaille aussi pour un salaire. On le paye pour commander aussi bien qu'eux pour servir.

Aux États-Unis, les professions sont plus ou moins pénibles, plus ou moins lucratives, mais elles ne sont jamais ni hautes ni basses. Toute profession honnête est honorable.

A. DE TOCQUEVILLE, La démocratie en Amérique.

Autres lectures. — 2. *Un tyranneau de village sous la Restauration*, P.-L. Courier (ALB. CAHEN, Morceaux choisis, p. 207). — 3. *L'âme d'un consul romain*, Balzac (Même ouvrage, p. 2). — 4. *De la conduite à tenir à l'égard des inférieurs*, Malebranche, Traité de morale (R. THAMIN, Extraits des moralistes, p. 502). — 5. *Le rôle moral et social de l'écrivain*, Alexandre Dumas fils (Même ouvrage, p. 641). — 6. *Devoirs de la jeunesse instruite*, Gambetta (STEEG, Vie morale, p. 344). — 7. *Le devoir professionnel*, Jouffroy (Même ouvrage, p. 348). — 8. *Il faut avoir les talents de son état*, Vauvenargues (Même ouvrage, p. 352). — 9. *Mathieu Molé* (BARRAU, Morale pratique, p. 389). — 10. *Félix Lecoulteux* (Même ouvrage, p. 392). — 11. *Larrey. Trait de Bellart. Oberkampf* (Même ouvrage, p. 418, 420, 423). — 12. *Fonctionnarisme*, Guy de Maupassant (MASSON et ROUSTAN, Nouveau livre de Morale pratique, p. 182). — 13. *En habit de cérémonie*

Girardin (Jost et Cahen, Lectures courantes, 2ᵉ série, p. 182). — 14. *L'épingle* (Barrau, Morale pratique, p. 177). — 15. *Le vacher et le garde-chasse* (Florian, liv. I, fable 12).

15ᵉ Leçon. — Origine et nature de la loi.

Pensées et Maximes. — 1. *Notre pouvoir ne va qu'à conformer notre résolution à la loi* (Socrate).

2. *Celui-là est en exil qui est emprisonné dans la maison de l'injustice* (E. Quinet).

3. *La loi a pour principe l'intérêt des hommes et pour fondement l'assentiment du plus grand nombre* (Fustel de Coulanges).

4. *La démocratie ne peut se soutenir que par le respect des lois* (Fustel de Coulanges).

5. *On n'est libre qu'en obéissant aux lois* (Sicard).

6. *Une nation est d'autant plus forte que les lois y sont mieux respectées.*

Plan. — Les lois sont les prescriptions, ordres ou défenses, de l'autorité souveraine d'un pays, auxquelles doivent obéir toutes les personnes qui l'habitent, tant les étrangers que les nationaux. L'organisation des sociétés a toujours été basée sur la loi. Chez les Grecs et les Romains comme chez les Hindous et les Hébreux la loi fut d'abord une partie de la religion, et les pontifes étaient à la fois prêtres et juges, car droit et religion ne faisaient qu'un. Les anciens disaient que leurs lois leur venaient des dieux; de là le respect religieux qu'on professait pour ces institutions : les Crétois attribuaient leurs lois à Jupiter, les Lacédémoniens à Apollon, les Romains disaient que leur roi Numa avait écrit les lois qui les régissaient sous l'inspiration de la déesse Égérie.

Les lois restèrent longtemps une chose sacrée, et même lorsqu'il fut admis que la volonté d'un homme ou les suffrages d'un peuple pouvaient faire une loi, il fallut que la loi fût consacrée par la religion.

Pendant de longues générations, les lois n'étaient pas écrites; elles se transmettaient oralement avec les croyances et les formules de prières, et le jour où on a commencé à les écrire, c'est dans les livres sacrés qu'on les a consignées.

Mais la nature de la loi et son principe se modifièrent avec la constitution sociale et politique. Ce n'est plus au nom des dieux, mais au nom du peuple, que le législateur parle ; la loi écrite, civile ou politique, se rapproche de plus en plus de la loi naturelle, et son essence, c'est de se conformer à l'intérêt public.

Les perturbations politiques (révolutions, invasions, guerres et conquêtes), en bouleversant les sociétés, ont eu pour conséquence la destruction des lois qui régissaient ces sociétés. A ces perturbations ont succédé des périodes troublées pendant lesquelles le règne de la loi a subi des éclipses plus ou moins longues. C'est ce qui se produit en France pendant le moyen âge.

Avec le pouvoir absolu, le droit constitutionnel n'existait pas, mais le droit civil était un amalgame extrêmement confus de lois romaines, de coutumes françaises et de règles féodales, souvent contradictoires, dont l'application était fort difficile et offrait un excellent terrain à la chicane.

La Révolution a fait table rase de la législation de l'ancien régime et y a substitué de nouvelles règles. Elle a rendu le pouvoir législatif au véritable souverain (art. 6 de la Déclaration), c'est-à-dire à la nation, qui fait la loi par des délégués nommés à cet effet (députés et sénateurs). Cette origine de la loi constitue sa force : faite par tous dans l'intérêt de tous, il est naturel que tous lui obéissent. On pourrait faire à cette obligation l'objection suivante : si nous n'approuvons pas les prescriptions d'une loi, ne pouvons-nous pas, puisque nous faisons partie du peuple souverain, nous refuser à nous y soumettre ? Non, l'obéissance aux lois est le fondement même de la société, sans cette obéissance, on tomberait dans l'anarchie, et il n'y aurait plus de sécurité pour personne, pas même pour les plus forts.

Nous avons certainement le droit, car ce n'est là qu'une opinion (art. 10 de la Déclaration) de trouver la loi mal faite, mauvaise ou injuste ; et par suite, le devoir de chercher à l'améliorer ; mais nous devons poursuivre cette amélioration par les moyens que la Constitution met à notre disposition, c'est-à-dire par des moyens légaux. Ces moyens sont la libre propagande de nos idées, dont l'aboutissement sera la réforme de la loi si nous parvenons à faire partager notre opinion par la majorité de nos concitoyens [1].

1. On peut fréquemment lire dans les journaux politiques des séries d'articles critiquant les lois existantes ou demandant leur modification ou même leur abrogation : telles les lois sur l'internement des aliénés, la loi Falloux sur l'enseignement, etc.

Le respect dû aux lois s'étend aux personnes ou aux pouvoirs collectifs qui ont pour mission de les préparer ou de les appliquer.

Nous obéissons aux lois de deux manières : nous faisons ce qu'elles ordonnent, nous nous abstenons de ce qu'elles défendent : nous payons nos contributions, nous accomplissons le service militaire, et, d'autre part, nous ne prenons pas le bien d'autrui, nous ne chassons pas en temps prohibé ; car, si notre conduite n'était pas conforme à la loi, nous tomberions sous le coup des sanctions qu'elle édicte contre ceux qui la transgressent. Ce droit de répression appartient à l'État, et à l'État seul ; il l'exerce dans l'intérêt de tous, non comme une vengeance contre celui qui a violé la loi, mais avec calme et sérénité, sans crainte ni passion et en conformité des principes que la loi a elle-même posés.

Plus une société avance dans la vie, plus son organisation dure, plus ses lois augmentent et se compliquent, car elles suivent fidèlement les intérêts et les besoins de la vie sociale. Aussi les lois françaises sont-elles nombreuses et le *code* qui les contient forme-t-il un gros volume. Le principe de droit qui dit : « Nul n'est censé ignorer la loi » semblerait faire à tous les citoyens une obligation de connaître toutes les prescriptions légales. C'est, à proprement parler, une fiction, car nous ne connaissons que des fragments de quelques lois ; mais cette fiction est nécessaire, afin que personne ne puisse s'abriter derrière son ignorance pour rejeter toute responsabilité dans la violation de la loi. Si nous ne pouvons espérer connaître toutes les prescriptions que le code renferme, il est certaines lois dont il ne nous est pas permis d'ignorer les dispositions essentielles : ce sont celles qui se rapportent à l'impôt, au service militaire, au vote et à l'obligation scolaire. Leur étude fera l'objet des leçons suivantes.

Résumé. — La loi est l'expression de la volonté générale. Tous les citoyens ont le droit de concourir personnellement ou par leurs représentants à sa formation. Elle doit être la même pour tous, soit qu'elle protège, soit qu'elle punisse. Tous les citoyens sont égaux à ses yeux et tous lui doivent obéissance et respect, tant qu'elle est en vigueur.

Questions. Problèmes moraux. Exercices de rédaction. — 1. « Le magistrat, c'est la loi vivante », a dit Cicéron. Comment entendez-vous cette affirmation ? Déduisez de votre commentaire le respect dû aux représentants de la loi parmi nous.

2. Que pensez-vous de cette parole : « Il vaut mieux obéir à Dieu qu'aux hommes ». Montrez qu'elle ne s'applique pas aux prescriptions régulières de la loi, mais au cas où un pouvoir extérieur peut contraindre la conscience à exécuter des actes qu'elle réprouve. Pour obéir à Dieu, il faut connaître ses ordres et être certain qu'ils sont tels. Où trouver ces ordres et cette certitude?

3. Un certain nombre de citoyens français ont imaginé de refuser le payement de l'impôt. Que pensez-vous de cette manifestation et quelle portée pouvait-elle avoir?

4. Commentez la réponse du président Séguier : « La cour rend des arrêts et non des services » (BARRAU, Morale pratique, p. 189).

5. Imaginez et décrivez une école sans règlement, une société sans statuts, une nation sans lois.

6. Expliquez l'allégorie par laquelle on représente la loi sur les monuments et dans les sceaux officiels (Mairie, Justice de Paix, Tribunaux).

LECTURES ET EXERCICES DE MÉMOIRE. — **Nécessité d'obéir aux lois.**

Maintenant, peut-on espérer que les lois seront parfaites? Ce serait vouloir que les hommes fussent parfaitement raisonnables. La perfection, comme on dit, n'est pas de ce monde. Il ne faut donc pas s'attendre à la trouver dans les lois. Seulement, comme toutes les choses humaines, elles peuvent être améliorées, elles sont perfectibles, et la civilisation consiste principalement, non dans le progrès matériel, dans une augmentaton de richesse et de plaisir, mais dans l'amélioration et le perfectionnement des lois, qui supposent des citoyens toujours plus sages, toujours plus justes.

En attendant, même imparfaites, les lois doivent être obéies à cause de la raison et de la justice que nous avons tâché d'y mettre. Les nations se trompent comme les particuliers. Si en faisant une loi nous avons commis une erreur, si elle est mauvaise en totalité ou en partie, nous devrons faire notre possible pour la supprimer ou la corriger; mais tant qu'elle existe, elle représente la plus grande somme de raison ou de justice dont nous ayons été capables jusqu'ici; elle est aussi bonne qu'elle peut l'être, puisque nous n'avons pu la rendre meilleure, et par conséquent nous sommes tenus moralement de lui obéir.

Dans une monarchie, où les sujets ne peuvent rien pour

changer les lois pour les améliorer, ils leur doivent néanmoins obéissance, parce que sans elles rien ne les sauverait de l'anarchie ou du despotisme. A plus forte raison, nous, citoyens d'une démocratie, avons-nous le devoir de nous conformer aux nôtres, puisque nous les avons faites.

R. PÉRIÉ, *L'école du citoyen* (Gédalge, éditeur).

Autres lectures. — 2. *Confection des lois à Athènes* (FUSTEL DE COULANGES, La Cité antique, p. 393). — 3. *Socrate* (MAXIME PETIT, Le courage civique). — 4. *Les lois*, Platon (STEEG, Vie morale, p. 316). — 5. *Le législateur soumis à la loi* (BARRAU, Morale pratique, p. 183). — 6. *Achille de Harlai* (MAXIME PETIT, Le courage civique, p. 185). — 7. *Phocion* (Même ouvrage, p. 166). — 8. *Obéissons à la loi*, de Laprade (MASSON ET ROUSTAN, Nouveau livre de morale pratique, p. 45). — 9. *Déclaration des droits de l'homme et du citoyen* (Art. 5 à 8). — 10. *L'obéissance aux lois* (J. BARNI, Lecture, cours Cazes, p. 226). — 11. *Le danseur de corde et le balancier* (FLORIAN, liv. II, fable 16). — 12. *Conseils de la nymphe Egérie* (FLORIAN, Numa, p. 280). — 13. *Réforme des mauvaises lois; Respect des formes légales* (R. PÉRIÉ, L'école du citoyen, p. 389, 390). — 14. *La répression* (J. THOMAS, Manuel républicain de Ch. Renouvier, p. 292).

Bibliographie. — FUSTEL DE COULANGES, *La cité antique*, liv. III, chap. XI et liv. IV, chap. VIII (Hachette). — PÉRIÉ, *L'école du citoyen* (Gédalge).

16ᵉ Leçon. — L'impôt. — Nécessité et légitimité des contributions.

Pensées et Maximes. — 1. *Aide-toi, le ciel t'aidera* (LA FONTAINE).

2. *Notre oisiveté nous taxe au double de l'impôt ordinaire, notre orgueil au triple, notre folie au quadruple* (FRANKLIN).

3. *L'État est comme les individus: son premier devoir est de payer ses dettes* (J. SIMON).

4. *L'impôt est universel et obligatoire.*

5. *Le paiement de l'impôt est un devoir de conscience.*

Plan. — Nous sommes tellement habitués aux commodités, aux avantages que nous devons à l'état social, que nous en jouissons instinctivement et inconsciemment, sans presque nous en rendre compte, comme nous respirons l'air qui nous entoure, comme nous profitons de la lumière et de la chaleur du soleil. Pourtant, en réfléchissant, nous sommes forcés de reconnaître que les avantages sociaux ne peuvent être gratuits comme l'air et la lumière, et que si nous en bénéficions, nous devons contribuer à les payer.

Si nous voulons nous garantir contre les effets ruineux de l'incendie, nous assurons nos maisons; de même faisons-nous pour nos récoltes et nos bestiaux. Pour ces assurances, nous payons chaque année une somme (primé) à la compagnie qui nous indemnisera de nos pertes en cas de sinistre.

De même nous assurons notre sécurité, notre liberté, notre droit de propriété et tous les autres droits de notre personne, en nous conformant aux lois qui régissent la société dans laquelle nous vivons. L'État, qui est notre assureur, ne peut nous garantir l'exercice de tous ces droits qu'en entretenant des forces et des agents, dont le rôle est de travailler pour la communauté en l'affranchissant des dangers et des préoccupations qu'entraîneraient, pour chacun de ses membres, l'absence de sécurité et l'obligation de pourvoir eux-mêmes à une foule de besoins. L'entretien de ces forces, de ces agents, comme l'exécution des améliorations et des travaux utiles à tous, exigent des dépenses auxquelles doivent contribuer tous ceux qui en profitent, c'est-à-dire tout le monde. Il est juste, en effet, que tous les citoyens qui composent la nation contribuent à la dépense des services publics, puisque les services publics ont pour objet la sécurité et l'avantage de tous les citoyens. Le bon sens exige donc l'universalité de l'impôt, c'est-à-dire l'abolition de tout privilège, quand il s'agit de subvenir aux dépenses communes. Telle est l'origine et la légitimité des contributions, qu'on désigne aussi sous le terme général, mais moins exact, d'impôts. Cette appellation convenait mieux aux subsides versés dans le trésor royal sous la monarchie.

Les impôts de l'ancien régime présentaient avec les contributions actuelles trois différences essentielles : leur origine, leur mode de perception et leur application aux classes de la population.

Le bon plaisir du roi, guidé par ses besoins, était la règle fondamentale pour l'établissement des impôts. Son pouvoir était absolu sous ce rapport et reposait sur cette fiction que le roi était propriétaire des biens de tous ses sujets. A ce titre, il était donc logique qu'il fixât l'impôt à son gré. En fait, c'était son conseil qui arrêtait tous les ans le montant de l'impôt. Sa décision était secrète, et ceux qui devaient payer n'avaient aucune part à son élaboration; ils n'avaient qu'un droit, celui de payer.

Le système de répartition et de perception était lui-même si mal conçu qu'il était une source inépuisable d'abus et d'injustices. La majeure partie de ce qui était payé restait entre les mains des agents : on évalue de 20 à 50 p. 100 la fraction qui arrivait dans la caisse de l'État ou plutôt du roi.

Qui payait l'impôt? Des trois classes de la nation, deux, le clergé et la noblesse, celles qui étaient les plus riches, ne payaient rien ou peu s'en faut. La noblesse déclarait fièrement qu'elle payait l'impôt du sang, et quant au clergé, « on a toujours reconnu, disait-il, que le vrai tribut qu'on doit tirer des ecclésiastiques est la prière ». De sorte que la charge retombait presque entière sur le peuple, qui devait payer le plus, alors qu'il possédait le moins. En établissant l'égalité dans l'impôt et en le faisant fixer par les mandataires du peuple [1], la Révolution lui a enlevé son caractère injuste, arbitraire, vexatoire. Il est donc naturel que les citoyens paient leur quote-part sans se plaindre et sans y être contraints par les mesures coercitives que la loi édicte. Si nous trouvons que notre feuille de contributions est trop chargée ou mal établie, nous pouvons, par des moyens légaux, en demander et en obtenir la revision ; mais nous devons éviter de rendre les agents de perception responsables des injustices — toujours rares et involontaires — dont nous pouvons être victimes.

Il est du devoir d'un bon citoyen de payer tous les impôts qui sont à sa charge et de ne pas chercher à s'y soustraire par la fraude, la contrebande, les fausses déclarations, les dissimulations.

Le contribuable qui réussit à échapper au paiement des

1. Déclaration des droits de l'homme et du citoyen, article 13 : Pour l'entretien de la force publique et pour les dépenses d'administration, une contribution commune est indispensable; elle doit être également répartie entre tous les citoyens en raison de leurs facultés. — Article 14 : Tous les citoyens ont le droit de constater, par eux-mêmes ou par leurs représentants, la nécessité de la contribution publique, de la consentir librement, d'en suivre l'emploi et d'en déterminer la quotité, l'assiette, le recouvrement et la durée.

impôts tels que les taxes de douanes, les droits d'octroi, de circulation, de vente, etc., commet un véritable vol non seulement au préjudice de l'État, mais surtout au préjudice de tous ses concitoyens; car si, en fait de contributions, nous ne payons pas ce que nous devons, nous augmentons d'autant la charge globale des autres et nous les faisons en fin de compte payer à notre place.

Résumé. — L'impôt est à la fois, nécessaire et légitime. En le payant, nous contribuons au maintien de la société et nous la mettons en état de continuer à nous assurer ses bienfaits. Tout le monde doit payer l'impôt avec régularité et sans récriminer.

Celui qui cherche à échapper, par la fraude ou la contre-bande, au paiement d'un impôt légalement dû, commet un véritable vol au préjudice de l'État et de ses concitoyens.

Questions. *Problèmes moraux. Exercices de rédaction.* — 1. « L'impôt est la même chose qu'une assurance, dit Paul Bert; il vaut mieux payer un peu tous les ans que d'être toujours en crainte d'être ruiné. » Cette comparaison est-elle rigoureusement exacte; sinon, en quoi pêche-t-elle ?

2. Examinez la répercussion qu'aurait la suppression de l'impôt sur l'instruction, la sécurité du pays et celle de ses habitants.

3. On dit que sans impôts il n'y a pas de gouvernement possible. Comment cela ?

4. Le « bon vieux temps » était-il si bon qu'on le dit, si on considère la manière dont les impôts étaient établis, répartis et perçus ?

5. Dites ce que vous savez des deux grands classes de contri-butions, et citez quelques contributions directes et quelques contributions indirectes.

6. Qu'est-ce qu'un monopole ? Quels sont les monopoles que vous connaissez et quelles ressources donnent-ils au budget ? (Allumettes, 29 millions ; tabacs, 395 : poudres, 11 ; postes et télégraphe, 230).

7. Les impôts que paie votre père sont-ils l'équivalent des avantages qu'il reçoit de la société ?

Lectures et Exercices de mémoire. — **Un singulier repas.**

Un jour, m'étant à dessein détourné pour voir de près un lieu qui me parut admirable, je m'y plus si fort et j'y fis tant de tours que je m'y perdis enfin tout à fait.

Après plusieurs heures de course inutile, mourant de soif et de faim, j'entrai chez un paysan dont la maison n'avait pas belle apparence, mais c'était la seule que je visse aux environs. Je croyais que c'était comme à Genève ou en Suisse où tous les habitants à leur aise sont en état d'exercer l'hospitalité. Je priai celui-ci de me donner à dîner en payant. Il m'offrit du lait écrémé et du gros pain d'orge en me disant que c'était tout ce qu'il avait. Je buvais ce lait avec délices et je mangeais ce pain, paille et tout; mais cela n'était pas fort restaurant pour un homme épuisé de fatigue. Ce paysan, qui m'examinait, jugea de la vérité de mon histoire par celle de mon appétit. Tout de suite après avoir dit qu'il voyait bien que j'étais un bon jeune honnête homme qui n'était pas là pour le vendre, il ouvrit une petite trappe à côté de la cuisine, descendit et revint un moment après avec un bon pain bis de pur froment, un jambon très appétissant, quoique entamé, et une bouteille de vin dont l'aspect me réjouit le cœur plus que tout le reste : on joignit à cela une omelette assez épaisse, et je fis un dîner tel qu'autre qu'un piéton n'en connut jamais. Quand ce vint à payer, voilà son inquiétude et ses craintes qui le reprennent : il ne voulait point de mon argent, il le repoussait avec un trouble extraordinaire ; et ce qu'il y avait de plaisant était que je ne pouvais . imaginer de quoi il avait peur. Enfin, il prononça ces mots terribles de commis et de rats de cave. Il me fit entendre qu'il cachait son vin à cause des aides, qu'il cachait son pain à cause de la taille, et qu'il serait un homme perdu si l'on pouvait se douter qu'il ne mourût pas de faim. Tout ce qu'il me dit à ce sujet, et dont je n'avais pas la moindre idée, me fit une impression qui ne s'effacera jamais. Ce fut là le germe de cette haine inextinguible qui se développa depuis dans mon cœur contre les vexations qu'éprouve le malheureux peuple et contre ses oppresseurs. Cet homme, quoique aisé, n'osait manger le pain qu'il avait gagné à la sueur de son front, et ne pouvait éviter sa ruine qu'en montrant la misère qui régnait autour de lui. Je sortis de la maison aussi indigné qu'attendri, et déplorant le sort de ces belles contrées à qui la nature n'a prodigué ses dons que pour en faire la proie des barbares publicains[1].

J.-J. ROUSSEAU.

1. Ce qui explique l'indignation de Rousseau, c'est qu'il était Genevois et que le paysan suisse était bien plus heureux, parce qu'il était plus libre, que le paysan français au XVIIIᵉ siècle.

Autres lectures. — 2. *De la contrebande* (FRANKLIN, Essais de morale, traduction Laboulaye, p. 102). — 3. *Les impôts*, Franklin, Essais de morale (LABBÉ, Morceaux choisis, Cours moyen, p. 221). — 4. *La fraude en matière d'impôt*, E. Legouvé (MASSON ET ROUSTAN, Nouveau livre de Morale pratique, p. 235). — 5. *L'impôt* (A. FRANCK, Morale pour tous, p. 110). — 6. *Les impôts* (MAURICE BLOCK, Petit manuel d'économie politique, Hetzel). — 7. *Utilité des impôts* (LEGOUVÉ, Cours Cazes, Lectures, p. 49). — 8. *Devoir de payer l'impôt*, P. Janet (Même ouvrage, p. 55). — 9. *Nécessité de l'impôt* (A. THIERS, Jouvet, édit.). — 10. *La part de l'État* (J. HABERT, Leçons familières d'économie politique, p. 270). — 11. *Règles concernant l'établissement de l'impôt* (E. DE LAVELEYE, Éléments d'économie politique, p. 281). — 12. *Divers systèmes d'impôts* (E. LEVASSEUR, Précis d'économie politique, p. 290).

Bibliographie. — HABERT, *Leçons familières d'économie politique* (Hachette). — E. DE LAVELEYE, *Éléments d'économie politique*, liv. IV, chap. IV. — E. GARET, *Les bienfaits de la Révolution*, chap. V, (Chevalier-Marescq).

17ᵉ LEÇON. — Raison et universalité du service militaire.

Pensées et Maximes. — 1. *A cœur vaillant, rien d'impossible.*

2. *La guerre pour le foyer, la guerre pour la patrie, la guerre pour l'indépendance devient la guerre sainte* (J. CLARETIE).

3. *Servir la patrie est la moitié du devoir; servir l'humanité est l'autre moitié* (V. HUGO).

4. *C'est la valeur et non pas le nombre qui rend invincible* (FÉNELON).

5. *Il vaut mieux périr en combattant pour la patrie que la vaincre et triompher d'elle* (FÉNELON).

6. *Passant, va dire à Sparte que nous sommes morts ici pour obéir à ses lois* (Inscription des Thermopyles).

7. *L'armée est l'expression concrète de la force d'un peuple* (P. BOURDE).

Plan. — Il y a deux façons de considérer le service militaire : c'est l'exercice d'un métier ou l'accomplissement d'un devoir. La première de ces conceptions convient particulièrement aux sociétés soumises à un gouvernement monarchique. Les peuples libres ont adopté la seconde.

Aux premiers âges de la Grèce et de Rome, les combattants, en cas de guerre, comprenaient tous les citoyens, car tous avaient un égal intérêt au maintien de l'intégrité et de la prospérité de la patrie. Toutefois, à cette époque, les fonctions militaires cessaient lorsque l'ère des combats était finie. Les modifications apportées dans les institutions amenèrent des changements profonds dans l'organisation et la composition des armées.

L'extension territoriale de l'empire romain, notamment, eut pour conséquence de réduire la proportion des citoyens portant les armes et de rendre l'armée permanente. Les armées de ces époques contenaient même des *mercenaires*, c'est-à-dire des combattants aux gages de l'empire.

L'invasion des Barbares, qui amena la chute de l'empire romain, modifia profondément l'organisation des combattants. Au moyen âge, l'armée du roi de France se composait des seigneurs féodaux et de leurs hommes d'armes, venus à l'appel du roi pour un temps assez court, après lequel ils se séparaient pour retourner dans leurs châteaux. C'est le roi Charles VII qui créa l'*armée permanente*, plus commode, plus sûre, mieux dans la main du roi que l'armée féodale, toujours peu maniable et fort indisciplinée. Les hommes formant l'armée reçurent une solde du roi et furent ses *soldats* [1].

L'institution de l'armée permanente permit de perfectionner l'art de la guerre, et cette armée fut très vite supérieure à l'armée féodale. Chaque fois que celle-ci fut convoquée, on constata son infériorité par rapport aux soldats de métier (Crécy, Azincourt, Poitiers). Sous Louis XIV on renonça à appeler les nobles. Toutefois, c'est parmi eux qu'étaient choisis les divers chefs de l'armée : tous les grades appartenaient aux nobles et les roturiers en étaient absolument exclus [2]. En outre, les grades s'achetaient, depuis celui de sous-lieutenant jusqu'à celui de colonel, et le colonel était propriétaire de son régiment. Cette organisation soulevait de violentes haines et des jalousies implacables : les chefs commandaient avec ennui, les soldats obéissaient avec répugnance. Ceux-ci, recrutés par des moyens dont la justice était exclue, étaient toujours

1. C'est pour assurer le paiement régulier de cette solde que le même roi rendit la taille également permanente.

2. Un édit rendu sous le ministère du maréchal de Ségur, en 1781, déclarait même que nul ne pouvait être officier s'il n'avait quatre degrés ou cent ans de noblesse.

pris dans la dernière classe de la population. « La médiocrité de la solde du soldat, la manière dont il est couché, habillé et nourri, son entière dépendance, rendraient trop cruel de prendre un autre homme qu'un homme du bas peuple. » (DE TOCQUEVILLE.)

Le souffle d'enthousiasme qui, au moment où, au début de la Révolution de 1789, la patrie était en danger, provoqua d'innombrables enrôlements volontaires, changea complètement le sentiment du peuple vis-à-vis du service militaire. La tradition républicaine de la Grèce et de Rome fut renouée et l'armée devint nationale. Elle tira sa raison d'être de son rôle même, qui n'était autre que la défense du sol de la patrie et de ses libres institutions. Le service militaire ne fut donc plus une corvée aussi lourde qu'humiliante, mais un devoir que tout citoyen doit remplir envers la patrie.

La sécurité de la nation n'est, en effet, assurée qu'autant qu'elle dispose de moyens de défense au moins égaux aux moyens d'attaque auxquels elle est exposée. Le souci constant du citoyen qui aime son pays doit être de développer sa force de résistance, dont l'amoindrissement compromet la vie nationale, tandis que son accroissement fortifie cette même vie. Le premier élément de cette force est une jeunesse bien exercée au maniement des armes; mais l'union de tous les citoyens dans le désir de servir la patrie est un élément plus important encore. Un homme au cœur ferme et résolu, pénétré du sentiment du devoir, en vaut cent qu'on fait marcher malgré eux, ainsi qu'on l'a vu dans la guerre que les républiques sud-africaines ont soutenue pour leur liberté contre toute apparence d'espoir de succès.

Il suit de là que le service militaire ne peut être qu'universel et obligatoire pour une durée déterminée, pour tous les citoyens en état de porter les armes; tout le monde doit *l'impôt du sang.*

Cette conception du service militaire est la plus juste, puisqu'il s'agit de sauvegarder le patrimoine commun et de défendre le sol natal contre toute agression extérieure. Faire son service militaire doit être considéré comme un honneur, car la loi, frappant d'indignité certains condamnés, ne les admet pas à servir sous le drapeau.

Le drapeau est en effet, l'emblème de la patrie et le point sur lequel, dans la bataille, les soldats ont toujours les yeux fixés. Un régiment ne laisse pas prendre son drapeau par l'ennemi, et nombreux sont les actes d'héroïsme qui ont eu la défense du drapeau pour objet.

Les fraudes qui ont pour but d'échapper à l'obligation de donner à la patrie le temps qu'elle exige de nous sont indignes d'un homme loyal. Ce sont l'insoumission, la mutilation volontaire, la désertion. Elles ne peuvent être pratiquées que par des esprits ignorants ou par des cœurs lâches. Elle ne se rencontrent, au reste, de nos jours, qu'à l'état de très rares exceptions. L'honnête homme accepte avec joie le devoir militaire. Il se soumet aux exigences de la discipline, qui lui assure un caractère mieux trempé et un corps plus vigoureux. En temps de guerre, il sait s'élever à la hauteur des circonstances et sent son courage croître avec le danger, persuadé que des efforts de tous résulte le salut commun.

La France met tout son espoir dans son armée, qu'elle aime parce qu'elle est sa propre essence et pour laquelle elle consent à tous les sacrifices qui lui sont demandés.

Résumé. — Le soldat faisait autrefois métier de se battre et était payé pour cela, tandis qu'aujourd'hui le service militaire est un devoir noble entre tous, car il a pour but la défense de la patrie.

Nous devons remplir ce devoir avec joie et fierté et ne rien faire pour nous y soustraire. Le soldat doit être discipliné, confiant et courageux, car la confiance et le courage sont les deux vertus militaires par excellence, celles qui assurent aux armées la victoire, au pays le salut.

Questions. — Problèmes moraux. Exercices de rédaction. — 1. Dans quels cas un pays peut-il avoir raison de faire la guerre? Dans quels cas la guerre est-elle juste?

2. Qu'appelle-t-on arbitrage et quelle est la supériorité de cette méthode de résolution des conflits?

3. Prouver que la confiance et le courage sont les deux vertus militaires par excellence (Kellermann à Valmy).

4. En fait de souvenirs nationaux, a dit Renan, les deuils valent mieux que les triomphes, car ils imposent des devoirs et commandent l'effort en commun. Appliquez cette pensée à la guerre de 1870 et à ses conséquences, et montrez comment l'effort en commun a refait une France forte et prospère.

5. Pourquoi admettre que la Savoie, réunie à la France en 1860, est essentiellement française, et pourquoi ne pas admettre que l'Alsace-Lorraine, annexée à l'Allemagne en 1870, soit allemande (conditions de la réunion).

6.   De Bara, de Viala, le sort nous fait envie;
        Ils sont morts, mais ils ont vécu!

Expliquez le sens de ces vers et dites ce que vous savez de l'histoire de ces enfants héroïques.

7. L'insoumission et la désertion. — Que pensez-vous de ceux qui cherchent à se soustraire au service militaire par l'un de ces deux moyens?

Lectures et Exercices de mémoire. — 1. Énergie.

La France, en 1870, n'a pas *voulu*. Là est le vrai secret, non de ses premiers, mais de ses derniers échecs. Un vertige avait frappé la belliqueuse de naguère, fière de siècles de victoire. Elle s'était détendue au culte, à la jouissance de l'argent. Ceux qui ne se battaient pas, les paysans dont la petite fortune naissait et qui, selon le beau mot de Michelet, « commençaient seulement à manger depuis des siècles », ne voyaient que leur pécule, le moment de cultiver en repos ce morceau de terre qui les nourrissait. Ceux qui se battaient apportaient aux armées — gigantesques organismes qu'on ne peut créer d'un coup — les qualités et les défauts de la France d'alors, prime-sautière et brave, mais sans l'ombre d'éducation militaire et civique. Beaucoup, certes, surent bien mourir; c'est là le courage d'une seconde, un éclair qui peut jaillir de l'âme de tout homme. Mais l'endurance, la cohésion, la patience, l'abnégation qui fait se passer de pain, de feu, d'habits, qui fait coucher à la dure, recevoir la pluie à torrents, marcher dans la neige! Mais le sacrifice quotidien, heure par heure et minute par minute! Mais savoir commander et savoir obéir, cela on ne l'obtient que par un long enseignement préalable, une discipline constante, du cœur et des muscles.

Puisse le cruel châtiment de 1870 rester toujours présent à nos mémoires. Sachant ce qui a manqué à nos pères, nous saurons ce que nous avons acquis et ce qui nous reste à acquérir. La France républicaine a beaucoup fait. L'armée, aujourd'hui, c'est la nation elle-même. Plus la nation sera grande, plus elle aura la religion de ses devoirs et plus l'armée sera forte.

Paul et Victor Margueritte, Histoire de la guerre de 1870-1871 (Hachette, éditeur).

Autres lectures. — 2. *Victoire de Valmy* (V. Duruy, Histoire de France, t. II, p. 500). — 3. *Xerxès et Léonidas*, Fénelon, Dialogues des morts (Labbé, Morceaux choisis, Cours moyen, p. 130). — 4. *Léonidas aux Thermopyles*, Barthélemy, Voyage du jeune Anacharsis en Grèce, vol. Ier, section II (Barrau, Morale pratique, p. 337). — 5. *Les dames de Beauvais* (Barrau, Morale pratique, p. 331). — 6. *Les sièges de Paris. Le soldat modèle* (Jost et Lefort, Récits patriotiques, p. 29 et 140). — 7. *D'Assas, Cambronne, Daumesnil* (Gœpp et Ducoudray, Le patriotisme en France, p. 236, 338, 340). — 8. *Tu seras soldat*, V. de Laprade (Jost et Brœunig, Lectures pratiques, p. 119. — 9. *Au héros de la défaite*, A. Houssaye (Même ouvrage, p. 142). — 10. *Morts pour la patrie*, V. Hugo (Même ouvrage p. 165). — 11. *Les vaillants du temps jadis. Le soldat français* (Maurice Bouchor, Chants populaires des écoles, p. 8 et 12). — 12. *Respect de l'uniforme* (G. Duruy, Pour la France, p. 44). — 13. *Beaurepaire à Verdun* (Même ouvrage, p. 124). — 14. *Les soldats de l'an II*, V. Hugo (Masson et Roustan, Nouveau livre de Morale pratique, p. 67). — 15. *La fin d'un drapeau*, O. Feuillet (Même ouvrage, p. 74. — 16. *La petite vedette lombarde* (Ed. de Amicis, Grands cœurs, p. 48). — 17. *Le Vengeur*, Lebrun (Labbé, Morceaux choisis, Cours moyen, p. 91).

Bibliographie. — G. Duruy, *Pour la France.*

18ᵉ Leçon. — Importance et dignité du vote.

Pensées et Maximes. — 1. *Rien n'est plus honteux que d'acheter des voix, si ce n'est de vendre la sienne.*
2. *Nous devons notre concours actif à la société* (Paul Bourde).
3. *Attache-toi à affermir ton jugement.*
4. *L'abstention est incompatible avec la justice* (Paul Bourde).
5. *On doit, en votant, ne considérer que l'intérêt du pays* (P. Janet).
6. *Toutes les réactions sont excessives* (Izoulet).
7. *La volonté de la nation est l'unique source de l'autorité* (J. Simon).
8. *Tout aboutit à l'urne et tout en découle* (J. Steeg).

Plan. — La Déclaration des droits de l'homme, revenant à la logique des choses, dit (art. 3) que toute souveraineté réside dans la nation, et que nul corps, nul individu ne peut exercer d'autorité qui n'en émane expressément. C'est donc le peuple qui est le véritable souverain ; c'est à lui seul qu'appartient le pouvoir de décider, de légiférer, d'ordonner. Comment exercera-t-il cette souveraineté? Comment donnera-t-il ses ordres et comment fera-t-il connaître sa volonté?

Il était relativement facile d'associer tous les citoyens au gouvernement dans les républiques aristocratiques de Sparte et d'Athènes, pour ne citer que les plus célèbres, car le nombre des hommes libres était peu considérable, et comme le travail de la terre et des métiers était exercé par les esclaves, les citoyens avaient le temps de discuter sur l'Agora. Il n'en est pas de même pour nous. Au lieu de se borner au territoire d'une cité, la République française s'étend sur plus de cinq cent mille kilomètres carrés, et au lieu de former une république aristocratique comprenant peu de membres, notre pays donne à tous ses citoyens les mêmes droits. Il est impossible que tous prennent personnellement une part active et permanente à l'administration et au fonctionnement des institutions. Mais si les citoyens français n'exercent pas directement cette action, ils le font par délégation : ils chargent librement de ce soin certains d'entre eux d'après les formes prévues par la loi, et c'est cette délégation qui constitue le *vote*. On voit donc l'importance de cet acte qui est essentiellement l'expression de la volonté du citoyen, l'exercice pour lui du pouvoir souverain.

Les citoyens étant égaux (art. 1er de la Déclaration), le droit de suffrage ne peut être qu'universel. C'est ainsi que l'avait compris et prescrit la Constitution de l'an III. Dans la période qui suivit, le Premier empire et la Restauration restreignirent ce droit de vote et supprimèrent le suffrage universel, qui fut rétabli, pour ne plus disparaître, par la Révolution de 1848.

Le droit de vote n'a été conquis qu'au prix de longs et persistants efforts. Notre devoir est donc de l'exercer toutes les fois que la Constitution nous y appelle. Celui qui s'abstient de voter entrave, par son indifférence, le bon fonctionnement des institutions [1]. Il permet que la volonté de la nation soit faussée ou méconnue. Celui qui ne vote pas se déclare par là indigne de la liberté, et en s'abstenant, il n'échappe pas à la responsabilité, car si on n'a

1. Une élection n'est définitive qu'autant que l'élu a obtenu la majorité absolue : le quart des électeurs inscrits ayant voté, et la moitié plus une des voix s'étant portées sur le candidat.

pas contribué à faire triompher le bien, on a facilité le triomphe du mal.

Le suffrage universel est exercé par les citoyens âgés de vingt et un ans et qui ne sont point frappés d'incapacité légale, dans quatre circonstances : élection des conseillers municipaux, élection des conseillers d'arrondissement, des conseillers généraux et des députés. La première et la dernière de ces élections sont les plus importantes. Les conseils municipaux administrent la commune au nom de leurs concitoyens, comme les députés s'occupent des affaires générales du pays : confection des lois, vote du budget et des impôts, contrôle du pouvoir exécutif. Suivant les choix que feront les électeurs, les intérêts de la commune et de l'État seront bien ou mal sauvegardés.

Avant tout, il faut voter avec probité et indépendance.

On vote avec probité quand, s'inspirant des besoins du pays, on élit ceux qui sont le mieux en état d'assurer la satisfaction de ces besoins. Et par ces besoins, il ne faut pas seulement entendre la prospérité matérielle de la nation, il faut avoir en vue son développement social et moral. Il ne suffit donc point qu'un candidat soit honnête, capable et digne, pour que nous lui donnions notre voix ; il faut encore que les principes directeurs de sa vie et de son activité politique soient d'accord avec les nôtres. En d'autres termes il est essentiel de voter pour les principes plutôt que pour les personnes.

Il n'est pas toujours facile de voter en connaissance de cause : l'électeur peut être ignorant et manquer de sens critique pour se faire une idée exacte des qualités et des défauts de ceux qui se présentent à son choix. Le premier devoir de l'électeur est donc de s'instruire, de s'éclairer, de faire son éducation politique, afin que son vote soit judicieux, réfléchi, indépendant.

On vote avec indépendance quand on se fait soi-même son opinion par une étude attentive et désintéressée, et qu'on ne se laisse pas influencer par d'autres motifs que ceux que la conscience nous fournit. L'électeur indépendant ne se laisse pas intimider par les menaces ni séduire par les promesses et autres manœuvres également condamnables. Il repousse avec indignation les propositions de ceux qui cherchent à le détourner de son devoir par l'offre d'avantages matériels, de quelque importance qu'ils soient.

Les partis et les hommes en lutte flattent, en effet, grossièrement les électeurs; ils détruisent, chez certains d'entre eux, la notion du bien et du mal, et sont, à ce titre, les vrais corrupteurs du suffrage universel.

Les élus ont donc aussi leurs devoirs : ils ne doivent point chercher à abuser et à tromper les électeurs en dissimulant leurs opinions quand ils sollicitent un mandat électif. Une fois élus, ils doivent s'appliquer à tenir leurs promesses et leurs engagements, et faire tous leurs efforts pour que la tâche qu'ils ont assumée soit bien remplie. Enfin, ils sont dans l'obligation morale de rester en contact avec ceux qui les ont nommés, et de les tenir au courant de la manière dont ils remplissent leur délégation.

Résumé. — Par son vote, l'électeur délègue à ses représentants sa portion d'autorité souveraine, et prend part au gouvernement du pays et à la confection des lois qui le régissent.

Celui qui ne vote pas lorsque la Constitution l'y appelle, se conduit comme un étranger indifférent à la prospérité de la patrie.

Il faut voter librement, honnêtement et avec discernement, sans se laisser influencer par les promesses ou intimider par les menaces.

Les élus doivent respecter les électeurs et remplir fidèlement le mandat qu'ils en ont reçu.

Questions. Problèmes moraux. Exercices de rédaction. — 1. Dites comment se sont passées les dernières élections qui ont eu lieu dans votre commune.

2. Quels reproches mérite celui qui s'abstient de voter?

3. S'il n'y a qu'un candidat qui se présente et s'il ne convient pas à l'électeur, que doit faire celui-ci?

4. Que savez-vous de l'Agora et du Forum? Que se passait-il dans ces lieux ?

5. On lit dans le livre du *Petit Citoyen* de Jules Simon : « Un jour, M. Merceret est venu à la maison, et il a dit à grand-père que s'il voulait voter pour son candidat, il le ferait nommer juge de paix. Grand-père l'a mis à la porte.... » Qu'est-ce qui avait motivé la colère du grand-père? En quoi cette colère était-elle légitime?

6. « Les opinions sont libres. » Qu'entendez-vous par ces mots et comment peut se manifester la liberté des opinions en temps d'élection? Quels sont les moyens par lesquels les candidats aux fonctions électives entrent en contact avec leurs électeurs?

7. Qu'est-ce que le *referendum*? Est-il applicable en France ?

LECTURES ET EXERCICES DE MÉMOIRE. — 1. Le vote.

Dans les États démocratiques, tous les citoyens participent à l'administration du pays, à la gestion de ses intérêts, à la confection des lois. Tous sont considérés comme également responsables, également intéressés, et par conséquent également en droit de manifester leurs opinions et leurs préférences, et cela, comment? Au moyen du vote et par la délégation des pouvoirs.

Les citoyens ont donc le droit de confier à des représentants le pouvoir de faire les lois, de veiller à leur application, et, par cela même, ils signent, pour ainsi dire, l'engagement positif de respecter la loi, puisqu'ils sont censés l'avoir faite eux-mêmes. Telle est la première conséquence du droit de vote.

Pourquoi le peuple lui-même ne vote-t-il pas directement la loi? Dans les États où les électeurs sont peu nombreux, le peuple vote la loi lui-même dans ses comices comme dans les républiques antiques; mais le peuple politique ne comprenait là que les hommes libres, par conséquent ceux qui, d'abord, ont pu recevoir une instruction et qui, de plus, jouissent de loisirs, grâce auxquels ils étudient les affaires, acquièrent la connaissance de l'histoire et de l'économie du pays. C'est une élite.

Dans les grands États, où le suffrage est universel, la plupart ne possèdent que des idées vagues, ne conçoivent que des désirs, mais ils n'ont ni le temps ni la capacité de démêler les moyens pratiques de réaliser les unes et les autres; il est donc nécessaire que la masse, tout en manifestant ses tendances, remette à des citoyens de son choix le mandat d'exercer son droit législatif. Dès lors, on voit clairement quels sont ceux à qui la confiance populaire devra déléguer le pouvoir : ce sont les plus dignes au double point de vue de la capacité et de l'honnêteté.

Le premier de tous les devoirs de l'électeur est de s'appliquer à bien choisir; son bulletin, déposé dans l'urne, contribue au bonheur ou au malheur du pays. Sa part de souveraineté n'est pas un mot mais une réalité, et sa responsabilité n'est pas moins réelle. Bien voter suppose donc une préparation, une connaissance générale des besoins de la patrie et une connaissance précise des aptitudes, des services, des tendances et du caractère du candidat.

En second lieu, l'électeur doit n'avoir en vue que le bien de l'État. Le droit de voter ne lui a été accordé que sous cette condition, et non pour offrir à chacun un moyen de faire prospérer ses affaires, de favoriser ses ambitions personnelles sans souci, voire au détriment du bien commun. Outre que c'est une indignité déshonorante, c'est un crime de lèse-patrie que trafiquer de son vote, et la loi peut justement déclarer déchu de ce droit quiconque en a mésusé.

PONTSEVREZ, *Notions morales* (Hachette, éditeur).

Autres lectures. — 2. *Fermeté civique* (BARRAU, Morale pratique, p. 327). — 3. *Serment du Jeu de Paume* (MAXIME PETIT, Le courage civique, p. 137). — 4. *Devoir de la démocratie* (E. QUINET, Édition du centenaire, p. 66). — 5. *Chanson de l'électeur pauvre* (MASSON ET ROUSTAN, Nouveau livre de Morale pratique, p. 52). — 6. *Les États-Généraux* (J. SIMON, La liberté politique, p. 90). — 7. *La société nouvelle*, O. Gréard (STEEG, Vie morale, p. 331). — 8. *Il faut des hommes* (E. BERSOT, Un moraliste, p. 346). — 9. *La République*, Gambetta (STEEG, Vie morale, p. 332). — 10. *L'esprit de parti*, J. Barni (STEEG, Vie morale, p. 337). — 11. *Le jardinier, l'enfant et le sauvageon* (A. NAUDET, liv. IV, fable 13). — 12. *La poule aux œufs d'or* (LA FONTAINE, liv. V, fable 13). — 13. *La chauve-souris* (LA FONTAINE, liv. II, fable 5). — 14. *La popularité* (C. DELAVIGNE, La popularité, acte I, sc. II). — 15. *Le corbeau et le renard* (LA FONTAINE, liv. I, fable 2). — 16. *Il faut être citoyen* (P. BOURDE, Le patriote, p. 210).

Bibliographie. — J. SIMON, *La liberté politique* (Hachette, édit.). — *Le livre du petit citoyen.*

19ᵉ LEÇON. — **L'obligation scolaire.**

Pensées et Maximes. — 1. *L'ignorance mène toujours à la servitude* (MME DESBORDES-VALMORE).

2. *Au mal comme au carcan l'ignorant est rivé,*
    Mais quiconque sait lire est un homme sauvé.
                              (E. MANUEL).

3. *Dans un pays de suffrage universel, tout le monde doit savoir lire et écrire.*

4. *Le devoir de celui qui ne sait pas est d'apprendre pour devenir un citoyen utile* (J. SIMON).

5. *L'avenir est aux travailleurs.*

6. *L'ignorant est injuste envers tout le monde.*

7. *L'éducation populaire doit tendre à réaliser, dans chaque individu, le type du bon citoyen et de l'homme accompli.*

Plan. — Nous avons vu, dans la précédente leçon, que les citoyens doivent voter avec intelligence et discernement. Comme condition préalable, ils doivent s'éclairer, par tous les moyens en leur pouvoir, sur la portée de leurs actes. Pour s'éclairer, il faut en avoir à la fois la facilité et le pouvoir. Or, ce qui nous met le mieux en état de nous éclairer, de nous faire une opinion raisonnée, c'est la discussion, la lecture, l'instruction en un mot. Il est fort souhaitable que tous les citoyens soient instruits, car celui qui possède le savoir peut se tenir par lui-même au courant de ce qui se passe; il n'est pas indispensable qu'il interroge ou entende les hommes qui sollicitent sa confiance; il peut juger leurs actes et leurs paroles que les journaux lui font connaître. Il peut encore étudier les besoins du pays et de la société, établir des comparaisons de faits et d'événements et se tracer une ligne de conduite raisonnée.

Dans une démocratie comme la nôtre, où le vote joue un rôle si important et si fréquent, cette diffusion des connaissances est doublement nécessaire. C'est dans ce but que l'instruction a été si libéralement mise à la portée de tous par la multiplication des écoles (sixième leçon) et la gratuité des études primaires. Cette gratuité de l'enseignement n'existe pas au sens absolu du mot : les dépenses qui résultent de l'entretien des écoles (construction des locaux, achat du matériel et des fournitures scolaires, traitements du personnel, etc.) sont payées au moyen des recettes du budget, alimentées par les contributions fournies par tous les concitoyens. Donc, un père de famille qui envoie ses enfants à l'école primaire publique a contribué aux dépenses scolaires, le jour, où il a réglé, chez le percepteur, sa feuille de contributions.

La gratuité de l'enseignement primaire n'existe que depuis 1881. Auparavant, les élèves des écoles étaient partagés, sinon en fait sur les bancs de la classe, du moins au point de vue de la comptabilité financière, en deux catégories : les payants et les gratuits ou *indigents*. Cette division, humiliante et contraire au principe d'égalité des citoyens, est heureusement disparue le jour où personne n'a plus directement et spécialement payé les mois d'école.

Quand la République a eu établi la gratuité, elle a pu s'attacher à réaliser une autre réforme plus importante encore : l'obligation, pour tous les enfants, de s'instruire. La sécurité intérieure de la patrie dépend, en effet, de la manière dont les citoyens comprennent leurs droits et remplissent leurs devoirs. Rien n'est si favorable pour le maintien des erreurs et des malentendus que l'ignorance. Cette ignorance chez les citoyens peut mettre les institutions en péril. Il est donc logique que la société exige que ses membres s'instruisent, et cette exigence se justifie encore mieux lorsqu'il s'agit des citoyens de demain, c'est-à-dire des enfants qui ont besoin qu'on agisse et qu'on prévoie pour eux.

Le besoin d'instruction a été senti de tout temps par ceux qui ont eu souci de la bonne organisation de l'État et du perfectionnement de la société. Déjà, aux États-Généraux d'Orléans, en 1560, on demandait que les pères et mères fussent tenus, sous peine d'amende d'envoyer leurs enfants à l'école. Sous Louis XIV et sous Louis XV, on mit l'obligation scolaire au service de la religion [1], ce qui différait sensiblement du point de vue auquel nous nous plaçons aujourd'hui.

La révolution (décret du 19 frimaire an II) établit pour les enfants l'obligation de fréquenter l'école. Ces dispositions tombèrent en désuétude sous le Consulat et l'Empire. Les lois de 1833 et de 1850 laissèrent également de côté l'obligation, qui fut remise en cause par le pétitionnement organisé en 1869 par la Ligue de l'Enseignement. Le mouvement s'accentua dès lors pour aboutir à la loi du 28 mars 1882, que Jules Ferry soutint et fit adopter, et qui rend l'instruction obligatoire pour les enfants de six à treize ans.

Ce qui, sous les gouvernements monarchiques, s'opposait à l'introduction de l'obligation scolaire dans la loi, c'est que les écoles n'étaient point *neutres* : l'Église avait la haute main sur elles, et elle ne voulait pas que la religion disparût du programme de l'enseignement. C'était là

---

1. Édits d'octobre de 1685 et 1686. — Déclaration du 14 mai 1724. — Ordonnances diverses des Intendants des provinces dont voici un exemple : « Nous enjoignons aux maîtres et maîtresses d'école de veiller, avec plus d'exactitude qu'ils n'ont fait par le passé, à l'exécution des instructions de Sa Majesté, concernant l'éducation des nouveaux convertis, sous les peines portées par notre instruction.... »

son dernier rempart contre la société civile. Car l'état social antérieur à la Révolution en France subordonnait toutes les autorités à la religion[1]. Ce n'est que peu à peu, et non sans peine, que les diverses fonctions de la vie publique s'étaient distinguées les unes des autres et affranchies de la tutelle étroite de l'Église. L'instruction publique, et l'instruction primaire en particulier, a été la dernière à secouer ce joug. La République a voulu que l'école fût laïque, et cela se comprend, du moment qu'elle est obligatoire et qu'elle reçoit des enfants de toutes les confessions religieuses. La science n'a rien de confessionnel, elle est la même pour chacun de nous, quelles que soient nos croyances. Les enfants reçoivent donc, sur toutes les branches du programme, des leçons communes, et leurs familles peuvent ensuite leur faire donner à part un enseignement religieux de leur choix.

Comme toutes les autres lois, celle de 1882, sur l'obligation de l'enseignement doit être obéie; c'est pour les parents un devoir strict d'envoyer leurs enfants à l'école, s'ils ne peuvent les faire instruire chez eux, pendant la période fixée par la loi. Ils ne doivent point les détourner de leurs études pour des motifs futiles. C'est de même un devoir pour les enfants de profiter des leçons de leurs maîtres, de manière à obtenir, au terme de la scolarité, le certificat d'études primaires qui en est le modeste couronnement et la sanction.

(NOTA. — *On lira et on expliquera la loi du 28 mars 1882 devant les élèves.*)

Résumé. — Pour bien remplir nos devoirs de citoyens, il faut les connaître; de là, la nécessité de nous instruire pour les étudier. Cela nous est facile aujourd'hui, grâce à la multiplicité des écoles et à leur gratuité.

La République a aussi tout intérêt à ce que les citoyens soient instruits, et la loi fait aux pères, mères ou tuteurs une obligation de faire instruire leurs enfants, soit chez eux, soit en les envoyant en classe au moins depuis six ans jusqu'à treize.

Questions. Problèmes moraux. Exercices de rédaction. — 1. « Plus une nation est instruite et civilisée, plus elle est forte. » Développez cette pensée.

2. L'État républicain est fondé et dure par le concours de tous.

______
1. La France était appelée « la fille aînée de l'Église ».

Montrez les dangers, qui, pour la stabilité de l'État, résultent de l'ignorance des citoyens et les avantages que lui vaut l'instruction généralisée.

3. Comment est organisée l'instruction publique en France, et plus spécialement l'instruction primaire?

4. Montrez que c'est à la fois notre devoir et notre intérêt de nous instruire.

5. Quelles sont les peines encourues par les parents qui violent la loi sur l'obligation?

6. Les parents peuvent-ils assurer l'instruction de leurs enfants autrement qu'en les envoyant à l'école primaire publique?

7. Qu'entendez-vous par ces mots : Instruction *gratuite*, *laïque*, *obligatoire*?

LECTURES ET EXERCICES DE MÉMOIRE. — 1. L'école obligatoire.

L'obligation d'envoyer les enfants à l'école n'a pas, sans résistance, été inscrite dans la loi. Le fait est que le devoir d'école est aussi sacré que le devoir militaire et le devoir fiscal, mais il s'en faut qu'il soit aussi universellement reconnu. Tous les gouvernements ont toujours été d'accord pour réclamer l'impôt et pour imposer le service militaire; ils ont, au contraire admis plus difficilement l'obligation d'aller à l'école. La Prusse a donné l'exemple; depuis un siècle, elle a rendu l'instruction primaire obligatoire. La plus grande partie des États de l'Europe l'ont imitée. La France ne s'y est décidée qu'en 1882. Il y a un certain nombre de gens qui sont persuadés qu'on attente à la liberté du père de famille quand on le contraint à faire apprendre à lire à ses enfants. Les mêmes gens le contraignent sans remords à les nourrir, à les vêtir; aucune de ces prescriptions n'est suivant eux, attentatoire à la liberté; mais pour l'instruction, c'est différent : le père de famille doit être absolument libre. Si cela lui convient, il instruira son fils, et si cela ne lui convient pas, il le laissera croupir dans l'ignorance. Un père qui maltraite son fils, qui compromet sa santé, est un criminel et un scélérat, on le traîne devant les tribunaux. S'il se borne à l'empêcher d'étudier, s'il ne maltraite que son esprit, il est dans son droit, il use de la liberté du père de famille. Nous pensons que ce père ferait moins de mal à son fils s'il lui cassait un bras ou une jambe, et c'est aussi la pensée de toute l'Europe l'argument suprême invoqué contre l'instruction obligatoire, c'est que le maître d'école qui enseignerait à lire aux enfants pourrait leur enseigner en même temps de mauvaises doctrines. Cela semble étonnant qu'on puisse considérer un instituteur comme un corrupteur de la jeunesse. Cependant c'était là la grande raison et la seule. Le maître le moins digne de ce nom est incapable de pervertir ses élèves. La dépravation humaine ne va pas jusque-là.

J. SIMON, *Le livre du petit citoyen* (Hachette, éditeur).

Autres lectures. — 2. *Portée de l'école et de l'enseignement* (ERNEST BERSOT, Un moraliste, p. 368). — 3. *Rapport de V. Cousin sur la loi de 1833* (F. BUISSON, Dictionnaire de Pédagogie, 2e p., p. 2133). — 4. *De la justesse de l'esprit*, Arnauld (LABBÉ, Morceaux choisis, Cours supérieur, p. 36). — 5. *De l'horrible danger de la lecture*, Voltaire (Même ouvrage, p. 214). — 6. *La liberté de la presse*, P.-L. Courier (Même ouvrage, p. 302). — 7. *L'ouvrier d'autrefois et l'ouvrier d'aujourd'hui* (EUG. MANUEL, Les ouvriers). — 8. *L'examen du général Drouot*, Lacordaire (TOUTEY, Lectures primaires, p. 224). — 9. *L'écolier* (MME DESBORDES-VALMORE). — 10. *La guenon, le singe et la noix* (FLORIAN, liv. IV, fable 12). — 11. *Le singe et la noix* (BLONDEAU DE COMMERCY). — 12. *L'éducation* (LA FONTAINE, liv. VIII, fable 24). — 13. *Le singe et le dauphin* (LA FONTAINE, liv. IV, fable 7).

Bibliographie. — J. SIMON, *L'école*. — F. BUISSON, *Dictionnaire de pédagogie*, articles : *Gratuité, Laïcité, Neutralité, Obligation*. — MICHEL BRÉAL, *Quelques mots sur l'école*.

CHAPITRE IV

SOI-MÊME

§ I. — LE CORPS. — LA TEMPÉRANCE

20ᵉ Leçon. — **Soi-même.** — **Dignité personnelle.** —
Le corps et l'âme. — **Propreté.**

Pensées et Maximes. — 1. *Quand on a peu de désirs, on a peu de privations* (PLUTARQUE).

2. *Ne souffrez aucune malpropreté, ni sur votre corps, ni dans vos vêtements, ni dans votre maison* (FRANKLIN).

3. *Quand le corps est faible, il commande; quand il est fort il obéit* (J.-J. ROUSSEAU).

4. *Rien n'est si désirable qu'une âme saine dans un corps sain.*

5. *Toute notre dignité consiste en la pensée.*

6. *Il y a plus de rapports qu'on ne pense entre la propreté physique et la pureté morale* (MME PAPE-CARPANTIER).

Plan. — Si nous ne considérons que la forme extérieure et matérielle, nous voyons que l'homme ressemble aux animaux par sa constitution physique, mais il diffère d'eux par l'intelligence, la raison, la liberté et la conscience morale. L'homme est un être double, et on désigne par un nom spécial les deux parties de son être : le *corps* et l'*esprit* ou l'âme. Le corps est l'instrument par lequel l'âme traduit en actes ses sentiments, ses pensées, ses volontés.

L'observation, l'étude et la science qui en résulte nous permettent de connaître la manière dont s'exercent les diverses fonctions physiques de notre corps; nous pouvons nous rendre compte du mécanisme de la vision, de la circulation, de la respiration... mais il en est tout autrement quand il s'agit de l'être pensant, du *moi*. Les philosophes et les savants se disputent sur cette question depuis l'origine et ils ne paraissent pas être près de tomber d'accord. Ce qui importe pour nous, c'est de savoir — et nous le savons parce que nous le sentons — que nous sommes supérieurs aux autres êtres de la création en intelligence, en raison, en valeur morale. C'est la conscience de cette supériorité et l'obligation de la conserver qui constituent la dignité humaine, source de nos devoirs individuels.

Ces devoirs s'appliquent aux deux parties de notre personnalité, au corps et à l'âme.

Le corps étant pour nous un outil, un instrument d'activité, il est de notre devoir de le maintenir en bon état pour qu'il puisse remplir les fonctions auxquelles il est destiné. De là l'obligation de nous conformer aux règles d'une saine hygiène en ce qui concerne l'alimentation et la respiration, l'habitation, les vêtements, la propreté générale. Nous avons vu dans l'étude des sciences que notre corps a besoin d'aliments : ce sont les aliments digérés qui renouvellent notre sang et réparent les pertes que subissent nos organes [1].

Il faut donc que nous donnions à notre estomac les aliments qui conviennent à sa fonction. Il faut que ces aliments soient suffisants, mais leur excès serait nuisible et amènerait des troubles graves dans notre organisme. Nous trouvons en nous la limite qu'il ne faut pas dépasser : quand on est bien portant et qu'on a *assez* pris de nourriture, on sent un renouvellement d'énergie et on agit volontiers, tandis que, au contraire, on se sent lourd et appesanti si on a dépassé la mesure [2].

Un aliment qui nous est aussi indispensable que le pain, la viande ou les légumes, c'est l'air. Nous avons vu, dans la leçon sur la respiration (sciences) que l'air accomplit la vivification du sang. Et encore le sang ne prend-il à l'air que l'oxygène; il faut donc respirer l'air pur si on veut respirer utilement. Respirer dans un milieu qui ne contient qu'un air rare ou vicié, c'est s'exposer à un commencement d'asphyxie. De là la nécessité d'aérer les pièces de l'habitation, les chambres à coucher surtout, et de ne point

1. Ces pertes, constamment réparées par les apports du sang, constituent le *tourbillon vital*, phénomène par lequel toutes les parties du corps sont renouvelées au bout de sept années environ.

2. La tempérance sera spécialement traitée dans les vingt-deuxième et vingt-troisième leçons.

séjourner longtemps dans les salles trop remplies, cafés, salles de réunion, de spectacle, si elles ne sont pas bien ventilées.

Il faut remarquer aussi que ce n'est point seulement par la respiration pulmonaire que le sang s'enrichit d'oxygène : une espèce de respiration s'exerce à la surface de la peau, par les petites ouvertures appelées pores. La peau et les pores ne peuvent fonctionner normalement que s'ils sont dans un état de propreté et de netteté parfaite. La sueur desséchée, les poussières qu'elle fixe sont autant d'obstacles à ce fonctionnement. Il faut donc faire disparaître la crasse formée par cette sueur et ces poussières. On y parvient grâce à l'eau et au savon. Il n'est pas de meilleur auxiliaire de la santé que ces deux agents.

La malpropreté est en outre un fléau et un danger social qui éloigne de nous nos semblables si nous ne savons pas la combattre et la vaincre.

Il importe donc de prendre, dès le jeune âge, des habitudes de propreté. Il ne faut pas que, pour nous, « faire sa toilette » consiste à passer un linge mouillé sur le bout de notre nez et dans nos cheveux un démêloir à grosses et larges dents! Il faut que la saleté devienne intolérable pour nous, que nous ne la supportions point, qu'aucune partie de notre corps ne soit absolument nette. Il faut se nettoyer avec méthode, tous les matins, le corps entier, et plusieurs fois par jour les parties qui, non protégées par les vêtements, peuvent être en contact immédiat avec des foyers d'infection.

On veillera en particulier sur les mains qui touchent tant de choses. Il faudra perdre l'habitude de porter les doigts aux yeux, au nez ou à la bouche pour ronger ses ongles, ce qui est aussi vilain que dangereux, car les ongles recueillent et gardent, si on ne les en débarrasse, une foule de germes malfaisants. Ces germes forment cette bordure endeuillée qu'une personne ayant le respect de soi-même ne laisse point subsister sur elle.

Résumé. — Notre personne comprend deux parties : une âme ou un esprit qui pense et commande, un corps composé d'organes, qui obéit à l'esprit et exécute ses ordres.

Notre corps doit être conservé en bon état par une nourriture saine mais non trop abondante, et par des soins constants de propreté.

Ces soins doivent s'appliquer à toutes les parties de notre

corps, et en particulier à celles qui ne sont point protégées par les vêtements.

Nous devons faire un fréquent usage de l'eau et du savon.

Questions. Problèmes moraux. Exercices de rédaction. — 1. Que pensez-vous de la propreté? Comment tenez-vous propres les diverses parties de votre corps?

2. Qu'entend-on par « faire sa toilette »? Y a-t-il une différence avec « faire toilette »?

3. Quels inconvénients y a-t-il à porter les cheveux longs?

4. Racontez-nous une aventure arrivée à un de vos cousins qui s'est toujours montré très malpropre (P. KERGOMARD ET RENÉ LEBLANC, *La rédaction au C. E. P.*)

5. « Gourmand, goulu, gourmet. » Indiquez les différences de sens qui séparent ces trois mots.

6. Quels sont les accidents qui peuvent produire l'asphyxie?

7. On dit : « L'appétit vient en mangeant ». Est-ce possible? N'est-ce pas le contraire qui est vrai et que signifie donc cette expression?

8. Faites la description d'une maison bien tenue en considérant successivement ses diverses parties, y compris celles qui sont affectées aux animaux domestiques.

LECTURES ET EXERCICES DE MÉMOIRE. — **Comment l'homme peut avoir des devoirs envers lui-même.**

Au premier abord, il est étrange que l'homme ait des devoirs envers lui-même : l'homme étant libre s'appartient. Ce qui est le plus à moi, c'est moi-même : voilà la première propriété et le fondement de toutes les autres. Or, l'essence de la propriété n'est-elle pas d'être à la disposition du propriétaire, et, par conséquent, ne puis-je faire de moi ce qu'il me plaît?

Mais, de ce que l'homme est libre, de ce qu'il n'appartient qu'à lui-même, il ne faut pas conclure qu'il a sur lui-même tout pouvoir. De cela seul qu'il est doué de liberté comme aussi d'intelligence, je conclus ou dois conclure qu'il ne peut, sans faillir, dégrader sa liberté pas plus que son intelligence. C'est un coupable usage de la liberté que de l'abdiquer. Nous l'avons dit : la liberté n'est pas seulement sacrée aux autres, elle l'est à elle-même. La soumettre au joug de la passion au lieu de l'accroître sous la libérale discipline du devoir, c'est avilir en nous ce qui mérite notre respect comme celui des autres. L'homme n'est pas une chose, et par conséquent, il ne peut pas se traiter comme une chose.

Si j'ai des devoirs envers moi-même, ce n'est pas précisément envers moi comme individu, c'est envers la liberté et l'intelligence qui font de moi une personne morale. Il faut bien distinguer en nous ce qui nous est particulier de ce qui appartient à l'humanité. Chacun de nous contient en lui la nature humaine avec tous ses éléments essentiels, et de plus, tous ces éléments y sont d'une certaine manière qui n'est pas la même dans deux hommes différents. Ces particularités font l'individu, mais non pas la personne, et la personne seule en nous est respectable et sacrée, parce qu'elle seule représente l'humanité.

Cette obligation imposée à la personne morale de se respecter elle-même, ce n'est pas moi qui l'ai établie, je ne puis donc la détruire. Le respect de moi-même est-il fondé sur une de ces conventions arbitraires qui cessent d'être quand les parties contractantes y renoncent librement? Les deux contractants sont-ils ici moi et moi-même? Non, il y a un des contractants qui n'est pas moi, à savoir l'humanité, la personne morale. Il n'y a même ici ni convention ni contrat. Par cela seul que la personne morale est en nous, nous sommes obligés envers elle, sans convention d'aucune sorte, sans contrat qui puisse se résilier et par la nature même des choses. De là vient que l'obligation est absolue.

VICTOR COUSIN.

Autres lectures. — 2. *La double nature de l'homme*, Bossuet (R. THAMIN, Extraits des moralistes, p. 4). — 3. *La propreté ne coûte rien*, J. de Jussieu (BANCAL, Carnet de morale, p. 65). — 4. *Bien mal acquis* (Mon journal, année 1892, p. 157). — 5. *Usage des plaisirs*, J.-J. Rousseau (STEEG, Vie morale, p. 125). — 6. *Des soins du corps* (P. BOURDE, Le patriote, p. 115). — 7. *Comment on se fait injure à soi-même*, Marc-Aurèle (PONTSEVREZ, Problèmes de Morale, p. 38). — 8. *La dignité humaine* (PAUL JANET, Lectures de littérature et de morale, p. 365). — 9. *Moyens de conserver la santé* (FRANKLIN, Essais de morale, p. 46). — 10. *Voyage dans l'île des plaisirs* (FÉNELON, fable 20). — 11. *Les deux renards* (FÉNELON, fable 3). — 12. *De l'eau, de l'eau et encore, de l'eau* (STAHL, Morale familière). — 13. *La propreté*, Dʳ Plicque (TOUTEY, Lectures primaires, p. 184). — 14. *Le respect de soi-même*, J. Simon (STEEG, Vie morale, p. 92). — 15. *La belette entrée dans un grenier* (LA FONTAINE, liv. III, fable 17). — 16. *Le rat qui s'est retiré du monde* (LA FONTAINE, liv. VII, fable 3).

21e Leçon. — **Exercices physiques.** — **Gymnastique et natation.** — **Effets salutaires.**

Pensées et Maximes. — 1. *Le sang-froid double les moyens et les forces* (MME DE STAEL).

2. *La douleur te vaincra si tu faiblis; c'est toi qui la vaincras si tu as le cœur ferme.*

3. *Une volonté forte triomphe de tout.*

4. *L'intrépidité est une force extraordinaire de l'âme qui l'élève au-dessus des troubles, du désordre et des émotions que la vue des grands périls pourrait exciter en elle* (LA ROCHEFOUCAULD).

5. *Il faut prendre de bonne heure l'habitude de ces deux toilettes indispensables : le bain quotidien et l'exercice musculaire.*

Le manque d'exercice physique est un empoisonnement graduel.

Plan. — Depuis quelques années, l'enseignement de la gymnastique a repris l'importance qu'il avait perdue. En grand honneur chez les Grecs et les Romains, la gymnastique avait, à partir du moyen âge, été méprisée comme manifestation de la force brutale. Ce discrédit n'était pourtant pas général chez les gens instruits : ainsi, dans les parties de son livre où il traite de l'éducation de Gargantua, Rabelais trace un véritable programme d'exercices gymnastiques.

Il serait excessif de développer les forces physiques au détriment des facultés morales et intellectuelles, mais il est tout aussi mauvais de négliger l'éducation du corps pour ne s'occuper que de celle de l'esprit. Ces deux parties de notre être exercent, d'ailleurs, l'une sur l'autre une incontestable action. La plus importante est évidemment celle du moral sur le physique, et suivant que le corps sera fort ou faible, adroit ou inhabile, il sera plus ou moins capable de bien exécuter les ordres de notre volonté réfléchie. La conclusion qui s'impose, c'est l'obligation pour nous de fortifier nos membres par un entraînement méthodique et constant, sans préjudice des soins matériels dont nous avons déjà parlé.

Les exercices physiques que nous avons en vue comprennent la gymnastique et les jeux libres qui ont l'une et les autres leurs avantages spéciaux. Par la gymnastique, on développe et fortifie les diverses parties du corps mises en activité par l'exercice auquel on se livre. La continuité, la répétition de cet exercice est indispensable pour que le but poursuivi soit atteint. Il faut donc non seulement comprendre les différentes phrases du mouvement que notre maître nous démontre, mais le reproduire exactement et complètement, afin de créer une habitude qui nous rendra progressivement capable d'exécuter sans effort ce qui nous avait paru difficile et fatigant [1].

Les jeux libres développent, outre la force physique, la présence d'esprit, la rapidité de décision, le courage et la confiance en nous. C'est parce qu'on les a reconnus capables de produire ces précieux résultats qu'on leur a donné l'importance qu'ils ont acquise, et la place qu'ils occupent dans les préoccupations des personnes chargées de diriger l'enseignement.

Certains affirment même que les libres jeux, le libre exercice de l'activité physique chez les enfants et les jeunes gens, peuvent avantageusement remplacer tout enseignement gymnastique : « Au fond, rien n'est plus simple que de devenir fort et point n'est besoin d'y chercher tant de malice. Il suffit de se donner du mouvement, de faire fonctionner les outils dont la nature nous a doués, de marcher, de sauter, de courir, de frapper, de tirer, de boxer. Prenez un enfant de sept ans et faites-lui exécuter, pendant vingt minutes chaque jour, quelques-uns de ces exercices en se servant des premiers objets venus — un ballon, une corde, une grosse pierre ou un tronc d'arbre, — ce sera à vingt ans, l'homme le plus robuste, le plus gracieux et le plus adroit. » (PH. DARYL.)

L'activité physique peut se traduire d'une foule de manières, et, comme on le voit, il n'est point nécessaire de recourir aux agrès plus ou moins compliqués qui constituent un gymnase classique. Ce qui importe, par exemple, c'est que cette activité s'exerce en plein air, car l'efficacité en est paralysée si elle n'est accompagnée d'une large absorption d'air pur.

Tous les mouvements physiques ont une influence heureuse sur la santé humaine. Les paysans ont sur les citadins une supériorité marquée, due à ce qu'ils vivent et travaillent en plein air, et que leur travail exerce, par sa

---

1. Une directrice d'école normale m'a déclaré que la pratique de la gymnastique suédoise avait révélé, chez certaines de ses élèves qui paraissaient fortes et bien constituées, des faiblesses organiques auxquelles on a pu porter remède.

variété, tout leur système musculaire; tandis que les ouvriers des villes vivent, en général, dans un milieu confiné, et que leur travail, consistant dans la répétition indéfinie du même mouvement, ne sollicite pas simultanément tous leurs muscles. La conclusion naturelle à tirer de cette constatation, c'est que si l'exercice est utile à tout le monde, il s'impose avec plus de rigueur à ceux qui exercent des professions sédentaires.

Pour répondre à ce besoin, il se crée un peu partout des associations qui font entrer les exercices physiques, les *sports*[1] dans les manifestations de leur activité. La marche est le plus favorable à la santé et celui qui convient le mieux à toutes les professions. C'est, par une heureuse fortune, celui qui est également le mieux à la portée de toutes les bourses.

On peut en dire autant de la natation si on prend, pour s'y livrer, les précautions que recommandent la prudence et l'hygiène.

La pratique des exercices physiques fortifiant notre corps en augmente la valeur. Elle nous rend capables, dans certaines circonstances, d'échapper aux dangers qui peuvent nous menacer, ou de sauver ceux qui sont exposés à des dangers semblables : incendies, inondations, naufrages, etc. N'est-ce pas au courage, développé par l'habileté gymnastique, que nous devons les services sans nombre que, tous les jours, rendent à la société les pompiers et les sauveteurs de tout ordre ?

Résumé. — La pratique de la gymnastique et des exercices physiques a pour résultat de fortifier notre corps et d'augmenter sa valeur. Elle nous rend capables d'échapper au danger et, parfois, de sauver ceux de nos semblables qui y sont exposés.

Il est bon de pratiquer, autant que nous le pouvons, les exercices physiques en plein air, la marche et la natation en particulier, sports hygiéniques qui ne coûtent rien.

Questions. Problèmes moraux. Exercices de rédaction. — 1. Quels avantages pensez-vous retirer des exercices de gymnastique rationnelle qu'on vous fait exécuter à l'école?

2. Un incendie éclate dans une maison. En un clin d'œil, le rez-de-chaussée est en feu et l'escalier s'effondre. Au premier étage se trouve un enfant encore au berceau, et qui va devenir

1. Ce mot anglais vient du vieux français desport, amusement.

la proie des flammes s'il n'est promptement secouru. — Pas d'échelle! — Un jeune homme s'accroche aux volets et arrive près de l'enfant qu'il sauve, grâce à sa force et à son agilité de gymnaste. — Réflexions faites à voix haute par un spectateur impuissant sur les avantages de la gymnastique.

3. « La valeur pédagogique d'un maître de gymnastique est en raison inverse du nombre d'agrès qu'il emploie. » Expliquez le sens et montrez la vérité de cette affirmation.

4. Quels sont les exercices physiques que vous préférez? Auxquels vous livrez-vous avec vos camarades suivant les diverses saisons de l'année?

5. « Ne buvez pas d'eau fraîche quand vous êtes en sueur. » Quelle est la valeur de ce conseil?

LECTURES ET EXERCICES DE MÉMOIRE. — **Leçon de vertige.**

Si mon oncle ne remarqua rien des sites enchanteurs qui entourent Copenhague, il fut vivement frappé par la vue d'un certain clocher situé dans l'île d'Amak, qui forme le quartier sud-ouest de la ville.

Je reçus l'ordre de diriger nos pas de ce côté ; je montai dans une petite embarcation à vapeur qui fait le service des canaux, et en quelques instants, elle nous porta sur le quai. Après avoir traversé quelques rues étroites, nous arrivâmes devant une église. Ce monument n'offrait rien de remarquable, mais voici pourquoi son clocher assez élevé avait attiré l'attention du professeur : à partir de sa plate-forme, un escalier extérieur circulait autour de sa flèche, et ses spirales se déroulaient en plein ciel.

« Montons, dit mon oncle.

— Mais le vertige? répliquai-je.

— Raison de plus, il faut t'y habituer.

— Cependant...

— Viens, te dis-je, ne perdons pas de temps. »

Il fallut obéir. Un gardien nous remit une clef et l'ascension commença.

Mon oncle me précédait d'un pas alerte. Je le suivais, non sans terreur, car la tête me tournait avec une déplorable facilité. Je n'avais ni l'aplomb des aigles ni l'insensibilité de leurs nerfs.

Tant que nous fûmes emprisonnés dans la vis intérieure, tout alla bien; mais après cent cinquante marches, l'air vint me frapper au visage; nous étions parvenus à la plate-forme du clocher. Là commençait l'escalier aérien, gardé par une frêle rampe et dont les marches, de plus en plus étroites, semblaient monter vers l'infini.

« Je ne pourrai jamais! m'écriai-je.

— Serais-tu poltron, par hasard? Monte! » répondit impitoyablement le professeur.

Force fut de le suivre en me cramponnant. Le grand air m'étourdissait; je sentais le clocher osciller sous les rafales; mes jambes se dérobaient; je grimpai bientôt sur les genoux, puis sur le ventre; je fermais les yeux, j'éprouvais le mal de l'espace.

Enfin, mon oncle me tirant par le collet, j'arrivai au sommet.

Je dus ouvrir les yeux. J'apercevais les maisons aplaties et comme écrasées par une chute, au milieu du brouillard et des fumées. Au-dessus de ma tête passaient des nuages échevelés, et par un renversement d'optique, ils me paraissaient immobiles, tandis que nous semblions entraînés par une fantastique vitesse....

Ma première leçon de vertige dura une heure. Quand enfin, il me fut permis de descendre et de toucher du pied le pavé solide des rues, j'étais courbaturé.

« Nous recommencerons demain », dit mon professeur.

En effet, pendant cinq jours, je repris cet exercice vertigineux, et, bon gré mal gré, je fis des progrès sensibles dans l'art des « hautes contemplations ».

JULES VERNE, *Voyage au centre de la terre.*

Autres lectures. — 2. *Affreux danger, Constance héroïque, Guillaume Tell, Dercy, Antoine Dejean et ses compagnons, Les enfants dans un puits* (BARRAU, Morale pratique, p. 128, 138, 283, 286, 305). — 3. *Les fêtes de gymnastique,* F. Buisson (MASSON ET ROUSTAN, Nouveau livre de morale pratique, p. 154). — 4. *L'art de nager. Nouvelle mode de prendre les bains* (FRANKLIN, Essais de morale, p. 111 et 119). — 5. *Courage et sang-froid d'une institutrice française* (E. TOUTEY, Lectures primaires, p. 386). — 6. *Les dangers des montagnes en hiver* (Même ouvrage, p. 70). — 7. *Exercices et sports,* Dʳ Plicque (Même ouvrage, p. 240). — 8. *Les ailes de courage,* G. Sand (JOST ET CAHEN, Lectures courantes, 2ᵉ série, p. 93). — 9. *En habit de cérémonie,* Girardin (Même ouvrage, p. 185). — 10. *À la gymnastique* (ED. DE AMICIS, Grands cœurs, p. 201).

Bibliographie. — PHILIPPE DARYL, *La renaissance physique* (Hetzel).

22ᵉ Leçon. — **Tempérance et sobriété.**

Pensées et Maximes. — *1. Mangez sobrement, faites beaucoup d'exercice* (Hippocrate).

2. Ne mangez pas jusqu'à être appesantis, ne buvez pas jusqu'à vous étourdir (Franklin).

3. Manuels et intellectuels, tous les travaux exigent force et santé.

4. Quand on a soif, on a soif d'eau fraîche, qui désaltère mieux que toute boisson alcoolique (L. Angot).

5. La tempérance, c'est le bonheur à bon marché.

6. L'intempérance est l'extinction volontaire de la raison (Channing).

Plan. — Les besoins de notre être physique, de notre corps, nous sont révélés par des sensations diverses, qui se produisent sans que notre volonté consciente y ait la moindre part : si nous avons faim, nous ressentons un vide et des tiraillements dans l'estomac, un affaiblissement de notre énergie et de nos forces; si nous avons soif, les muqueuses desséchées de la bouche et du palais nous incitent à boire; le sommeil engourdit nos facultés et ferme nos paupières; la fatigue corporelle, causée par une dépense de force excessive ou trop prolongée, nous abat, et un moment arrive où nos muscles refusent l'effort que notre volonté leur demande....

La satisfaction de ces besoins est nécessaire et légitime; il faut manger quand la faim nous presse, boire quand nous avons soif, dormir quand nous avons sommeil, nous reposer quand la fatigue nous accable; mais il ne faut pas, dans la satisfaction de ces besoins, dépasser la limite normale et arriver jusqu'à la satiété, si nous ne voulons pas compromettre, avec notre santé, notre valeur morale et notre dignité.

Le plaisir que nous éprouvons à satisfaire nos besoins crée en nous une tendance à prolonger la durée de ce plaisir, même lorsque l'économie de notre organisme ne le demande pas. Nous désirons au delà de ce qui nous est nécessaire; nous voulons de nouvelles jouissances; nous forçons la nature, et nous transformons nos besoins, naturels et légitimes, en appétits malsains et condamnables, et profondément funestes à notre esprit et à notre corps.

Si nous savons résister à cet entraînement, nous pratiquons la tempérance que nous définirons, d'une manière générale, le pouvoir exercé par la raison, pour contenir, dans de justes limites, la satisfaction des sens.

Les formes les plus communes et les plus générales de l'intempérance consistent dans les excès de table, le manger ou le boire. Quant, au moment du repas, on prend de la nourriture pour réparer ses forces amoindries, on mange pour vivre, mais si on continue de manger quand la faim est satisfaite, on vit pour manger. L'estomac est alors surmené et ne peut suffire à la tâche dont on le charge : la digestion est pénible et la santé peut être gravement compromise. En outre, on ne mange pas sans boire ; au contraire, si on mange sans faim, il faut, par un moyen mécanique, faire passer les aliments de la bouche dans l'estomac. La boisson est tout indiquée, et de même qu'on a mangé sans faim, on boit sans soif, mais non sans dommage, car si les aliments trop abondants surchargent l'estomac, l'excès dans la boisson peut également provoquer des désordres graves que nous étudierons dans la prochaine leçon. Mais il est bon de savoir que le trop de boisson peut amener la dilatation de l'estomac. Cette affection est très nuisible à la bonne nutrition, et ne peut être efficacement combattue que par un régime sévère longtemps continué, qui coûte plus de peines, de soins et de souffrances physiques que n'ont donné d'agrément ou de plaisir les excès qui nous ont mis dans cet état.

L'habitude de manger sans faim conduit à la gourmandise, défaut auquel sont enclins les enfants. Tout d'abord, ce défaut a chez eux un caractère qui semble inoffensif ; il se traduit par un goût prononcé pour les gâteaux, les sucreries, les fruits, et par une espèce de dégoût pour les aliments simples, plus réconfortants qu'agréables. Il faut qu'ils sachent que s'ils se laissent dominer par leurs préférences, ils s'exposent à laisser créer et se fortifier en eux des habitudes, dont ils auront beaucoup de peine à triompher au moment où leur raison en aura reconnu le danger.

La tempérance peut et doit également porter sur l'usage du tabac. Il est bien indifférent, au point de vue moral, de fumer ou non ; mais si l'on pousse l'habitude jusqu'à se rendre malade — ce qui arrive infailliblement si on fume trop — si on incommode ses voisins en se nuisant à soi-même, on est alors victime d'un défaut blâmable.

L'abstention est préférable à l'usage, même modéré, car le tabac contient un suc, la nicotine, véritable poison dont l'introduction dans l'organisme exerce les plus funestes effets sur l'estomac et sur le cerveau.

Il faut donc se dire, avec un auteur du XVIIe siècle, que les plaisirs du monde sont trompeurs et promettent plus qu'ils ne donnent. Leur recherche trouble notre tranquillité, et leur possession ne nous procure que des déceptions. Nous devons rechercher à leur place la paix de l'âme, l'exercice de notre raison, l'accomplissement de tous nos devoirs.

Résumé. — Nous devons satisfaire nos besoins avec modération et éviter tout excès dans le manger et le boire.

La sobriété et la tempérance sont les meilleurs moyens que nous ayons pour conserver notre santé physique et morale.

Questions. Problèmes moraux. Exercices de rédaction. — 1. Montrez que nous devons résister à nos appétits et indiquez les conséquences que peut avoir, sous ce rapport, notre manque d'énergie.

2. Un engagement écrit et signé des élèves, relatif à la pratique de la tempérance est affiché dans votre classe. Que pensez-vous de cet engagement?

3. Quelle opinion peut-on avoir de celui qui met son orgueil à passer pour un fort mangeur ou un fort buveur et qui veut le prouver? Avez-vous connaissance de quelque fait de ce genre?

4. *Végétarisme* et *abstinence.* Que pensez-vous de la double habitude que quelques personnes voudraient voir se généraliser: nourriture exclusivement végétale, proscription des boissons fermentées?

5. Croyez-vous qu'il faille proscrire le vin de nos repas? Parlez de ses bienfaisants effets. N'est-ce pas l'abus qu'il faut condamner et non l'usage?

6. « Dans le vin la vérité! » Quel est le sens de ce dicton et qu'en pensez-vous?

7. « Ah! le bon cigare! » Imaginez ce qui arrive à un enfant qui, malgré la défense qui lui a été faite, se risque à fumer un cigare.

LECTURES ET EXERCICES DE MÉMOIRE. — 1. **Plénitude de la vie.**

Les sentiments qui s'opposent à ce que tu discernes et à ce que tu fasses aisément le bien sont de deux ordres : les uns sont le résultat des impressions du dehors, le poids des choses extérieures accable l'homme de l'idée de sa faiblesse et le décourage; la force d'âme te les fera dominer; les autres, au contraire, proviennent de cet élan intérieur qui l'entraîne à s'abandonner aux plaisirs où il croit trouver la plénitude de la vie, objet de la recherche instinctive de tous les êtres; la tempérance les corrigera.

Ce nom de tempérance déplaît aux âmes vulgaires; elles feignent de l'entendre comme une violence à la nature, une mutilation de notre être, un amoindrissement de la vie, et c'est, de toutes les vertus, celle à laquelle elles contestent le plus volontiers son titre, parce que c'est celle qui leur coûterait le plus à acquérir. Laisse dire et examine attentivement les choses. L'honnêteté n'étant que l'obéissance aux lois de la nature, comment contiendrait-elle une violence aux lois de la nature? La sagesse enseignant le parfait emploi de nos forces, comment aboutirait-elle à une mutilation de ton être? Je voudrais faire de toi un membre actif de la patrie, un citoyen mettant au dehors ce qu'il a de bien en lui, un homme tenant dans le monde la place pour laquelle il est fait, comment songerais-je à amoindrir ta vie? Non, la branche souffreteuse et la branche gourmande sont également une charge pour l'arbre; mais celle qui, saine et vigoureuse, sans s'épuiser en folles végétations que le jardinier retranche, se couvre de fleurs au printemps et de fruits à l'automne, en est la parure et l'orgueil.

La raison nous éclaire et nous guide; mais, seule, elle serait impuissante à soutenir nos efforts vers le bien; il nous faut encore ce ressort intérieur, ces mouvements spontanés de l'âme que sont les passions et qui, comme la sève dans la branche, sont le principe de notre vitalité. Point de passions, c'est la médiocrité stérile, l'âme pareille à une terre froide où la réflexion n'a rien à féconder; des passions sans la volonté nécessaire pour les dominer, c'est l'impuissance; mais en avoir de fortes qu'il maîtrise et règle suivant les préceptes de l'honnêteté, c'est le mérite et la gloire d'un homme.

N'imagine donc pas que la tempérance consiste à détruire toute passion en toi, à couper les racines qui t'attachent au monde, à y vivre comme si tu n'en étais point, à te détourner du banquet de la vie comme un convive sans appétit, à te réduire au pauvre rôle de ceux qui s'abstiennent du mal par nullité. Va, si la nature est belle, il est permis de s'en apercevoir et de l'aimer; le domaine de l'humanité est aussi celui du juste; et, au lieu de te détacher du monde, la tempérance prétend te lier à lui par le plus solide intérêt. Il ne s'agit pas de sécher en toi la sève, mais, au contraire, de la bien employer; il ne s'agit pas de gaspiller ta vie à des choses sans importance, mais de la rendre aussi pleine qu'il est possible.

PAUL BOURDE, *Le patriote* (Hachette).

Autres lectures. — 2. *L'Américain aquatique*, Franklin (DUTIL-LEUL ET RAMÉ, La lecture hebdomadaire, p. 62). — 3. *Le siffet* (FRANKLIN, Essais de Morale, p. 157). — 4. *La tempérance*, Mme Lambert (R. THAMIN, Extraits des Moralistes, p. 142). — 5. *La gourmandise*, La Bruyère (Même ouvrage, p. 156). — 6. *Repas frugal. Repas modeste. Vie frugale. Gourmandise* (BARRAU, Morale pratique, p. 109, 110, 112). — 7. *Trait d'un enfant de cinq ans* (Même ouvrage, p. 112). — 8. *Un cercle ouvrier en Angleterre*, Canderlier (MASSON ET ROUSTAN, Nouveau livre de Morale pratique, p. 169). — 9. *La soupe bien gagnée*, A. France (Même ouvrage, p. 177). — 10. *Troisième cercle de l'Enfer. Les gourmands* (LE DANTE, Divine comédie, chant V). — 11. *La mort* (FLORIAN, liv. 1, fable 9, LABBÉ, Morceaux choisis, p. 39). — 12. *La belette entrée dans un grenier* (LA FONTAINE, liv. III, fable 17). — 13. *Le lion malade* (LA FONTAINE, liv. VI, fable 14). — 14. *Le rat de ville et le rat des champs* (LA FONTAINE, liv. 1, fable 9).

Bibliographie. — S. FLANVILLE, *Histoire de trois amis.*

23e LEÇON. — Dangers de l'intempérance. — Effets physiques, moraux et sociaux de l'alcoolisme.

Pensées et Maximes. — 1. *Bois de l'eau, mets l'argent dans la poche et laisse la colique dans le bol de punch* (B. FRANKLIN).

2. *Quand vous avez envie de boire du rhum, mettez moitié d'eau dans le verre* (B. FRANKLIN).

3. *Dans le vin, l'homme perd la notion de la raison et de sa dignité.*

4. *En courant après le plaisir, on attrape la douleur* (MONTES-QUIEU).

5. *L'homme ne meurt pas, il se tue par l'intempérance.*

6. *La sobriété est toujours la grande recette des personnes qui parviennent à un âge très avancé* (A. DION).

7. *Prendre un apéritif avant le repas, c'est s'ouvrir l'estomac avec une fausse clef* (Dr TROUSSEAU).

8. *L'ivresse obscurcit à la fois la conscience et la raison.*

Plan. — De toutes les formes de l'intempérance, celle qui porte sur l'abus des boissons alcooliques est la plus grave et la plus funeste.

Les boissons alcooliques sont de deux sortes : les boissons fermentées, vin, bière, cidre, et les boissons distillées, eaux-de-vie, rhum, et toutes les liqueurs à base d'alcool, amers, absinthes, apéritifs, etc. Les premières, prises modérément, exercent sur la santé générale une bonne influence [1]. Pour les autres, c'est tout le contraire : leur absorption par les voies digestives est funeste à celui qui les boit; l'excitation factice qu'elles produisent n'est que momentanée; elle est suivie d'une forte dépression. Aussi, quelle que soit nature, leur origine et leur renom, faut-il les rejeter de la consommation.

L'habitude de consommer sans besoin, et surtout à jeun ou en dehors des repas, des boissons distillées et même fermentées, produit à brève échéance, chez ceux qui s'y livrent, des désordres organiques qu'on appelle du nom général d'alcoolisme et qui se manifestent sous diverses formes. Nous allons les passer rapidement en revue, ainsi que les conséquences de l'alcoolisme au point de vue physique, intellectuel, moral et social.

L'alcool, pris même à faible dose et quotidiennement, trouble le sommeil et donne des cauchemars; il cause des désordres dans les fonctions du cerveau et de l'appareil digestif. Le développement de l'alcoolisme provoque le tremblement des mains et de la langue, des crampes dans les jambes et la dégénérescence graisseuse du cœur. Plus tard surviennent des troubles graves du système nerveux, le *delirium tremens* ou folie alcoolique, la paralysie, la sclérose du foie, maladie toujours mortelle.

Il faut remarquer aussi que, indépendamment des maladies qu'il doit à l'abus de l'alcool, l'alcoolique est un sujet supérieurement disposé pour prendre toutes les maladies qui menacent l'humanité. La tuberculose pulmonaire, en particulier, trouve chez lui un terrain admirablement préparé; les fluxions de poitrine, l'érysipèle, les accidents chirurgicaux moissonnent également beaucoup d'alcooliques.

Les effets de l'alcoolisme ne sont pas limités à l'individu intempérant; les enfants du buveur naissent chétifs, parfois choréiques, imbéciles ou idiots, nerveux à l'excès et fréquemment victimes des convulsions.

---

1. La consommation moyenne en vin ne doit pas dépasser un demi-litre par jour pour un adulte robuste. Les enfants ne doivent boire que de l'eau rougie.

Ainsi l'alcoolisme affaiblit la race et tarit la population.

Les boissons alcooliques renferment des substances qui flattent l'odorat et le palais, et comme à faible dose elles excitent le système nerveux et rendent le travail physique et intellectuel plus facile et plus énergique, l'*animal déraisonnable* qu'est l'homme n'a pas tardé à tomber dans l'abus, sous le prétexte d'entretenir une excitation initiale, et de se rendre capable de produire une plus grande somme de travail utile. En réalité, il s'achemine vers l'ivrognerie et s'alcoolise par pure gourmandise. Car l'excitation intellectuelle est purement passagère; l'intelligence s'atrophie sous l'influence de l'alcool qui mène directement à la folie momentanée (ivresse) ou permanente (delirium tremens).

Si l'alcoolique voue ses enfants au malheur dans l'avenir, il réalise la misère matérielle et morale de sa famille dans le présent; il consomme, pour la satisfaction d'un plaisir aussi égoïste que grossier, les ressources qui assureraient la subsistance des siens; il ruine les sentiments d'affection et de respect qui doivent être la base de la société familiale, et il donne à ceux qui l'entourent les plus pernicieux exemples.

Au point de vue social, les effets de l'alcoolisme ne sont pas moins néfastes : les alcooliques ne sont pas capables de produire un travail soutenu, et au lieu de collaborer à la prospérité générale, ils constituent une lourde charge pour la société, qui est obligée de les entretenir dans les hôpitaux et les asiles.

En outre, c'est chez les alcooliques et chez leurs descendants que se recrute l'armée du crime; les attentats de toute nature atteignent leur maximum de fréquence et de gravité dans les régions où la consommation de l'alcool est le plus développée.

Si on est bien pénétré de l'importance et de la portée des considérations précédentes, on conclura qu'il faut absolument s'abstenir d'alcool, et que chacun de nous doit lutter de toutes ses forces contre le fléau de l'alcoolisme qui menace de ruiner notre race et notre pays.

Résumé. — Les boissons fermentées ne doivent être consommées que par petites quantités. L'alcool est un poison pour le cerveau, pour le cœur, pour l'estomac, pour les poumons. C'est l'alcool qui est le grand fournisseur de toutes les maladies, de la tuberculose pulmonaire en particulier.

L'alcoolisme mène à la folie et au crime ; il affaiblit la race dans les pères et dans les enfants. Il fait le malheur des familles et ruine la société. Il faut s'abstenir absolument d'alcool.

Questions. Problèmes moraux. Exercices de rédaction. — 1. On dit que la porte du cabaret conduit à l'hôpital. Expliquez le sens et la portée de cette pensée.

2. Quels sentiments doit nous inspirer l'homme pris de boisson ?

3. Cherchez et indiquez les multiples dangers de l'ivresse.

4. Une affiche murale scolaire porte : « L'ivrogne est un mauvais malade. » Que faut-il entendre par là ?

5. Indiquez comment l'alcool nous empêche de remplir nos devoirs envers nous-mêmes et envers autrui (famille et société).

6. L'ivrogne est-il responsable de ses actions ?

7. Quel doit être le rôle de la femme dans la lutte contre l'alcoolisme ?

8. La consommation de l'alcool augmente les recettes du budget (contributions indirectes). N'est-ce donc pas travailler contre les intérêts du pays que de chercher à réduire la consommation de l'alcool ?

LECTURES ET EXERCICES DE MÉMOIRE. — **1. Sur la pente.**

Faisons en imagination une courte excursion dans les rues d'une de nos grandes villes. Il est cinq heures, « l'heure de l'apéritif ». A la devanture des cafés, brasseries, débits de toute espèce, d'où s'échappent des émanations d'armoise, d'anis, d'huile de pomme de terre, s'alignent des tables chargées de verres où transparaissent l'absinthe, les amers, le bitter, le vermouth, le cock-tail, etc. Devant chaque consommateur, au fur et à mesure que la conversation s'anime et que les têtes s'échauffent, les verres renouvellent leur contenu. Bientôt l'heure du dîner va sonner, et chacun, l'œil allumé, le maintien ignorant toute contrainte, regagnera le gîte familial ou le banal restaurant. Bien des fois, la dernière cuillerée de potage clora à peu près le repas que, « par habitude », prétend-on, l'on fait le plus léger possible. Et puis les mêmes tables, où scintillaient tout à l'heure les apéritifs, se couvriront de menus récipients réservés aux chartreuses, aux kümmels, eaux-de-vie de tous genres, suivis eux-mêmes de chopes massives pleurant la mousse du liquide cher à Gambrinus. A l'intérieur, les cartes vont leur train, et chaque joueur malheureux ajoute une assise aux piles de soucoupes qui entourent le tapis vert.

Est-il besoin d'ajouter que, le lendemain, la pituite matinale, le malaise de l'intoxication de la veille, la soif entretenue par la saveur forte des liqueurs et apéritifs, par leur effet desséchant sur la muqueuse de l'estomac et sur le sang, seront un prétexte pour boire encore, et pour boire quelque chose qui remonte, c'est-à-dire un liquide alcoolique. Ainsi s'organise le cercle vicieux dont le buveur a d'autant moins de chance de sortir, qu'il est convaincu qu'il ne boit pas avec excès et doit être rangé dans la catégorie des modérés.

P. SÉRIEUX ET F. MATHIEU, *L'alcool* (Alcan, éditeur).

Autres lectures. — 2. *Un gourmand* (GIRARDIN, Récits de la vie réelle). — 3. *Entre camarades* (GIRARDIN, Grand-père). — 4. *Portrait de Coupeau* (E. ZOLA, L'assommoir). — 5. *Cyrus et Astyage*, Xénophon (MASSON ET ROUSTAN, Nouveau livre de Morale pratique, p. 155). — 6. *Le petit verre du matin*, E. Souvestre, Confessions d'un ouvrier (Même ouvrage, p. 157). — 7. *Les buveurs de bière et les buveurs de rhum*, Franklin (Même ouvrage, p. 159). — 8. *Le petit fût*, Guy de Maupassant, Les sœurs Rondoli (Même ouvrage, p. 164). — 9. *Le premier distillateur*, Tolstoï (Même ouvrage, p. 165). — 10. *Histoire d'un vitrier et de trois serruriers*, Girardin (JOST ET CAHEN, Lectures courantes, 1re série, p. 140). — 11. *Ivresse* (BARRAU, Morale pratique, p. 111). — 12. *L'ivrogne et sa femme* (LA FONTAINE, liv. III, fable 7).

Bibliographie. — BAUDRILLARD, *Histoire d'une bouteille.* — J. STEEG, *Les dangers de l'alcoolisme.* — Dʳ GALTIER-BOISSIÈRE, *Lectures antialcooliques.* — AD. COSTE, *Alcoolisme ou épargne.* — P. SÉRIEUX ET MATHIEU, *L'alcool.*

---

§ II. — LES BIENS EXTÉRIEURS.
LE TRAVAIL

24ᵉ LEÇON. — Ordre, économie, prévoyance. — Ce qu'il faut éviter : dettes, jeu, avarice, prodigalité. — Noblesse et obligation du travail. — Effets de la paresse.

Pensées et Maximes. — 1. *L'avarice est plus opposée à l'économie que la prodigalité* (LA ROCHEFOUCAULD).

2. *Il n'y a pas de petites économies ; les petits ruisseaux font les grandes rivières* (B. FRANKLIN).

3. *Le fruit du travail est le plus doux des plaisirs* (VAUVENAR-
GUES).

4. *Celui qui va faire un emprunt va chercher une mortification*
(B. FRANKLIN).

5. *La paresse entraîne après elle trois grands maux : l'ennui, le
vice et la pauvreté.*

6. *L'avarice perd tout en voulant trop gagner* (LA FONTAINE).

7. *Ne perdez pas de temps, vous en aurez assez* (B. FRANKLIN).

8. *Le travail est un trésor* (LA FONTAINE).

Plan. — L'homme acquiert et possède des biens extérieurs;
il les conserve par l'ordre et l'économie [1]. On a de l'ordre
quand on a une place pour chaque chose et qu'on remet
chaque chose en place après s'en être servi. Par cette
méthode, on ménage à la fois la place et le temps; quand
on a besoin d'un objet, on sait où le prendre et on ne
perd point de temps à le chercher. L'ordre flatte aussi les
yeux et assure aux objets dont nous nous servons leur
maximum de durée.

L'esprit d'exactitude qui nous fait ranger les choses nous
porte aussi à en avoir soin et à les tenir dans un état
constant de propreté. Les enfants doivent avoir de l'ordre
et du soin pour leurs livres, leurs cahiers, leurs vêtements,
en un mot, pour tout ce qui est à leur usage. Ils pratique-
ront ainsi l'économie; mais cette qualité s'exerce en particulier pour eux dans le bon emploi qu'ils font des petites
sommes d'argent qu'ils peuvent recevoir.

L'ordre et l'économie nous habituent à certaines pratiques d'où dépendent la bonne gestion de nos intérêts et
la sécurité de notre avenir : Il faut notamment régler ses
dépenses sur ses ressources et son état, éviter de prendre
à crédit chez les marchands, ou payer dans le plus bref
délai possible. Si on diffère trop le paiement de ce qu'on
doit, on se laisse fatalement induire à faire des dépenses
exagérées et on devient la proie des dettes; il n'y a pas
de tendance plus funeste et plus contraire à notre tranquillité. Les dettes nous mettent dans la dépendance d'autrui, nous amoindrissent moralement et compromettent
notre dignité, notre sécurité et celle de tous les nôtres.

En pratiquant l'économie, on réalise l'épargne, c'est-à-
dire la mise en réserve, pour les besoins futurs, de ce qui
peut être distrait de nos dépenses courantes (caisses
d'épargne, caisses de retraites, assurances).

1. Expliquer le mot par ses racines : *oikia*, maison, *nomos*, règle.

Si l'économie et l'épargne sont indispensables, il ne faut pourtant point qu'elles soient poussées au point où elles dégénèrent en avarice, c'est-à-dire qu'elles aboutissent à l'amour de l'argent pour lui-même. L'avare se prive de tout, et prive même du nécessaire sa famille s'il en a, pour le plaisir d'amasser (*L'avare*, de Molière).

Toutefois, s'il faut éviter l'avarice, il ne faut pas tomber dans la prodigalité qui nous fait dépenser à pleines mains, sans mesure ni utilité, les ressources dont nous disposons. Lorsque vous voyez un objet qui n'est pas en rapport avec vos moyens, abstenez-vous de l'acheter, quelque envie que vous puissiez en avoir. Résister à ses désirs est une excellente habitude à prendre, on finit de la sorte par ne pas avoir d'envie à réprimer. « Le prodigue, dit avec raison Diderot, est un malade qui se tue à force de saignées. »

La prodigalité entraîne souvent l'homme à un autre vice encore plus condamnable, le jeu. Le jeu est une distraction, un délassement nécessaire pour l'esprit, mais il faut prendre garde qu'il n'absorbe pas le temps destiné au travail. Au reste, le repos prolongé sans besoin, pour ceux qui sont en bonne santé, devient rapidement une mauvaise habitude difficile à déraciner.

Les jeux à éviter sont les jeux intéressés, les jeux d'argent. Par eux, le joueur demande au hasard des ressources qu'il ne devrait attendre que du travail; il fait, au reste, un calcul faux, car il perd plus souvent qu'il ne gagne : les joueurs finissent toujours par se ruiner et leur famille avec eux. Ils n'enrichissent que ceux qui exploitent leur passion.

Le jeu démoralise promptement celui qui s'y livre; sa conscience s'émousse; il est sur la pente qui pourra le conduire aux pires actions, dans lesquelles sombreront sa moralité et son honneur.

Rien ne peut mieux nous mettre en état de pratiquer l'économie et de résister à la passion du jeu que l'amour du travail. C'est une des plus nobles obligations de l'homme, et non une malédiction, un châtiment ou la marque d'une condamnation. Le travail est, au contraire, le bienfaiteur de l'humanité : c'est par lui que l'homme a plié à son usage les forces de la nature et domestiqué les animaux en s'élevant au-dessus d'eux. Le travail lui a permis d'améliorer les conditions de son existence présente et d'assurer sa sécurité dans l'avenir. C'est lui, en un mot, qui a créé la civilisation et la fortune publique.

Ressort d'une extraordinaire puissance, le travail met en jeu la volonté, l'intelligence, l'adresse; il donne de la puissance à l'esprit, de la vigueur au corps et la santé morale à l'âme. Il est une nécessité, non seulement pour ceux qui doivent gagner leur vie et celle de leur famille, mais encore pour ceux que leur situation de fortune semblerait en dispenser. Les oisifs sont la proie de l'ennui, ils se fatiguent de leur existence inutile et vide, « les minutes leur paraissent des heures et les journées des siècles ».

Tout travail n'exige pas nécessairement un effort corporel considérable; il y a d'autres travaux que ceux de la main : les travaux de l'esprit, dans lesquels le cerveau a le principal rôle, ne sont pas moins absorbants ni moins fatigants, en réalité, que le travail manuel, il ne faut pas se figurer que ceux qui travaillent la plume à la main mènent une vie de paresseux.

La paresse, qui est une oisiveté voulue, est la perte de ceux qui se laissent gagner par ses charmes trompeurs; elle ruine leur volonté, leur énergie, et ne leur en laisse que pour le mal, car si les paresseux n'obéissent pas à la loi du travail, ils sont les esclaves de leur passions et de leurs appétits et fatalement destinés à la déchéance finale.

Résumé. — Si nous voulons être heureux dans le présent et sûrs de l'avenir, nous pratiquerons l'ordre et l'économie. Nous ne serons ni avares ni prodigues; nous éviterons les dettes et fuirons la funeste passion du jeu, l'oisiveté et la paresse.

Nous travaillerons avec joie et énergie, car le travail, source de toute prospérité et de toute civilisation, est essentiellement moralisant, noble et digne de respect.

Le travailleur seul ne déchoit point, et c'est à lui que l'avenir appartient.

Questions. Problèmes moraux. Exercices de rédaction. — 1. En quoi consiste l'économie? Quelles sont les économies que peut faire un écolier?

2. Pour vos étrennes, vous avez reçu de diverses personnes une somme de vingt francs; quel emploi en ferez-vous?

3. Quelles sont les institutions de prévoyance que vous connaissez? Dites ce que vous savez de leur fonctionnement et des services qu'elles rendent.

4. Tous les métiers sont honorables. Votre cousin, habitant la ville, a eu une discussion avec vous, habitant la campagne, et vous a appelé « paysan ». Montrez-lui la beauté du rôle du

paysan, et que ce qu'il a pris pour une injure est un titre d'honneur.

5. Vous avez fini votre apprentissage et vous venez de toucher votre première paie comme ouvrier. Quelles réflexions vous inspire ce fait?

6. Quel tort le paresseux fait-il à lui-même, à sa famille et à ses semblables?

7. Conséquences du manque d'ordre. Perte de temps et d'argent. Montrez qu'une jeune fille qui n'a pas d'ordre souffrira plus tard de sa mauvaise habitude.

8. « J'ai bien le temps! » Imaginez une histoire dans laquelle un enfant qui dit toujours : « J'ai bien le temps! » finit par en manquer. — Qui remet toujours à demain trouvera malheur en chemin.

LECTURES ET EXERCICES DE MÉMOIRE. — 1. Vie du paresseux.

Mon enfant[1], tu entres par la paresse dans la plus laborieuse des existences. Ah! tu te déclares fainéant! prépare-toi à travailler. As-tu vu une machine qui est redoutable? Cela s'appelle le laminoir. Il faut y prendre garde, c'est une chose sournoise et lâche; si elle vous attrappe le pan de votre habit, vous y passez tout entier. Cette machine, c'est l'oisiveté. Arrête-toi pendant qu'il en est temps encore, et sauve-toi! Autrement, c'est fini; avant peu, tu seras dans l'engrenage. Une fois pris, n'espère plus rien. A la fatigue, paresseux! plus de repos. La main de fer du travail implacable t'a saisi. Gagner la vie, avoir une tâche, accomplir un devoir, tu ne veux pas! Être comme les autres, cela t'ennuie! Eh bien! tu seras autrement. Le travail est la loi; qui le repousse ennui, l'aura supplice. — Tu ne veux pas être ouvrier, tu seras esclave. Le travail ne vous lâche d'un côté que pour vous reprendre de l'autre; tu ne veux pas être son ami, tu seras son nègre. Ah! tu n'as pas voulu de la lassitude honnête des hommes, tu vas avoir la sueur des damnés. Où les autres chantent, tu râleras. Tu verras de loin, d'en bas, les autres hommes travailler; il te semblera qu'ils se reposent. Le laboureur, le moissonneur, le matelot, le forgeron, t'apparaîtront dans la lumière comme les bienheureux d'un

1. Un jeune bandit, Montparnasse, ayant attaqué un passant inoffensif, se trouve vaincu par celui-ci qui lui adresse l'exhortation que nous donnons en lecture.

paradis. Quel rayonnement dans l'enclume ! Mener la charrue, lier la gerbe, c'est de la joie. La barque en liberté dans le vent, quelle fête ! Toi paresseux, pioche, traîne, roule, marche ! Tire ton licou, te voilà bête de somme dans l'attelage de l'enfer ! Ah ! ne rien faire, c'était là ton but. Eh bien ! pas une semaine, pas une journée, pas une heure sans accablement. Tu ne pourras rien soulever qu'avec angoisse. Toutes les minutes qui passeront feront craquer tes muscles. Ce qui sera plume pour les autres sera pour toi rocher. Les choses les plus simples s'escarperont. La vie se fera monstre autour de toi. Aller, venir, respirer, autant de travaux terribles. Ton poumon te fera l'effet d'un poids de cent livres. Marcher ici plutôt que là, ce sera un problème à résoudre....

Ne rien faire, c'est un lugubre parti pris, sais-tu bien ! Vivre oisif de la substance sociale ! être inutile, c'est-à-dire nuisible ! Cela mène droit au fond de la misère. Malheur à qui veut être parasite ! Il sera vermine. Ah ! il ne te plaît pas de travailler ! Ah ! tu n'as qu'une pensée : bien boire, bien manger, bien dormir. Tu boiras de l'eau, tu mangeras du pain noir, tu dormiras sur une planche avec une ferraille rivée à tes membres, et dont tu sentiras, la nuit, le froid sur ta chair ! Tu briseras cette ferraille, tu t'enfuiras, c'est bon. Tu te traîneras sur le ventre, dans les broussailles, et tu mangeras de l'herbe comme les brutes des bois. Et tu seras repris. Et alors tu passeras des années dans une basse-fosse, scellé à une muraille, tâtonnant pour boire à la cruche, mordant dans un affreux pain de ténèbres dont les chiens ne voudraient pas, mangeant des fèves que les vers auront mangées avant toi. Tu seras cloporte dans une cave.

VICTOR HUGO, *Les misérables.*

Autres lectures. — 2. *Le créancier d'un grand seigneur,* Molière, Don Juan, acte IV, scène III (ALBERT CAHEN, Morceaux choisis des auteurs français, classe de quatrième, p. 38). — 3. *Le sifflet* (FRANKLIN, Essais de Morale, p. 157). — 4. *La patte de dindon,* Legouvé (MASSON, Composition française, Cours moyen, p. 41). — 5. *La mort de l'avare* (BALZAC. Eugénie Grandet). — 6. *Le tsar Paul Ier. Bernard Palissy. L'épingle* (BARRAU, Morale pratique, p. 143, 156, 177). — 7. *Le joueur* (REGNARD, scène IV). — 8. *Le laboureur et ses enfants. La poule aux œufs d'or* (LA FONTAINE, liv. V, fables 9, 13). — 9. *La cigale et la fourmi* (Même ouvrage, liv. I fable 1). — 10. *Le marchand, le gentil-*

homme, le pâtre et le fils de roi (Même ouvrage, liv. X, fable 16).
— 11. *Le savetier et le financier* (Même ouvrage, liv. VIII, fable 2).
— 12. *La chanson du vannier*, A. Theuriet (LABBÉ, Morceaux choisis, Cours supérieur, p. 426).

Bibliographie. — B. FRANKLIN, *La science du bonhomme Richard*. — XÉNOPHON, *Économique et entretiens mémorables de Socrate*.

COMPLÉMENTS POUR LE COURS SUPÉRIEUR. — Caisses d'épargne et de retraite, assurances sur la vie.

Quand on a de l'ordre et qu'on pratique l'économie, on parvient souvent à mettre en réserve une partie de son gain. Si faible que soit cette réserve, il ne faut point la négliger mais en faire, au contraire, un emploi tel qu'elle puisse être utilisée en cas de besoin.

Le fonctionnement des institutions de prévoyance rend la chose possible et facile.

La Caisse d'épargne reçoit à intérêts les dépôts de 1 franc et au-dessus. Les intérêts se capitalisent tous les ans s'ils ne sont pas retirés. Le montant d'un livret, capital et intérêts, ne peut pour les particuliers dépasser 1500 francs.

L'argent placé à la Caisse d'épargne est constamment à la disposition du déposant et peut être retiré — tout ou partie — en cas de chômage, de maladie, etc.

Il en est autrement des fonds affectés à la création d'une retraite pour la vieillesse : le capital peut être ou non réservé, au gré du déposant, mais il n'est en tous cas remboursable qu'après le décès du pensionnaire.

Les assurances sur la vie offrent des combinaisons variées : par le versement d'une prime unique (élevée) ou annuelle (et plus faible) on peut constituer à son profit ou à celui de ses héritiers un capital ou une rente viagère qui est une véritable pension de retraite.

Des compagnies spéciales et l'État lui-même (Caisse des Dépôts et Consignations) donnent à cet égard toutes les facilités.

§ III. — L'AME ET SES FORCES

25ᵉ LEÇON. — Sensibilité, intelligence, volonté.
Le courage.

Pensées et Maximes. — 1. *On doit avoir pour soi le plus grand respect parce qu'on est toujours avec soi-même* (CATON).

2. *Travaille à bien penser, voilà le principe de la morale* (PASCAL).

3. *Réparer le mal fait est le propre d'un caractère énergique.*

4. *Les petits coups font tomber les grands chênes* (B. FRANKLIN).

5. *Avec le temps l'eau creuse la pierre.*

6. *La faiblesse est le seul défaut qui ne se puisse corriger* (LA ROCHEFOUCAULD).

7. *Le courage est la première des éloquences, c'est celle du caractère* (LAMARTINE).

Plan. — Nous avons vu (22ᵉ leçon) que l'homme a des besoins qui lui sont révélés par la sensibilité physique : besoin de manger, de boire, de se reposer... et par la satisfaction desquels il éprouve un plaisir légitime, comme la privation de cette satisfaction lui cause une douleur. Il est d'autres plaisirs et d'autres peines auxquels notre corps n'a point de part; tels sont, d'un côté, la joie de vivre, de trouver la vérité, la douceur qu'il y a à faire le bien, la satisfaction des sentiments affectueux pour nos parents, nos amis, nos semblables...; de l'autre, la douleur que nous cause la vue des souffrances d'autrui, celle que nous éprouvons par la perte d'un être aimé ou par suite d'une déception, le remords qui nous assaille quand nous n'avons pas rempli les devoirs que notre conscience nous impose.... C'est là le domaine de notre sensibilité morale.

Nous ne devons pas chercher à supprimer la sensibilité morale en nous — ce qui serait au reste impossible — mais il est de notre devoir de la gouverner, et surtout de résister aux découragements que les douleurs morales pourraient produire en nous.

Nous sommes faits pour la lumière et pour la vérité : ce que nous ne comprenons pas nous inquiète, et ce qui est faux nous irrite; or, pour comprendre et connaître, il faut étudier, observer, juger, cultiver notre intelligence et développer notre raison. La culture de notre intelligence nous fera connaître le bien, mais c'est notre volonté seule qui nous le fera pratiquer. Si nous n'avons pas la force de caractère suffisante pour résister aux tendances qui nous détournent du bien, nous ne pouvons l'accomplir. Il est donc nécessaire d'exercer, de fortifier notre volonté, pour que notre vie soit conforme à ce que nous concevons comme l'idéal de l'honnête homme. Agir ainsi, c'est faire preuve de courage dans le sens le plus complet et le plus élevé du mot.

Il est vrai que dans le langage courant, on appelle surtout courage les manifestations extérieures de la force d'âme lorsqu'elle provoque des actions extraordinaires. Un homme qui se jette à l'eau pour sauver son semblable fait acte de courage; de même le soldat qui sacrifie sa vie dans le combat, le médecin qui soigne les malades au cours d'épidémies meurtrières.... Mais il faut dire que le vrai courage ne se manifeste pas accidentellement et seulement en présence d'un danger physique ou moral; il est de tous les instants dans la vie quotidienne et ne va pas sans persévérance, patience et ténacité. Il ne se contente pas de commencer une chose, il la continue jusqu'à ce qu'elle soit parachevée.

Il y a donc, en quelque sorte, le courage permanent et le courage accidentel. Une mère ira jusqu'à l'héroïsme pour protéger son enfant; un poltron, poussé à bout, pourra avoir un accès d'énergie; l'homme habituellement doux étonnera par son audace s'il est en proie à la colère, et celui que le malheur désespère fera sans regret le sacrifice de sa vie.... Mais ce n'est là qu'une exaltation d'un moment : le vrai courage est réfléchi, il ne faut ni l'exciter ni le retenir, il est toujours égal à lui-même et ne subit pas d'éclipses.

Suivant les circonstances dans lesquelles il se manifeste ou suivant les états auxquels il s'applique, on distingue cependant diverses sortes de courage : le courage physique, le courage moral, le courage civique, le courage militaire, désigné aussi sous les noms de vaillance et de bravoure.

Le courage physique nous fait supporter sans plaintes ni cris exagérés les souffrances qui atteignent le corps : maladies, accidents, blessures. C'est la volonté qui s'affirme, domine les nerfs, étouffe les cris, et refoule la souffrance si elle ne la supprime pas. Les enfants ont fréquemment l'occasion de pratiquer ce genre de courage, à cause de leur faiblesse naturelle et de leur sensibilité physique plus tendre.

Le courage moral nous porte à conformer notre conduite à nos idées, à nos convictions, même lorsqu'il en résulte pour nous une improbation ou un blâme de la part de ceux qui nous entourent. Le courage résiste à la critique, au dédain, à la moquerie. Celui qui le possède agit toujours de manière à obtenir l'approbation de sa conscience et fait fi du qu'en-dira-t-on. La sagesse des nations a conservé dans certains proverbes quelques formules qui se rapportent au courage moral, telle celle-ci : « Bien faire et laisser dire ; fais ce que dois, advienne que pourra ». C'est encore au courage moral que nous devons la force de résister victorieusement aux épreuves de toutes sortes qui peuvent nous assaillir. C'est lui qui nous soutient lorsque, trouvant la vie trop lourde, nous serions tentés de nous en évader par le suicide, et qui permet de qualifier cet acte de lâcheté.

Le courage civique est une espèce de courage moral appliqué à nos rapports sociaux ; il nous porte à travailler avec désintéressement pour le bien général, à faire passer nos convictions avant nos sympathies, et à être les serviteurs irréductibles de la loi. A ce point de vue, la vie de Socrate est un bel exemple de courage civique.

La forme de courage la plus réputée, la plus éclatante, c'est le courage militaire. Notre histoire nous en retrace de nombreux exemples : Vercingétorix, Bayard, d'Assas, Bara, Viala, Hoche, Kléber, Desaix, les cuirassiers de Reischoffen....

Lorsqu'une âme est courageuse, elle ne connaît ni faiblesse, ni découragement, ni défaillance, elle possède, en outre, l'esprit d'initiative, cette ardeur qui nous pousse à agir pour nous perfectionner, pour améliorer notre condition et celle de nos semblables. Cette heureuse disposition est la source du progrès, et quand elle est largement répandue dans un peuple, elle lui assure la prospérité morale et matérielle.

Résumé. — « Du courage, et toujours ! Sans cette condition il n'est pas de vertu. Du courage pour vaincre votre égoïsme et devenir bienfaisant ; du courage pour vaincre votre paresse et faire des progrès dans tous les genres d'études honorables ; du courage pour défendre la patrie et protéger, en toutes circonstances, vos semblables ; du courage pour résister aux mauvais exemples et à l'injuste dérision ; du courage pour supporter les maladies, les peines et les angoisses de toute espèce, sans pousser de lâches gémissements ; du courage pour aspirer à cette perfection que l'on ne peut atteindre, mais à laquelle il faut tendre sans cesse, si nous ne voulons perdre toute noblesse. »

(Silvio Pellico.)

Questions. Problèmes moraux. Exercices de rédaction. — 1. Commentez et expliquez le proverbe suivant : « Bien faire et laissez dire ». Indiquez quelques cas où il trouve son application.

2. On dit souvent : « Il n'y a que le premier pas qui coûte ». Qu'entend-on par là? Est-ce rigoureusement exact?

3. Que pensez-vous du suicide?

4. Pourquoi ne faut-il pas « jeter le manche après la cognée »?

5. Il ne faut être ni poltron ni téméraire. Expliquez le sens de ces deux mots et appliquez ce conseil à une situation que vous imaginerez.

6. Quelles sont les professions qui exigent le plus de courage et quel genre de courage?

7. Défauts contraires au courage. Parlez de la mollesse et de la lâcheté. En quoi la peur diffère-t-elle de la lâcheté? Citez quelques exemples de lâcheté.

8. Avez-vous jamais eu l'occasion d'être courageux? Lesquelles? L'avez-vous été? Pour quelles raisons?

Lectures et Exercices de mémoire. — **1. Les ténèbres.**

J'étais à la campagne, en pension chez un ministre appelé M. Lambercier. J'avais pour camarade un cousin plus riche que moi et qu'on traitait en héritier, tandis qu'éloigné de mon père, je n'étais qu'un pauvre orphelin. Mon grand cousin Bernard était singulièrement poltron, surtout la nuit. Je me moquai tant de sa frayeur que M. Lambercier, ennuyé de mes vanteries, voulut mettre mon courage à l'épreuve. Un soir d'automne qu'il faisait très obscur, il me donna la clef du temple et me dit d'aller chercher, dans la chaire, la Bible qu'on y avait laissée. Il ajouta, pour me piquer d'honneur, quelques mots qui me mirent dans l'impuissance de reculer.

Je partis sans lumière; si j'en avais eu, ç'aurait peut-être été pis encore. Il fallait passer par le cimetière; je le traversai gaillardement, car, tant que je me sentais en plein air, je n'eus jamais de frayeurs nocturnes.

En ouvrant la porte, j'entendis à la voûte un certain retentissement que je crus ressembler à des voix, et qui commença d'ébranler ma fermeté romaine. La porte ouverte, je voulus entrer; mais à peine eus-je fait quelques pas que je m'arrêtai. En apercevant l'obscurité profonde qui régnait dans ce vaste lieu, je fus saisi d'une terreur qui me fit dresser les cheveux; je rétrograde, je sors, je me mets à fuir tout tremblant. Je trouvai dans la cour un petit chien nommé Sultan dont les caresses me rassurèrent. Honteux de ma frayeur, je revins sur mes pas, tâchant pourtant d'emmener Sultan qui ne voulut pas me suivre. Je franchis brusquement la porte, j'entre dans l'église. A peine y fus-je entré, que la frayeur me reprit, mais si fortement, que je perdis la tête, et quoique la chaire fût à droite, et que je le susse très bien, ayant tourné sans m'en apercevoir, je la cherchai longtemps à gauche, je m'embarrassai dans les bancs, je ne savais plus où j'étais, et, ne pouvant trouver ni la chaire ni la porte, je tombai dans un bouleversement inexprimable. Enfin, j'aperçus la porte, je vins à bout de sortir du temple, et je m'en éloignai comme la première fois, très résolu à n'y rentrer seul qu'en plein jour.

Je revins à la maison. Prêt à entrer, je distingue la voix de M. Lambercier mêlée à de grands éclats de rire. Je les prends pour moi d'avance, et, confus de m'y être exposé, j'hésite à ouvrir la porte. Dans cet intervalle, j'entends Mlle Lambercier s'inquiéter de moi, dire à la servante de prendre la lanterne, et M. Lambercier se disposer à venir me chercher, escorté de mon intrépide cousin, auquel ensuite on n'aurait pas manqué de faire tout l'honneur de l'expédition. A l'instant, toutes mes frayeurs cessent et ne me laissent que celle d'être surpris dans ma fuite. Je cours, je vole au temple; sans m'égarer, sans tâtonner, j'arrive à la chaire, j'y monte, je prends la Bible, je m'élance en bas; dans trois sauts, je suis hors du temple, dont j'oubliai même de fermer la porte; j'entre dans la chambre; hors d'haleine, je jette la Bible sur la table, effaré, mais palpitant d'aise d'avoir prévenu le secours qui m'était destiné.

J.-J. ROUSSEAU, Émile, livre II.

Autres lectures. — 2. *Le bon sens* (DESCARTES, Discours sur la méthode, 1re partie). — 3. *La provocation* (CORNEILLE, le Cid, acte II, scène II). — 4. *La lettre du gabier*, T. Botrel (CL. JURANVILLE, Le bagage littéraire de la jeune fille). — 5. *Dandolo*, E. Legouvé (MARTIN ET LEMOINE, Lectures choisies d'auteurs français, p. 139). — 6. *Le siège de Lille en 1792* (GOEPP ET DUCOUDRAY, Le patriotisme en France, p. 272). — 7. *Le poltron*, Molière

(MASSON ET ROUSTAN, *Nouveau livre de morale pratique*, p. 203).
— 8. *Sang-froid de Charles XII*, Voltaire (Même ouvrage, p. 204).
— 9. *Le courage et la volonté. Courage et sang-froid d'une institutrice française* (E. TOUTEY, *Lectures primaires*, p. 214 et 386). —
10. *Conseil tenu par des rats. Le lièvre et les grenouilles* (LA
FONTAINE, liv. II, fables 2 et 14). — 11. *Les oreilles du lièvre* (Même
ouvrage, liv. V, fable 4). *Le pâtre et le lion. Le lion et le chasseur* (Même ouvrage, liv. VI, fables 1, 2). — 12. *Le paysan du
Danube* (Même ouvrage, liv. XI, fable 7). — 13. *Les vaillants du
temps jadis* (M. BOUCHOR, *Chants populaires des écoles*).

Bibliographie. — MAX PETIT, *Le courage civique.*

**26º Leçon. — Véracité, sincérité, franchise. — Défauts
contraires. — Les préjugés et les superstitions. — Respect de la parole donnée.**

Pensées et Maximes. — 1. *Regarde ce que tu fais comme si
un autre le faisait* (J. PAYOT).

2. *Le mensonge est l'avilissement et, en quelque sorte, l'anéantissement de la dignité humaine* (KANT).

3. *Un seul mensonge mêlé parmi les vérités les fait suspecter
toutes.*

4. *La sincérité nous donne la confiance de tous* (GUYAU).

5. *Voiler une faute par un mensonge c'est remplacer une tache
par un trou.*

6. *L'honnête homme est esclave de sa parole.*

Plan. — On dit souvent : la parole a été donnée à
l'homme pour exprimer sa pensée. C'est au moyen de la
parole que les hommes communiquent entre eux, se
connaissent, s'apprécient et s'estiment. Pour qu'un sentiment d'estime résulte des rapports que nous avons avec
nos semblables, il est nécessaire qu'ils nous jugent favorablement d'après ce que nous leur faisons connaître de nous.
Comment ce jugement pourrait-il être à notre avantage, si
notre langage altérait la vérité et n'était, en quelque sorte,
qu'un masque sur notre visage? Nous pourrions réussir à
tromper les autres tant qu'ils ne se défieraient pas de nous,
mais cette situation ne pourrait se prolonger. « Toujours
par quelque endroit fourbes se laissent prendre! » Et une
fois démasqués, la méfiance remplaçant la confiance, nous
serions, en quelque sorte, au ban de la société.

Nous devons donc être attachés à la vérité. C'est cet attachement qui constitue la véracité, disposition morale qui nous porte à ne dire que ce que nous croyons fermement vrai.

La véracité s'applique surtout à nos relations avec les autres; elle diffère en cela de la sincérité, qui nous porte non seulement à être vrais envers nos semblables, mais encore et surtout envers nous-mêmes. Celui qui est sincère ose descendre en lui-même; il ne s'illusionne pas sur sa valeur et ses mérites; il ne se trompe pas et ne se laisse point abuser par les sophismes que nous sommes trop enclins à accepter pour justifier notre conduite. « La sincérité est la plus haute et la plus précieuse qualité de l'âme; elle est le pur cristal où la vérité se reflète. »

La pratique de la sincérité nous habituera à l'examen critique de nos pensées et de nos opinions. Elle combattra la crédulité qui nous ferait accepter les idées toutes faites, les préjugés erronés, les superstitions qui oppriment l'esprit, le rendent faible, lâche ou cruel. Cependant ces préjugés, ces superstitions ne résistent pas au raisonnement et à la réflexion. Nous devons leur faire une guerre sans merci partout où nous les trouvons. — (Les maîtres auront soin de relever les superstitions qui ont cours dans la région qu'ils habitent et mettront les élèves en garde contre elles.)

Franchise est encore un synonyme de véracité et de sincérité. Celui qui est franc parle aux autres comme il pense, sans excès de ménagements, et sait leur dire, quand il y a lieu, des choses désagréables, plutôt que de voiler sa pensée sous des formules de convention. La franchise peut être préjudiciable à celui qui la pratique, comme elle le fut à Gil Blas, quand il s'avisa de dire à l'archevêque de Grenade que ses homélies perdaient de leur valeur.

A la véracité, à la sincérité et à la franchise s'opposent les défauts qui en sont la négation : la fausseté, la dissimulation, l'hypocrisie la duplicité, la tromperie... dont la manifestation extérieure est le mensonge sous toutes ses formes et à tous ses degrés.

Ce qui en fait surtout la gravité, c'est l'intention perverse de celui qui s'en rend coupable. On a alors le mensonge par intérêt, qui a pour objet un gain, un avantage quelconque, ou le mensonge par vengeance et par méchanceté qui tend un piège sous les pas de sa victime. Il n'y a rien de plus odieux, et en même temps de plus dégradant, pour celui qui l'emploie.

On ment aussi par peur, par manque de courage, pour échapper aux conséquences de ses actions, à une punition ou à un châtiment mérités. C'est de mensonges de cette nature que se rendent souvent coupables les enfants. Ils ne sentent pas ce qu'il y a de beau dans l'aveu de ses fautes, et se privent de l'intime et noble satisfaction dont jouit celui qui préfère subir les sanctions qu'il a encourues, plutôt que de s'y soustraire par une lâcheté. Au reste, la sincérité de l'aveu dispose le juge à l'indulgence, et c'est dans ce sens qu'on dit : faute avouée est à moitié pardonnée.

Beaucoup de mensonges sont dus à la vanité; on veut paraître plus qu'on n'est, on veut éblouir ses camarades et on se vante d'actions qu'on n'a pas accomplies, d'avantages qu'on ne possède point. On se fait passer pour riche, pour spirituel, pour savant, pour brave; on raconte des aventures imaginaires,... on fait son Tartarin.

Le plaisir qu'on peut éprouver à provoquer ainsi l'admiration de ses contemporains n'est pas de bon aloi; on se méprise soi-même plus qu'on ne s'approuve, et on se demande avec appréhension d'où viendra le malencontreux coup d'épingle qui dégonflera le ballon de baudruche qu'on a fait flotter aux yeux ébahis de ses auditeurs.

A la franchise et au respect de la vérité se rattache la fidélité à la parole donnée. Sur cette fidélité sont basées la sécurité et la continuité des relations sociales, fondées sur le sentiment de la dignité personnelle et l'estime, la confiance réciproques des personnes en rapports. Nous n'aurons pas de peine à tenir nos promesses si nous n'avons promis que ce que nous pouvons tenir. Il faut donc réfléchir avant de s'engager, et s'assurer qu'on ne s'impose pas des obligations au-dessus de ses forces et de ses moyens.

Le serment n'est autre chose que la parole donnée, mais avec plus de solennité. Au fond, ils ont la même portée morale et engagent autant l'un que l'autre. L'honnête homme n'a pas besoin de prononcer de serment, « son caractère jure pour lui », suivant l'énergique expression de La Bruyère.

Résumé. — Dans nos rapports avec nos semblables, nous serons toujours vrais et francs, nous serons sincères avec nous-mêmes; nous éviterons la fausseté, la dissimulation, la tromperie, et nous nous abstiendrons du mensonge, sous toutes ses formes.

Nous n'accepterons comme vrai que ce que notre raison reconnaîtra comme tel.

Nous ne ferons pas de promesses inconsidérées, mais nous respecterons la parole donnée à l'égal du serment le plus solennel.

Questions. *Problèmes moraux. Exercices de rédaction.* — 1. « Chose promise, chose due. » N'y a-t-il pas des exceptions? Et quelles conditions préalables faut-il à l'origine de la promesse? (Justice, bonnes mœurs. Réflexions).

2. Quelle différence y a-t-il entre le serment et les promesses ordinaires?

3. Expliquez le proverbe : « A beau mentir qui vient de loin ».

4. Les fictions des écrivains, les fables... sont-elles des mensonges?

5. On dit souvent : « Les paroles volent et les écrits restent ». Quelle est la portée pratique de cette expression? Pourquoi est-il utile d'écrire les conventions?

6. Que veut dire cette pensée de Corneille : « Il faut bonne mémoire alors qu'on a menti »?

LECTURES ET EXERCICES DE MÉMOIRE. — **1. Rude franchise.**

ALCESTE.

Non, vous dis-je, on devrait châtier sans pitié
Ce commerce honteux de semblants d'amitié.
Je veux que l'on soit homme, et qu'en toute rencontre,
Le fond de notre cœur dans nos discours se montre,
Que ce soit lui qui parle, et que nos sentiments
Ne se masquent jamais sous de vains compliments.

PHILINTE.

Il est bien des endroits où la pleine franchise
Deviendrait ridicule, et serait peu permise :
Et parfois, n'en déplaise à votre austère honneur,
Il est bon de cacher ce qu'on a dans le cœur.
Serait-il à propos, et de la bienséance,
De dire à mille gens tout ce que d'eux on pense?
Et, quand on a quelqu'un qu'on hait ou qui déplaît,
Lui doit-on déclarer la chose comme elle est?

ALCESTE.

Oui.

PHILINTE.

Quoi! vous iriez dire à la vieille Émilie,

Qu'à son âge il sied mal de faire la jolie,
Et que le blanc qu'elle a scandalise chacun?

ALCESTE.

Sans doute.

PHILINTE.

A Dorilas, qu'il est trop importun;
Et qu'il n'est, à la cour, oreille qu'il ne lasse
A conter sa bravoure et l'éclat de sa race?

ALCESTE.

Fort bien.

PHILINTE.

Vous vous moquez.

ALCESTE.

Je ne me moque point,
Et je vais n'épargner personne sur ce point.
Mes yeux sont trop blessés, et la cour et la ville
Ne m'offrent rien qu'objets à m'échauffer la bile;
J'entre en une humeur noire, en un chagrin profond,
Quand je vois vivre entre eux les hommes comme ils font;
Je ne trouve partout que lâche flatterie,
Qu'injustice, intérêt, trahison, fourberie;
Je n'y puis plus tenir, j'enrage; et mon dessein
Est de rompre en visière à tout le genre humain.

. . . .

Molière, *Le misanthrope*, acte Ier, scène I.

Autres lectures. — 2. *L'archevêque de Grenade* (LE SAGE, Gil
Blas). — 3. *Le pape est mort* (ALP. DAUDET, Contes du lundi). —
4. *Premier voyage, premier mensonge* (A. DAUDET). — 5. *Première
aventure de Gil Blas ou le parasite*, Le Sage (MASSON ET ROUSTAN,
Nouveau livre de morale pratique, p. 192). — 6. *Sincérité*, Allou
(Même ouvrage, p. 189). — 7. *Respect de la parole donnée*, G. Duruy
(Même ouvrage, p. 226). — 8. *L'hypocrite* (LA BRUYÈRE, Caractères)
— 9. *Caractère sacré du serment* (Erckmann-Chatrian, *L'ami Fritz*
(A. CAHEN, Morceaux choisis, p. 332). — 10. *Inconvénients du mensonge. — Sincérité d'un sage* (BARRAU, Morale pratique, p. 215,
217). — 11. *Le corbeau et le renard. La besace. Le renard et la
cigogne* (LA FONTAINE, liv. I, p. 2, 7 et 18. — 12. *La chauve-souris
et les deux belettes. Le coq et le renard* (Même ouvrage, liv. II, fable
5, 15). — 13. *Le loup devenu berger* (Même ouvrage, liv. III,
fable 2). — 14. *Le lion malade et le renard* (Même ouvrage, liv. VI,
fable 14). — 15. *La vérité* (FLORIAN, liv. I, fable 1).

27ᵉ Leçon. — **Orgueil, vanité, coquetterie, frivolité.** — **Vertus opposées.** — **La colère et ses dangers.**

Pensées et Maximes. — 1. *L'orgueil a plus de part que la bonté aux remontrances que nous faisons* (La Rochefoucauld).

2. *La colère commence par la folie et finit par le repentir* (Maxime orientale).

3. *L'homme sans patience est comme une lampe sans huile* (A. de Musset).

4. *La vanité et l'orgueil nous coûtent plus que la faim, la soif et le froid* (Jefferson).

5. *Les belles étoffes éteignent le feu de la cuisine* (Franklin).

6. *Agir pendant la colère, c'est s'embarquer pendant la tempête.*

Plan. — Nous avons vu (20ᵉ leçon) que le sentiment de notre supériorité intellectuelle et morale sur les êtres animés qui nous entourent est la source de notre dignité personnelle. La conscience que nous avons de cette dignité nous fait un devoir de respecter notre personne dans sa partie la plus noble, au lieu de consentir à son abaissement. Il nous est permis d'être fiers de notre nature et des avantages que nous lui devons. Nous nous honorons par cette fierté. Il faut toutefois la maintenir dans de justes limites, sous peine de la voir dégénérer en orgueil.

La dignité personnelle se traduit extérieurement par toute notre manière de vivre, par notre allure, par nos habitudes, notre tenue, notre langage. Celui qui a de la dignité tient à se suffire à lui-même; il ne veut à aucun prix vivre en parasite, et n'accepte de services que ceux qu'il peut rendre de quelque manière. Il s'acquitte de ses obligations sociales et morales; mais tout en s'estimant, il ne méconnaît ni ses imperfections, ni ses défauts, dont, au contraire, il cherche à se corriger. Il ne déprécie pas les autres pour s'exalter lui-même, et dans ses rapports avec ses semblables, veille avec soin sur ses pensées et son langage, qui n'est jamais grossier ni même trivial.

La fierté, qui a pour origine le sentiment exagéré de la dignité personnelle, dégénère vite en orgueil si nous n'y prenons garde. Nous sommes alors trop contents de nous-mêmes; nous nous attribuons un mérite supérieur à celui que nous avons réellement, et surtout supérieur à celui de nos contemporains. L'orgueilleux est présomptueux, suffisant, arrogant vis-à-vis des autres, volontiers dédaigneux de ceux qu'il considère comme inférieurs à lui.

Nous pouvons être orgueilleux de différentes manières et pour différentes choses. Au point de vue matériel et en quelque sorte extérieur, nous serons peut-être orgueilleux de la situation de notre famille, de nos vêtements, de la maison que nous habitons, de notre santé, de notre force, de notre beauté, des relations sociales que nous avons.

Nous pouvons encore être orgueilleux de notre intelligence, de notre savoir, de nos succès, de nos vertus, de notre conduite.

Si on considère son objet et la manière dont il se traduit, l'orgueil est encore la vanité, la coquetterie, la frivolité.

La vanité est le désir immodéré de l'estime, de l'admiration des autres. Pour atteindre le but de son ambition, le vaniteux sacrifie souvent des avantages positifs, certains, et compromet sa situation. La vanité suit même l'homme dans la mort, et du fond d'un tombeau, il sollicite parfois encore l'attention de ceux qui l'ont connu vivant.

Appliqué à la parure, au choix trop recherché dans l'habillement, l'orgueil s'appelle coquetterie. C'est encore ce désir de plaire par des qualités extérieures à nous, et non par notre amabilité, notre sincérité, nos qualités morales qui sont les vraies bases de l'estime. La coquetterie présente de graves dangers, surtout pour les jeunes filles, qu'il faut mettre en garde contre les tendances qu'elle développe en nous.

On peut en dire autant de la frivolité, qui nous fait donner de l'importance aux choses futiles et traiter légèrement les choses sérieuses. Elle révèle un manque d'équilibre intellectuel entre la raison et le sentiment. On la combattra par l'habitude de la réflexion, du jugement éclairé.

Si nous considérons la fragilité des bases de l'orgueil, nous verrons qu'il est presque puéril de s'enorgueillir. Nous sommes fiers : de notre fortune? des revers inattendus peuvent nous la ravir; — de notre maison? un incendie peut la détruire; — de notre santé, de notre force, de notre beauté? la maladie a tôt fait de ruiner tous ces biens; — de nos relations sociales, de l'estime de nos semblables? que la calomnie ou la médisance s'attaquent à nous, et voilà notre situation menacée, sinon détruite.

Les plus clairs résultats de l'orgueil sont de faire du tort aux autres et à nous-mêmes. Orgueilleux, nous sommes injustes envers autrui, car nous abaissons les autres pour nous élever, nous devenons insupportables pour nos semblables, et nous faisons retomber sur notre famille le poids de la réprobation dont nous sommes l'objet.

Pour nous, il n'y a pas de plus grand obstacle à notre perfectionnement que l'orgueil : infatués de nos mérites que nous exagérons à plaisir, nous sommes aveuglés sur nos défauts. Persuadés que nous sommes parfaits, comment chercherions-nous nos imperfections?

L'orgueil nous rend très souvent ridicules par suite du manque d'harmonie qu'il y a entre nos prétentions et la réalité, que tout le monde aperçoit, sauf nous. — Voir *Le bourgeois gentilhomme*, la scène entre Nicole et M. Jourdain habillé en seigneur. — Il nous fait dupes de ceux qui savent exploiter notre vanité : *Le corbeau et le renard*, Gil Blas à Peñaflor.

Il vaut donc mieux pratiquer les vertus opposées à l'orgueil et aux défauts qui s'y rapportent, c'est-à-dire être modestes, sérieux, simples et vrais.

Dans la vie, les choses ne se passent pas toujours comme nous le désirons : nous rencontrons parfois des angles chez ceux que nous fréquentons ou des obstacles dans notre chemin. Dans un cas comme dans l'autre, il faut avoir de la patience, du support, et ne pas se laisser dominer par la colère, qui n'est légitime que contre le mal et l'injustice, c'est-à-dire quand elle est mise au service de la raison.

Celui qui se met en colère sans de sérieux motifs perd, avec sa liberté d'esprit, le gouvernement de soi-même, et s'expose à accomplir des actes qu'il sera très fâché d'avoir à son actif, une fois redevenu de sang-froid.

Résumé. — L'orgueil et la vanité, qui nous portent à exagérer notre mérite et à dédaigner nos semblables, sont de sérieux obstacles à notre perfectionnement moral. Il faut les combattre avec constance et être modeste, simple et vrai.

Pour les mêmes raisons, nous éviterons la frivolité et la coquetterie.

Nous réserverons notre colère pour nous indigner contre le mal et l'injustice, et nous serons patients pour éviter de commettre les sottises qu'on fait ou qu'on dit quand on n'est pas de sang-froid.

Questions. Problèmes moraux. Exercices de rédaction. — 1. La vertu perd sa grâce à la trop publier. — Que veut-on dire par là?

2. Expliquez la sixième maxime en tête de la leçon et faites voir la justesse de la figure.

3. Un de vos camarades a la mauvaise habitude de se moquer souvent des autres. Qu'a-t-on fait pour le corriger ? — Rappeler la fable du *Linot*.

4. La colère ruine la raison, la justice, la bonté. — Montrez-le par des exemples.

5. « Quand vous êtes en colère, comptez jusqu'à dix avant de parler. » Quelle est la portée et la valeur de ce conseil?

6. « Frappe, mais écoute! » Rappeler l'épisode dans lequel Thémistocle adressa ces paroles à Eurybiade, et appréciez la conduite de ces deux Grecs illustres.

LECTURES ET EXERCICES DE MÉMOIRE. — **L'Orgueil.**

J'ai vu des gens chez qui la vertu était si naturelle qu'elle ne se faisait pas même sentir; ils s'attachaient à leur devoir sans s'y plier, et s'y portaient comme par instinct. Bien loin de relever par leurs discours leurs rares qualités, il semblait qu'elles n'avaient pas percé jusqu'à eux. Voilà les gens que j'aime; non pas ces hommes vertueux qui semblent être étonnés de l'être, et qui regardent une bonne action comme un prodige dont le récit doit surprendre.

Si la modestie est une vertu nécessaire à ceux à qui le ciel a donné de grands talents, que peut-on dire de ces insectes qui osent faire paraître un orgueil qui déshonorerait les plus grands hommes?

Je vois de tous côtés des gens qui parlent sans cesse d'eux-mêmes; leurs conversations sont un miroir qui présente toujours leur impertinente figure; ils vous parleront des moindres choses qui leur sont arrivées, et ils veulent que l'intérêt qu'ils y prennent les grossisse à vos yeux. Ils ont tout fait, tout vu, tout dit, tout pensé; ils sont un modèle universel, un sujet de comparaisons inépuisable, une source d'exemples qui ne tarit jamais. Oh! que la louange est fade lorsqu'elle réfléchit vers le lieu d'où elle part[1]!

Il y a quelques jours qu'un homme de ce caractère nous accabla pendant deux heures de lui, de son mérite, de ses talents; mais comme il n'y a point de mouvement perpétuel dans le monde, il cessa de parler. La conversation nous revint donc et nous la prîmes.

Un homme qui paraissait assez chagrin commença par

1. Il s'agit de la réflexion en optique. Au reste, Montesquieu a recherché et employé de tout temps les comparaisons d'ordre scientifique. (R. THAMIN.)

se plaindre de l'ennui répandu dans les conversations. « Quoi! toujours des sots qui se peignent eux-mêmes et qui ramènent tout à eux!

— Vous avez raison, reprit brusquement le discoureur; il n'y a qu'à faire comme moi : je ne me loue jamais; j'ai du bien, de la naissance, je fais de la dépense; mes amis disent que j'ai quelque esprit, mais je ne parle jamais de tout cela : si j'ai quelques qualités, celle dont je fais le plus de cas, c'est ma modestie. »

J'admirais cet impertinent, et pendant qu'il parlait tout haut, je me disais tout bas : Heureux celui qui a assez de vanité pour ne dire jamais de bien de lui, qui craint ceux qui l'écoutent et ne compromet point son mérite avec l'orgueil des autres.

MONTESQUIEU, *Lettres persanes.*

Autres lectures. — 2. *Le bachelier Melchior* (LE SAGE, Gil Blas, XI). — 3. *Lettre de Mme de Maintenon à sa nièce.* — 4. *De l'homme* (LA BRUYÈRE, Caractères, chap. XI). — 5. *Accès de colère* (PETIT ET LAMY, Jean Lavenir, p. 132). — 6. *La modestie*, E. Muller (MASSON ET ROUSTAN, Nouveau livre de morale pratique, p. 190). — 7. *Le linot*, Florian (Même ouvrage, p. 210). — 8. *La vanité*, Voltaire (E. TOUTEY, Lectures primaires, p. 151). — 9. *Turenne* (BARRAU, Morale pratique, p. 77). — 10. *La grenouille et le bœuf. Les deux mulets. Le corbeau et le renard. Le chêne et le roseau* (LA FONTAINE, liv. Ier, fables 2, 3, 4, 22). — 11. *Le lion et le moucheron* (Même ouvrage, liv. II, fable 9). — 12. *Phébus et Borée. Le mulet se vantant de sa généalogie* (Même ouvrage, liv. VI, fables 3 et 7). — 13. *Les deux chèvres* (Même ouvrage, liv. XII, fable 4).

Bibliographie. — MOLIÈRE, *Le bourgeois gentilhomme.* — *Les femmes savantes.* — *Les précieuses ridicules.*

---

§ IV. — LES ANIMAUX

28e LEÇON. — **Devoirs envers les animaux. — Bons traitements. — Avantages matériels et raisons morales. — Les nids d'oiseaux. — Sociétés protectrices et loi Grammont.**

Pensées et Maximes. — 1. *La pitié est indivisible* (F. PÉCAUT). 2. *Celui qui bat un chien n'aime pas les hommes.*

3. *Manquer de pitié pour la souffrance, c'est détruire à sa source
un des meilleurs sentiments qui soient en nous.*
4. *L'homme est le roi des animaux; il ne doit pas en être le tyran.*
5. *Les animaux sont nos frères inférieurs.*
6. *Plus fait douceur que violence* (LA FONTAINE).

Plan. — L'homme est le roi de la création, a-t-on dit
souvent. Il doit cette domination à son intelligence, qui a
su domestiquer certains animaux d'une force supérieure
à la sienne, et qui lui a permis de lutter avec avantage
contre les autres que, pour sa défense personnelle et pour
la conservation de son bien, il doit traiter en ennemis.

Il suit de là que nos devoirs envers les animaux sont
différents, suivant qu'il s'agit d'animaux sauvages ou
d'animaux domestiques. Ce n'est même qu'envers ces derniers que nous avons des devoirs positifs. Ces devoirs se
résument dans la formule : « Être bon pour eux ». Nous
devons être bons envers les animaux pour plusieurs raisons : pour l'animal lui-même, par intérêt bien entendu et
pour ne pas nous dégrader.

Si les animaux ont moins d'intelligence que nous, ils
n'en sont pas complètement dépourvus; chez eux, l'instinct
la remplace. Ils sont perfectibles et éducables, sinon par le
développement de la raison, du moins par la force des
habitudes acquises. Mais ils sont, comme nous, doués de
sensibilité et capables, par conséquent, de plaisir et de
souffrance, d'affection et de haine, de prévoyance. Le
sentiment maternel est particulièrement appréciable, au
moins pendant que les petits sont jeunes et incapables de
se suffire; à ce sujet, les exemples sont connus de tous :
la poule et ses poussins; la vache, la brebis auxquelles on
a enlevé leurs petits; la chienne et sa nichée....

Nous ne devons point perdre cela de vue dans nos rapports avec nos frères inférieurs et ne point leur imposer
de souffrances inutiles. Nous ne pouvons avoir la préten-
tion de les conduire par la raison; c'est par l'affection ou
la crainte que nous agissons sur eux, et que nous créons
en eux des habitudes qui concourent à la fin que nous
voulons atteindre. Mais c'est encore l'affection qui est le
levier le plus puissant. C'est donc à elle que nous demanderons le plus fréquemment aide pour le dressage des
animaux domestiques. Ceux-ci, en effet, travaillent pour
nous et nous rendent des services importants. Sans eux,
notre existence serait beaucoup plus pénible qu'elle ne

l'est. Nous devons donc, par simple réciprocité, leur rendre en soins intelligents les bienfaits que nous en recevons. En outre, les animaux bien soignés sont plus forts, plus résistants et plus capables de remplir la tâche que nous leur imposons. Il faut, toutefois, que cette tâche n'excède pas leurs forces.

Le sentiment de pitié pour les animaux ne devrait point donner lieu à certaines exagérations que le simple bon sens réprouve. Que penser, par exemple, à la vue de ces chiens que l'on promène luxueusement habillés de chauds paletots, alors que tant de pauvres n'ont pas de quoi se vêtir! Pourquoi, par l'aberration d'un sentiment respectable, créer des hôpitaux pour les chiens et les chats, au lieu de s'occuper de donner du pain à ceux de nos semblables qui en manquent? Mais si nous réprouvons le sentimentalisme exagéré qui, pour certains esprits, fait passer les bêtes avant les gens, nous condamnerons avec plus d'énergie encore les spectacles cruels qu'on appelle courses de taureaux, combats de coqs, de chiens, de rats, etc. Maltraiter les animaux ou assister à des exhibitions où ils sont soumis à des traitements barbares, c'est tout un, et dans un cas comme dans l'autre, nous subissons une déchéance morale, puisque nous laissons éteindre en nous cette délicate flamme de sensibilité qui provoque notre indignation devant toute souffrance injustifiée.

Pour les enfants, un point sur lequel leur devoir est bien certain, c'est vis-à-vis des nids d'oiseaux, qu'ils doivent absolument respecter. Ces petits êtres sont la grâce et le charme de la nature par leur beauté et leur chant; ils sont, en outre, les meilleurs auxiliaires du cultivateur comme destructeurs des insectes nuisibles. Il faut donc les protéger au lieu de leur faire du mal, et tous les élèves des écoles devraient faire partie des petites sociétés protectrices et agricoles créées un peu partout.

Pour la satisfaction de nos besoins, nous sommes souvent amenés à tuer certains animaux; les savants, dans leurs laboratoires, poursuivent aussi des expériences, dans lesquelles ils cherchent des méthodes pour la guérison de nombreuses maladies (vivisection). Dans un cas comme dans l'autre, on doit s'efforcer d'épargner aux victimes toute souffrance inutile, au lieu d'agir avec cruauté et de prendre un plaisir répréhensible aux maux que l'on cause.

Nous pouvons en dire autant pour le cas où la défense
de nos biens nous oblige à détruire les animaux qui vivent
à nos dépens ou nous causent des dommages.

Dans nos écoles est affichée la loi Grammont (4 juillet
1850) qui interdit de maltraiter publiquement et abusive-
ment les animaux domestiques. Elle édicte des peines
contre ceux qui enfreignent ses dispositions, et la grande
Société protectrice veille par l'activité généreuse de ses
membres, à l'application de cette loi.

Protéger et respecter les oiseaux qui vivent librement
sous le ciel n'est pas tout notre devoir envers la nature;
les plantes méritent aussi nos égards, car elles contribuent
pour une large part à l'embellissement de notre séjour ter-
restre. Détruire pour détruire est une habitude funeste, la
négation de l'ordre, la suppression de l'harmonie qui
s'attache aux manifestations de la vie.

Résumé. — Les animaux sont, comme nous, doués de sensibilité; les animaux domestiques et les oiseaux nous rendent
d'importants services. En maltraitant les uns ou les autres,
nous prenons l'habitude de la cruauté et nous nous rendons
ingrats.

Quand la nécessité nous oblige à ôter la vie à certains animaux, nous devons nous efforcer d'abréger leurs souffrances,
au lieu d'en éprouver une basse satisfaction

*Questions. Problèmes moraux. Exercices de rédac-
tion.* — 1. « L'œil du maître engraisse le troupeau. » Que veut-on
dire par là?

2. Pourquoi muselle-t-on les chiens? N'est-ce pas là une
cruauté inutile?

3. Dans la pièce intitulée *L'enfant,* Victor Hugo exprime le
vœu que la cage ne reste pas sans oiseau. Que pensez-vous de
ce souhait du poète? L'approuvez-vous?

4. Parlez des services que rendent les oiseaux que vous connaissez. Qu'arriverait-il s'ils disparaissaient? L'homme pourrait-il
se défendre contre les insectes? Concluez.

5. Y a-t-il une société protectrice des animaux dans votre
école? Exposez son fonctionnement et l'activité de ses membres.

6. Que pensez-vous des services qu'on a tirés des animaux
dans l'étude des maladies et dans la recherche des remèdes à
y appliquer?

LECTURES ET EXERCICES DE MÉMOIRE. — Une visite.

Je reçus une visite. C'était un moineau qui vint se poser étourdiment sur le saule. J'aime les moineaux et je les protège; c'est un rôle héroïque pour qui vit aux champs, où tous les détestent et conspirent contre leur scélérate vie; car leur crime journalier, c'est de manger du grain.

Celui-là, je le connaissais, et trois ou quatre autres encore, avec qui nous conspirions à notre tour contre l'égoïsme des hommes. Les blés étant mûrs, l'on avait planté au milieu du champ un grand échalas surmonté d'un chapeau percé qui servait de tête à des haillons flottants; en telle sorte que les moineaux voyaient bien les épis dorés, mais que pour tout le grain du monde, ils n'eussent osé toucher à un seul, sous les yeux du grave magistrat qui en avait la garde. Il en résultait que, venant à la mare, le long de la lisière du champ, je ne manquais pas d'arracher une douzaine d'épis, sans remords aucun, avec une secrète joie. Je les dispersais ensuite autour de moi, et je voyais, avec un plaisir que je ne puis rendre, les moineaux fondre des branches voisines sur cette modique pâture et piquer le grain presque sur ma main.... Et quand, au retour, je repassais devant le fantôme, un léger mouvement d'orgueil effleurait mon cœur [1].

Le moineau, après une courte station sur le saule, fondit sur un des épis qui se trouvaient à côté des canards. Les canards sont maîtres chez eux et trouvent inconvenant qu'un moineau les dérange. Ceux-ci, allongeant le cou d'un air colère, se dirigèrent en criant contre le léger oiseau, qui, déjà remonté dans les airs regagnait joyeusement sa couvée, l'épi dans le bec, à la barbe du fantôme.

RODOLPHE TÖPFFER, *Le presbytère* (Hachette éditeur).

Autres lectures. — 2. *Pitié pour les animaux* (E. BERSOT, Un moraliste, p. 376). — 3. *Nos auxiliaires. -- Les animaux domestiques* (GEORGE SAND, La mare au diable). — 4. *Un moineau*

1. Il conviendra de faire remarquer aux élèves que la conduite de l'enfant qui se met en scène n'est pas irréprochable, puisque le grain qu'il offrait aux moineaux ne lui appartenait pas à lui-même. Il y a donc dans son acte un mélange de bien et de mal. Savoir lequel l'emporte est un problème qu'on pourra donner à résoudre aux élèves.

héroïque, Tourgueneff. *Désespoir d'un oiseau*, G. de Maupassant.
Le chat de la vieille femme, Cherville. *Le chien Noiraud*, Ludovic
Halévy. *Histoire d'un âne*, Arsène Houssaye (MASSON ET ROUSTAN,
Nouveau livre de Morale pratique, p. 116 à 136). — 5. *Bonté
envers les animaux* (BARRAU, Morale pratique, p. 247). — 6. *Une
promenade de Fénelon* (Même ouvrage, p. 237). — 7. *La vivisection*
(F. PÉCAUT, Morale individuelle, p. 203). — 8. *Chèvres de Pro-
vence et vaches de Normandie* (AUTRAN, La vie rurale). — 9. *Les
bœufs* (PIERRE DUPONT). — 10. *Le roulier et son cheval*, Victor
Hugo (MASSON ET ROUSTAN, Nouveau livre de Morale pratique,
p. 131). — 11. *La mort du bouvreuil*, Brizeux (Même ouvrage,
p. 120). — 12. *La fauvette*, Aubert (BATAILLE, Anthologie, p. 299).
— 13. *Les deux rats, le renard et l'œuf* (LA FONTAINE, liv. X,
fable 1).

Bibliographie. — MICHELET, *L'oiseau.* — G. DE CHERVILLE, *La
vie à la campagne.*

CHAPITRE V

LES AUTRES

§ I. — JUSTICE

**29ᵉ Leçon. — Devoirs envers autrui. — La société,
le prochain. — Justice et charité.**

Pensées et Maximes. — 1. *C'est un bon placement que le
bonheur des autres* (E. Zola).
2. *Le bonheur appartient à qui fait des heureux* (Delille).
3. *Être bon, c'est le plus sûr moyen d'être juste* (G. Dupuy).
4. *C'est ne rien valoir que de n'être utile à personne* (Descartes).
5. *Isolé, l'homme ne peut rien ; uni aux autres hommes, il transforme la face de la terre.*

Plan. — La dignité, la noblesse innée de l'être humain
nous oblige, si nous considérons les choses d'un point de
vue élevé, à voir dans l'humanité entière une seule et
même famille, dans laquelle nous sommes tous frères et
enfants d'une même origine, malgré les différences de
races, d'habitudes et de développement intellectuel et
moral. Cette conception est récente et particulière aux
esprits qui ont su ou pu s'affranchir des idées contraires.
Elle doit nous guider dans nos rapports avec nos semblables, qu'il s'agisse de ceux qui nous entourent, qui
vivent de notre vie et nous ressemblent profondément, ou
bien de ceux qui nous sont encore inférieurs en culture et
en civilisation.

L'humanité, considérée au point de vue des relations et
des devoirs réciproques de ses membres, constitue la

société au sens le plus général et le plus étendu du mot.
Nous devons entretenir ces relations et remplir ces devoirs
sous l'influence, sous l'inspiration de la bienveillance, de
la bonté, de la justice. Si nous ne le faisons pas toujours
— ce qui est malheureusement trop réel — nous ne pouvons nous refuser à admettre que telle devrait être notre
conduite. C'est notre état d'imperfection, de faiblesse,
notre égoïsme, qui nous empêchent d'accomplir le bien
dans toute sa plénitude.

L'homme n'a pas toujours pensé ainsi, et si nous jetons
un coup d'œil sur la société aux différentes époques de
l'histoire, nous constatons que l'état actuel marque un
grand progrès sur le passé.

Ce qui domine dans l'ancienne société, c'est la force,
contre laquelle la morale et le droit ont beaucoup de
peine à se défendre. « La raison du plus fort est toujours
la meilleure »; entendons par là celle qui triomphe malgré
le droit et contre le droit. La population comprenait deux
parties : les forts et les faibles, les oppresseurs et les
opprimés. La majeure partie du peuple anonyme a successivement passé de la condition d'esclave à celles de colon
et de serf, et dans ces trois situations, il a été victime du
despotisme et de la violence des maîtres. Il faut aller
jusqu'à la Révolution de 1789 pour trouver dans les mœurs
et dans la loi la reconnaissance et la proclamation des
droits égaux pour tous.

La Révolution les a inscrits dans la Déclaration; elle a
établi également un résumé des devoirs de l'homme, mais
cette partie de son œuvre a moins d'importance pratique
que la première.

Nos devoirs envers nos semblables ont leur source dans
la complète égalité [1] des personnes humaines (Déclaration,
art. 1er). Ces devoirs sont réciproques et nos semblables
sont tenus à des devoirs envers nous comme nous en avons
envers eux.

Le premier de tous ces devoirs, celui dont l'accomplissement nous rendra tous les autres faciles, c'est comme pour
les devoirs de famille, l'amour. « Tu aimeras ton prochain
comme toi-même », et par prochain il faut entendre non

---

1. Il s'agit évidemment d'une égalité en puissance et non d'une égalité
de fait, car il est trop visible que l'instruction, l'habileté, les fonctions, la
moralité établissent des degrés entre les hommes.

seulement nos contemporains, nos amis, nos voisins nos compatriotes, mais tous les hommes [1].

Pour simplifier l'examen des devoirs spéciaux, nous les diviserons en deux grandes classes : d'un côté, les *devoirs de justice*; de l'autre, les *devoirs de charité*.

Pour pratiquer la justice, il faut rendre à chacun ce qui lui est dû. La formule la plus claire de ces devoirs est celle-ci : « Ne fais pas aux autres ce que tu ne voudrais pas qu'on te fît à toi-même ». Ce sont, à proprement parler, des devoirs négatifs qui nous portent à nous abstenir de causer un préjudice quelconque à nos semblables : respect de la vie, de la liberté et des biens matériels d'autrui; respect de sa réputation, de ses opinions, de ses croyances.... Ces devoirs sont strictement obligatoires, et la loi nous protège contre l'injustice. Mais si la loi extérieure nous oblige à être justes, elle ne peut nous forcer à être charitables. Toutefois, vis-à-vis de notre conscience, les devoirs de charité qui nous font traiter les autres comme nous voudrions être traités par eux, ne sont pas moins obligatoires que les devoirs de justice, et nous sentons que nous devons être bons, serviables, secourables, généreux, dévoués jusqu'au sacrifice pour soulager les souffrances dont nous sommes témoins et celles dont nous pouvons avoir connaissance.

Ces deux classes de devoirs se résument et se confondent dans une appellation d'origine récente, quant au sens attribué au mot, ancien lui-même, les devoirs de *solidarité* plus étendus que les devoirs de justice, plus définis, plus rigoureux, plus strictement obligatoires que les devoirs de charité.

La solidarité existe dans les faits d'ordre social : nous récoltons ce que nos ancêtres ont semé et nous semons pour nos descendants; nous sommes tous, en tant qu'hommes, solidaires dans le passé et dans l'avenir, mais nous le sommes également dans le présent avec nos contemporains, sur lesquels nous exerçons une certaine action comme eux en exercent une sur nous.

Résumé. — La société est l'ensemble des êtres humains qui vivent sur la terre et qui doivent agir en frères. Leurs devoirs

---

1. Lire à ce sujet la parabole du *Bon Samaritain* (MASSON ET ROUSTAN, *Nouveau livre de Morale pratique*, p. 96).

réciproques dérivent tous de l'amour qu'ils doivent avoir les uns pour les autres et sont basés sur leur complète égalité.

Ces devoirs comprennent les devoirs de justice, qui nous obligent à ne pas faire aux autres ce que nous ne voudrions pas qu'on nous fît, et les devoirs de charité qui nous commandent de faire à autrui ce que nous voudrions qui nous fût fait. Ils se résument d'une manière plus générale dans la solidarité qui unit tous les hommes.

Questions. Problèmes moraux. Exercices de rédaction. — 1. Un acte injuste a été commis devant vous par un de vos camarades. Rapportez-le et faites connaître l'impression que vous en avez ressentie.

2. Comment peut-on être charitable sans rien donner (matériellement)?

3. Un homme a consacré sa vie et ses forces aux intérêts de ceux qu'il servait. Devenu infirme, ce serviteur a été renvoyé sans ressources. Qualifiez le fait et appréciez la conduite des maîtres.

4. Essayez d'indiquer ce que vous feriez si vous étiez abandonné seul dans une île déserte.

5. Montrez de quoi nous sommes redevables à ceux qui ont vécu avant nous et tirez-en la conclusion de nos devoirs envers nos descendants.

LECTURES ET EXERCICES DE MÉMOIRE. — 1. Les harmonies économiques.

Prenons un homme appartenant à une classe modeste de la société, un menuisier de village, par exemple, et observons tous les services qu'il rend à la société et tous ceux qu'il en reçoit; nous ne tarderons pas à être frappés de l'énorme disproportion apparente. Cet homme passe sa journée à raboter des planches, à fabriquer des tables et des armoires; il se plaint de sa condition, et cependant que reçoit-il de cette société en échange de son travail?

D'abord, tous les jours, en se levant, il s'habille et il n'a personnellement fait aucune des nombreuses pièces de ses vêtements. Or, pour que ses vêtements, tout simples qu'ils sont, soient à sa disposition, il faut qu'une énorme quantité de travail, d'industrie de transport, d'inventions ingénieuses, ait été accomplie. Il faut que des Américains aient produit du coton, des Indiens de l'indigo, des Français de la laine et du lin, des Brésiliens du cuir; que ces matériaux aient été transportés en des villes diverses, qu'ils y aient été ouvrés, filés, tissés, teints, etc.

Ensuite il déjeune. Pour que le pain qu'il mange lui arrive tous les matins, il faut que les récoltes aient été préservées avec soin du pillage; il faut qu'une certaine sécurité ait régné au milieu d'une innombrable multitude; il faut que le froment ait été récolté, broyé, pétri et préparé; il faut que le fer, l'acier, le bois, la pierre aient été convertis par le travail en instruments de travail; que certains hommes se soient emparés de force des animaux, d'autres du poids d'une chute d'eau, etc., toutes choses dont chacune, prise isolément, suppose une masse incalculable de travail mise en jeu, non seulement dans l'espace, mais dans le temps.

Cet homme ne passera pas sa journée sans employer un peu de sucre, un peu d'huile, sans se servir de quelques ustensiles. Il enverra son fils à l'école, pour y recevoir une instruction qui, quoique bornée, n'en suppose pas moins des recherches, des études antérieures, des connaissances dont l'imagination est effrayée.

Il sort : il trouve une rue pavée et éclairée.

On lui conteste une propriété : il trouvera des avocats pour défendre ses droits, des juges pour l'y maintenir, des officiers de justice pour faire exécuter la sentence.

. . . .

Si notre artisan entreprend un voyage, il trouve que pour lui épargner du temps et diminuer sa peine, d'autres hommes ont aplani, nivelé le sol, comblé les vallées, abaissé les montagnes, joint les rives des fleuves, amoindri tous les frottements, placé des véhicules à roues sur les blocs de grès ou des bandes de fer, dompté les chevaux ou la vapeur, etc.

Il est impossible de ne pas être frappé de la disproportion véritablement incommensurable qui existe entre les satisfactions que cet homme puise dans la société, et celles qu'il pourrait se donner s'il était réduit à ses propres forces. Ce qui rend le phénomène plus étrange encore, c'est que tous les hommes sont dans le même cas que lui. Chacun de ceux qui composent la société a absorbé des millions de fois plus qu'il n'aurait pu produire, et cependant ils ne se sont rien dérobé mutuellement.

BASTIAT, *Harmonies économiques.*

Autres lectures. — 2. *La société au moyen âge* (P. LACOMBE, Petite histoire du peuple français, p. 62). — 3. *La charité*

(V. Hugo, *Les voix intérieures*). — 4. *Justice et charité*, Lamennais (Toutey, Lectures primaires, p. 354). — 5. *Pour les pauvres* (V. Hugo, Les feuilles d'automne, XXXII). — 6. *La place du pauvre* (E. Manuel, Poèmes populaires). — 7. *Comment il faut vivre avec les hommes*, Sénèque (Steeg, Vie morale, p. 291). — 8. *Le sentiment de la justice*, J.-J. Rousseau. *Les deux frères et le champ*, Lamartine. *Les trois voyageurs*, Lamennais (Masson et Roustan, Nouveau livre de Morale pratique, p. 216, 217, 85). — 9. *Les deux voyageurs* (Florian, liv. Ier, fable 4). — 10. *Les noces du papillon* (Maurice Bouchor, Chants populaires des écoles, 1re série, p. 80). — 11. *Le loup et l'agneau* (La Fontaine, liv. Ier, fable 10).

Bibliographie. — *Conférences de l'École des hautes études.* — *Essai d'une philosophie de la solidarité* (Alcan). — Daniel de Foë, *Robinson Crusoé*. — Weiss, *Robinson suisse*.

30e Leçon. — L'homme et ses besoins. — La société et ses avantages. — Travail et capital. — Coopération.

Pensées et Maximes. — 1. *Les hommes ne doivent s'associer que sous la loi de justice* (F. Buisson).

2. *L'aube des temps nouveaux rougit sur la colline.*
Allons à l'avenir en nous donnant la main (H. Chantavoine).

3. *Toutes les intelligences humaines sont solidaires* (A. Fouillée).

4. *Toute puissance est faible à moins que d'être unie* (La Fontaine).

5. *Voulez-vous être riche : diminuez vos désirs au lieu d'augmenter vos richesses* (Sénèque).

6. *Pour faire une cité, il faut commencer par faire des citoyens* (F. Buisson).

Plan. — Avez-vous jamais réfléchi à la différence des conditions physiques de l'homme et des animaux à leur entrée dans la vie? Les animaux grandissent vite et sont adultes dans un temps très court. Aussi sont-ils rapidement en état de suffire à leurs besoins exclusivement physiques. L'homme, au contraire, est enfant pendant de longues années. Il faut qu'on pourvoie à ses besoins et que, par une longue éducation, on le mette en état de remplir le rôle auquel il est destiné. Il n'a pas seulement des besoins matériels; il ne lui suffit pas d'être nourri, vêtu et logé. Son intelligence et son cœur réclament des soins, des satisfactions, une culture et un développement spéciaux. Il ne peut jouir de ces avantages que dans l'état de société.

Le groupement social met l'activité des hommes en commun et les multiplie, en quelque sorte, les uns par les autres, au moyen de la division du travail. En conservant les connaissances acquises et les perfectionnements apportés au travail, les sociétés ont permis aux générations successives de profiter de leur expérience et de faire de nouveaux progrès. En assurant l'ordre matériel, la sécurité de tous dans la possession légitime de leurs biens, elles satisfont encore un besoin qui, s'il restait en souffrance, empêcherait la réalisation du progrès.

Dans la société, les hommes échangent continuellement des services : en travaillant pour eux-mêmes, ils travaillent pour leurs semblables et la réciprocité est absolue. Le tisserand prépare l'étoffe des habits du cordonnier, du tailleur, du laboureur, du boulanger, du maçon... qui, de leur côté, le chausseront, le vêtiront, le nourriront et le mettront à l'abri des intempéries... cependant que l'homme d'État veillera à l'exécution des lois qui protègent les intérêts communs, et que le savant s'occupera des applications scientifiques qui adoucissent, étendent ou embellissent l'existence.

Si, comme le héros de Daniel de Foë, chacun de nous était obligé de semer son blé, de le réduire en farine et en pain, de tisser, tailler et coudre ses vêtements, de bâtir sa maison et de la pourvoir de tous les approvisionnements nécessaires, nous serions aussi malheureux que Robinson, nous retomberions dans l'état sauvage, d'où l'humanité est sortie par les efforts continus de générations successives.

Le résultat de ces efforts constitue le progrès, qui est toujours en marche vers le mieux. Si nous considérons la situation des anciens et si nous la comparons à la nôtre, nous conclurons que nous sommes mieux partagés qu'eux. A quoi devons-nous cette supériorité? — A la série d'inventions et de découvertes qu'ont accomplies les hommes qui ont vécu avant nous, et aux applications qu'en a faites l'intelligence humaine : le gaz et l'électricité ont remplacé les torches; les chemins de fer et les automobiles, les chars des rois fainéants; les maisons en pierre, saines et bien closes, les huttes des Gaulois... et le dernier mot n'est pas dit; chaque jour apporte son amélioration à ce qui fut; ce qui sera vaudra mieux que ce qui est....

Mais pour que le progrès se réalise, pour que « le monde marche », il faut l'effort permanent de tous, il faut le travail. On désigne par ce mot l'action de l'homme sur la matière en vue de la satisfaction de ses besoins. C'est le travail qui transforme les matières premières, les produits naturels, et en augmente la valeur, puisqu'il les rend utilisables. La valeur du travail dépend de la manière dont il est accompli. Si l'homme était réduit à ses seules forces, à la vigueur de ses bras, à l'adresse de ses mains et à l'agilité de sa course, il ne produirait qu'un travail à peine capable de l'empêcher de mourir. Mais cet état d'infériorité, qu'on a pu observer à l'origine des sociétés, n'a pas duré : le jour où le chasseur a su décocher une flèche sur le gibier qui fuyait devant lui, il a trouvé la voie dans laquelle il devait marcher pour augmenter à l'infini la portée de ses efforts. C'est dans cet ordre d'idée qu'il a soumis et plié à son service certains des animaux qui l'entouraient, qu'il a construit des outils qui lui ont servi à faire plus vite et mieux qu'il ne pouvait faire avec ses seules mains.

Il a ainsi créé le capital, contre lequel des esprits mal éclairés nourrissent d'injustes préventions. Le mot capital est pris dans diverses acceptions : pour beaucoup de personnes, il désigne une grosse somme d'argent. Ce n'est point ainsi qu'il faut le considérer. Le capital, c'est l'épargne réalisée par l'homme sur le produit de son travail, quand cette épargne est employée en vue d'une production nouvelle. Donc, l'or entassé et jalousement caché par l'avare ne sera pas un capital, tandis que nous pourrons appliquer cette qualification au pic du mineur, au rabot du menuisier, à l'alène du cordonnier, à la truelle du maçon.... A plus forte raison, les machines du fondeur, les métiers du tisseur seront-ils des capitaux, puisqu'ils représentent une épargne plus importante et une production plus considérable.

On conçoit tout l'avantage qui doit résulter de l'entente cordiale entre le capital et le travail. C'est là une espèce de coopération, bien que par ce terme on entende plutôt les efforts concentrés sur un but unique pour obtenir un résultat meilleur et plus rapide. S'agit-il de mettre une barque à l'eau? dix hommes la poussent successivement et séparément de toutes leur forces sans la déplacer d'une ligne, tandis que s'ils la poussent simultanément, ils la lancent avec facilité. C'est là l'image de la coopération et de ses avantages.

Résumé. — L'homme a des besoins de toutes sortes, matériels intellectuels et moraux. La vie en société lui permet de donner à tous ces besoins leur légitime satisfaction, tandis que l'isolement le rendrait misérable.

C'est le travail, source du progrès, qui assure le bien-être des individus.

C'est le travail qui crée le capital avec lequel l'homme améliore les conditions de son existence, surtout s'il sait profiter des avantages qu'il peut retirer de la coopération, c'est-à-dire de la réunion des efforts de tous en vue d'un résultat utile à chacun.

Questions. Problèmes moraux. Exercices de rédaction. — 1. La société; avantages matériels et moraux. Montrez combien serait précaire la vie de l'homme isolé.

2. Quelles sont les grandes découvertes dont votre maître vous a parlé? Quelle a été leur influence sur les conditions de la vie humaine et sociale?

3. Les inventeurs sont-ils toujours appréciés suivant leur mérite? Sinon, pourquoi? Appuyez vos conclusions sur des exemples.

4. Le progrès moral suit-il nécessairement le progrès scientifique et industriel?

5. Quelle est, suivant vous, la leçon pratique qui découle de la fable *L'aveugle et le paralytique*?

LECTURES ET EXERCICES DE MÉMOIRE. — **1. Coopération agricole.**

La terre, divisée à l'excès, ne saurait être cultivée avec profit. La Révolution a fait une chose utile en partageant les terres de la noblesse et du clergé, qui étaient administrées en dépit du sens commun. L'avènement de tous les citoyens à la propriété a relevé le moral du peuple et augmenté le revenu du sol français. Le Code civil, qui divise et subdivise incessamment l'héritage du père entre les enfants, a consacré un principe d'éternelle justice. Mais ces bienfaits de 1789 ont produit, au bout de deux ou trois générations, un mal que personne ne prévoyait. On commence à s'apercevoir aujourd'hui que la grande propriété avait du bon. Sans elle, point de pâturages; sans pâturages, point d'élève; sans élève, point de bétail, sans bétail, point de fumier; sans fumier, point de bonnes terres... Il n'y a qu'un seul moyen honorable de reconstituer la grande propriété immobilière, c'est de la mobiliser.

Je m'explique. Figurez-vous une mine de houille qui vaudrait par exemple 16 millions. Elle appartient à six mille individus, riches et pauvres; les uns en ont pour 50 francs les autres pour cent mille écus. Que penseriez-vous de nos propriétaires si chacun d'eux creusait un trou et travaillait de son côté à extraire la part de charbon qui lui revient? Vous diriez : Ces gens sont fous; ils creusent six mille trous lorsqu'il suffirait de deux ou trois; ils se mettent à six mille pour faire la besogne de vingt-cinq ou trente hommes; la plupart d'entre eux n'ont ni la force physique, ni les aptitudes spéciales qu'il faut pour extraire, transporter et vendre le charbon. Ce sera un grand miracle si, à la fin de l'année, leur capital de seize millions a produit deux pour cent. Au lieu de cela, les six mille propriétaires mobilisent leur capital de seize millions; chacun d'eux met en poche sa part de propriété, représentée par une, deux ou mille actions, et va s'occuper ailleurs, suivant ses goûts et ses moyens. Une bonne escouade d'hommes spéciaux, bien dirigés, bien outillés, bien exercés, creuse les trous, extrait le minerai, le transporte et le vend pour le compte de la société, dont chaque actionnaire reçoit, au bout de l'année, dix pour cent de son capital.

Ce système, si logique, est appliqué partout, excepté dans les champs. Voici une commune de six mille habitants, tous propriétaires. La superficie du territoire est de huit mille hectares, valant deux mille francs l'un, soit seize millions. Ils cultivent leur terre; ils creusent leur six mille trous! Et leur capital rend à peine deux pour cent. Supposez qu'on réunisse le tout en une seule ferme, et, du coup, le capital quadruplera, car un personnel de quatre cents individus suffira amplement à faire aller la machine. Voilà cinq mille six cents propriétaires ou actionnaires, de tout sexe et de tout âge, qui auront le loisir de s'appliquer à autre chose, soit au commerce, soit à l'industrie.

EDMOND ABOUT (*Madelon*, Hachette, éditeur).

Autres lectures. — 2. *L'échange des services*, Bastiat. *Les bienfaits des morts*, E. About. *Comment nous pouvons témoigner notre reconnaissance à nos aïeux*, F. Sarcey (MASSON ET ROUSTAN, Nouveau livre de Morale pratique, p. 84, 89, 90). — 3. *Le pacte social*, J.-J. Rousseau (R. THAMIN, Extraits des Moralistes, p. 552). — 4. *La dette acquittée. Le forgeron. Le rémouleur* (BARRAU, Morale pratique, p. 265 à 267). — 5. *Les amis ouvriers* (E. DE AMICIS, Grands cœurs, p. 128). — 6. *Les vertus sociales*, Voltaire. *Le progrès moral dans l'humanité*, H. Marion (STEEG, Vie morale, p. 301 à 304). — 7. *Un bienfaiteur de ses compatriotes*,

Maxime Du Camp (E. Toutey, *Lectures primaires*, p. 284). — 8.
La belette entrée dans un grenier (La Fontaine, liv. III, fable 17).
— 9. *Le cochet, le chat et le souriceau* (Même ouvrage, liv. VI,
fable 5). — 10. *Le chat qui s'est retiré du monde* (Même ouvrage,
liv. VII, fable 3). — 11. *Un songe*, Sully Prudhomme (Divers
recueils). — 12. *L'aveugle et le paralytique* (Florian, liv. Ier,
fable 20).

Bibliographie. — Laveleye, *Éléments d'économie politique*.
— E. Pelletan, *Le monde marche*.

**Compléments pour le Cours supérieur. — Association. Contrats.
Louage. Salaires.**

L'association est une puissance qui rend possible au
groupe ce qui ne l'était pas à l'individu. Une société, dans
cet ordre d'idées, est un contrat par lequel deux ou plusieurs
personnes réunissent leurs moyens d'action, intelligence,
efforts, capitaux pour s'assurer des avantages déterminés.
La formation et le fonctionnement des sociétés sont réglés
par les statuts qu'elles se donnent sous l'autorité de la loi
qui ne reconnait que celles dont le but est conforme à la
justice.

En général on appelle convention ou contrat l'accord de
deux ou plusieurs personnes dans un but légal; il y a plusieurs espèces de contrats : ils sont dits unilatéraux lorsqu'ils ne créent d'obligations qu'à l'un des contractants —
le prêt est dans ce cas — et synallagmatiques lorsqu'il en
résulte des obligations réciproques, comme dans la vente.

Le louage est un contrat dont la durée est déterminée;
on distingue le louage des choses — terres, maisons, usines —
et le louage d'ouvrage ou d'industrie; c'est-à-dire des
services d'une personne au profit d'une autre. On ne peut
engager ses services que pour un temps limité ou pour une
entreprise déterminée : un engagement perpétuel serait nul
comme contraire à la liberté de la personne humaine.

La location des services se fait d'après des conventions
librement débattues entre les parties intéressées moyennant
un salaire dont la fixation est le principal article du contrat.

31ᵉ Leçon. — Respect de la vie et de la liberté d'autrui. — Rixes, disputes. — Liberté individuelle. — Liberté du travail.

Pensées et Maximes. — 1, *Tous les biens sont nuls sans la liberté.*

2. *La servitude abaisse l'homme jusqu'à s'en faire aimer* (VAUVE-NARGUES).

3. *La justice est le lien sacré de la société humaine* (GUIZOT).

4. *La vie de l'homme est sacrée* (STEEG).

5. *Nul n'a le droit de se faire justice soi-même.*

6. *Les hommes naissent et demeurent libres et égaux en droits* (*Déclaration des droits de l'homme, art. 1ᵉʳ*).

Plan. — Un devoir qui nous apparaît à tous avec une éclatante évidence, c'est celui qui nous commande de respecter la vie de nos semblables. A l'origine des sociétés humaines, il n'en était pas ainsi; dans l'enfance des peuples ou chez les tribus plus ou moins sauvages, les meurtres sont aussi fréquents que peu justifiés. Ils deviennent plus rares à mesure que la civilisation se développe et que le droit remplace la force. S'ils n'ont pas complètement disparu, c'est que l'homme, qui ne sait pas résister à ses passions, retombe, sous leur empire, dans l'état sauvage et n'agit que sous des impulsions brutales. C'est à ces causes qu'il faut rattacher les crimes qui se commettent contre la vie des personnes.

On peut manquer au devoir dont nous parlons sans aller jusqu'au meurtre : ainsi, infliger à un être humain une peine, une souffrance, une fatigue excessive, c'est compromettre son existence, amoindrir sa vie par cela même qu'on la met en danger. Les querelles qui dégénèrent en rixes, parfois sanglantes, peuvent conduire au meurtre.... Il faut s'abstenir de ces violences et garder toujours la mesure et la douceur dans nos rapports avec nos semblables.

Il existe pourtant des cas où l'on peut, sans être coupable, blesser ou même tuer quelqu'un. L'homme attaqué a le droit et le devoir de se défendre pour conserver sa vie. Il peut arriver que l'agresseur succombe dans la lutte, mais c'est lui qui est le premier responsable de sa mort. De même le soldat qui se bat contre l'ennemi de sa patrie peut donner la mort; il est aussi dans le cas de légitime défense et ne peut être considéré comme un meurtrier. Dans la victoire, son devoir lui commande d'être humain pour les vaincus et surtout pour ceux qui ne combattent point, les femmes, les enfants, les vieillards.

La peine de mort appliquée par les cours d'assises, n'est qu'une forme impersonnelle et très générale de la légitime défense exercée par la société, qui a le droit de mettre dans l'impossibilité de nuire ceux qui se rebellent contre ses lois. Son droit ne va pas toutefois jusqu'à supprimer la vie des coupables car elle est assez forte pour les rendre impuissants à faire le mal. La peine de mort, qui est au reste de moins en moins appliquée, devrait disparaître de l'arsenal de la répression. La société s'honorera le jour où elle réalisera ce progrès.

Dans la limite où nous ne nuisons ni à la liberté des autres, ni aux droits de la société, nous pouvons agir comme nous l'entendons et penser comme il nous plaît. Personne ne peut nous arrêter arbitrairement, nous emprisonner ou nous persécuter impunément. Cette inviolabilité, cette immunité de la personne humaine — le plus précieux de ses biens — constitue la liberté individuelle. Elle n'existait pas en France sous l'ancien régime : la liberté des citoyens pouvait leur être ravie par une décision arbitraire du roi, — la lettre de cachet — qui vous faisait jeter sans jugement dans une forteresse, une Bastille, où souvent vous étiez oublié.

Les hommes n'ont pas toujours été libres; il y a eu des esclaves. L'esclavage a eu la guerre pour origine : le jour où on a cessé de massacrer les vaincus, on les a réduits en esclavage et contraints de travailler pour les vainqueurs. Plus tard on a pris par la violence ou la ruse les populations nègres de l'Afrique équatoriale pour les employer aux travaux agricoles dans les colonies européennes d'Amérique. L'Afrique a ainsi en deux siècles payé un tribut de soixante millions d'hommes !

Mais à mesure que le sentiment de la dignité humaine s'est développé, les efforts des philanthropes ont constamment tendu vers la suppression de l'esclavage : l'Angleterre l'a aboli dans l'Inde en 1843; la France, dans ses colonies en 1848. Dans l'Amérique du Nord, il a subsisté jusqu'en 1865 et n'a cessé qu'après une guerre acharnée entre la population des États esclavagistes (Sud) et antiesclavagistes (Nord).

En regardant autour de nous, nous voyons des personnes qui ne jouissent pas d'une liberté absolue : tels sont les enfants, les serviteurs à gages, les ouvriers, les soldats, les fonctionnaires, les employés d'administration. Cette restriction de leur liberté n'est que temporaire, et il ne dépend dans la plupart des cas que de la volonté de ceux qui la subissent de reprendre la complète disposition d'eux-mêmes.

L'État doit garantir aux citoyens la liberté civile qui comprend la liberté du foyer, la liberté de la propriété, la liberté du travail et la liberté de penser.

Le travail n'était pas libre avant la Révolution; l'institution des corporations avec leurs jurandes et maîtrises s'opposait à cette liberté féconde; les associations actuelles n'ont aucun rapport avec les anciennes corporations; les ouvriers se groupent aujourd'hui volontairement pour défendre leurs intérêts, mais chacun peut choisir et exercer le métier qui lui plaît, travailler seul ou avec d'autres, fixer et débattre le prix de son travail....

Les travailleurs peuvent, sous la protection de la loi, se syndiquer et être ainsi plus forts pour soutenir ce qu'ils croient juste ou simplement avantageux ou désirable. La liberté du travail implique pour le travailleur le droit de grève quand les conditions du travail — durée de la journée, salaire quotidien — cessent de lui convenir. Toutefois l'exercice de ce droit est une arme à deux tranchants qui peut faire beaucoup de mal à celui qui la manie sans prudence. Avant de se mettre en grève, les ouvriers devraient tenir compte de beaucoup de considérations qu'ils négligent par passion ou par ignorance. La grève revêt trop souvent le caractère d'une lutte presque sans merci entre le travail et le capital. En outre, les grévistes ne savent pas rester toujours dans la légalité pour assurer le succès de leurs revendications contre leurs patrons, et ils cherchent à propager leurs idées par des moyens que la justice réprouve et que la loi punit.

Les ouvriers ont leurs droits, mais les patrons ont également les leurs; il faudrait plutôt les concilier que les opposer, et on y peut parvenir si de part et d'autre on est animé d'une bonne volonté éclairée plutôt que d'un esprit de méfiance et de sentiments d'envie.

Résumé. — Nous devons traiter nos semblables avec douceur et éviter avec soin les discussions qui peuvent dégénérer en querelles et en rixes sanglantes. Nous avons toutefois le droit de défendre notre vie contre un agresseur que nous n'avons pas provoqué et nous ne serons pas coupables si nous lui enlevons la sienne en état de légitime défense.

La liberté est un bien sans lequel la vie n'a pas de prix ; nous devons respecter celle des autres comme nous voulons qu'ils respectent la nôtre.

Questions. Problèmes moraux. Exercices de rédaction. — 1. Pourquoi les enfants ne sont-ils pas libres ?

2. Est-il juste et permis de mettre quelqu'un en prison ?

3. Expliquer comment, avant la Révolution, les corporations portaient atteinte au développement de l'industrie et comment l'association est-elle au contraire aujourd'hui une cause de progrès.

4. Montrez que le duel est une coutume barbare, dont le résultat ne prouve rien. Le duelliste est deux fois coupable. Comment ?

5. Les mauvais traitements entre camarades, leurs funestes effets sur les auteurs et leurs victimes.

6. Citez des assassinats politiques. Causes qui les ont provoquées. Jugements qu'on peut porter sur eux. (Jacques Clément, Ravaillac, Charlotte Corday, Louvel, Caserio.)

Lectures et exercices de mémoire. — 1. **Une vendetta corse.**

Le chemin ou plutôt le sentier à peine tracé que suivait Orso traversait un maquis récemment brûlé. En ce lieu la terre était chargée de cendres blanchâtres, et çà et là des arbrisseaux et quelques gros arbres noircis par le feu et entièrement dépouillés de leurs feuilles se tenaient debout, bien qu'ils eussent cessé de vivre. En voyant ce maquis brûlé, on se croit transporté dans un site du nord, au milieu de l'hiver, et le contraste de l'aridité des lieux que la flamme a parcourus avec la végétation luxuriante d'alentour les fait paraître encore plus tristes et plus désolés. Mais dans ce paysage Orso ne voyait en ce moment qu'une chose, importante, il est vrai : la terre, étant nue, ne pouvait cacher une embuscade, et celui qui peut craindre à chaque instant de voir sortir d'un fourré un canon de fusil dirigé contre sa poitrine, regarde comme une espèce d'oasis un terrain uni où rien n'arrête la vue. Au maquis brûlé succédaient plusieurs champs de culture, enclos suivant l'usage du pays de pierres sèches à hauteur d'appui. Le sentier passait entre ces enclos, où d'énormes châtaigniers, plantés confusément, présentaient de loin l'apparence d'un bois touffu.

Obligé par la raideur de la pente à mettre pied à terre, Orso, qui avait laissé la bride sur le cou de son cheval, descendait rapidement en glissant sur la cendre; et il n'était guère qu'à vingt-cinq pas d'un de ces enclos en pierre à droite du chemin lorsqu'il aperçut précisément en face de lui, d'abord un canon de fusil, puis une tête dépassant la crête du mur. Le fusil s'abaissa et il reconnut Orlanduccio prêt à faire feu. Orso fut prompt à se mettre en défense, et tous les deux, se couchant en joue, se regardèrent quelques secondes avec cette émotion poignante que le plus brave éprouve au moment de donner ou de recevoir la mort.

« Misérable lâche! » s'écria Orso....

Il parlait encore quand il vit la flamme du fusil d'Orlanduccio, et presque en même temps un second coup partit à sa gauche, de l'autre côté du sentier, tiré par un homme qu'il n'avait point aperçu et qui l'ajustait posté derrière un autre mur. Les deux balles l'atteignirent : l'une, celle d'Orlanduccio, lui traversa le bras gauche, qu'il lui présentait en le couchant en joue; l'autre le frappa à la poitrine, déchira son habit, mais rencontrant heureusement la lame de son stylet, s'aplatit dessus et ne lui fit qu'une contusion légère. Le bras gauche d'Orso tomba immobile le long de sa cuisse, et le canon de son fusil s'abaissa un instant; mais il se releva aussitôt, et, dirigeant son arme de sa seule main droite, il fit feu sur Orlanduccio. La tête de son ennemi, qu'il ne découvrait que jusqu'aux yeux, disparut derrière le mur. Orso, se tournant à gauche, lâcha son second coup sur un homme entouré de fumée qu'il apercevait à peine. A son tour cette figure disparut. Les quatre coups de fusil s'étaient succédé avec une rapidité incroyable, et jamais soldats exercés ne mirent moins d'intervalle dans un feu de file. Après le dernier coup d'Orso, tout rentra dans le silence. La fumée sortie de son arme montait lentement au ciel; aucun mouvement derrière le mur, pas le plus léger bruit. Sans la douleur qu'il ressentait au bras, il aurait pu croire que ces hommes sur qui il venait de tirer étaient des fantômes de son imagination.

PROSPER MÉRIMÉE, Colomba.

Autres lectures. — 2. Le vrai bien (E. QUINET, Édition du centenaire, p. 221). — 3. L'esclavage au XVIIIe siècle, Bernardin de Saint-Pierre, Paul et Virginie (E. TOUREY, Lectures primaires,

p. 264). — 4. *Une vente d'esclaves à Washington*, Mme Beecher-Stowe (MASSON ET ROUSTAN, Nouveau livre de Morale pratique, p. 224). — 5. *La vie humaine* (AD. FRANCK, Morale pour tous, p. 97). — 6. *L'honneur bien entendu. La torture* (BARRAU, Morale pratique, p. 123-127). — 7. *Meurtre des enfants de Clodomir* (AUG. THIERRY, Récits des temps mérovingiens). — 8. *Pour les nègres* (MONTESQUIEU, Esprit des lois, liv. XV). — 9. *L'industrie avant 1789* (ÉMILE GARET, Les bienfaits de la Révolution, p. 367). — 10. *Le loup et l'agneau. Le loup et le chien* (LA FONTAINE, liv. Ier, fables 10 et 5). — 11. *Les grenouilles qui demandent un roi* (Même ouvrage, liv. III, fable 4). — 12. *La grenouille et le rat* (Même ouvrage, liv. IV, fable 11). — 13. *Le cheval et le loup* (Même ouvrage, liv. V, fable 8). — 14. *Les animaux malades de la peste* (Même ouvrage, liv. VII, fable 1). — 15. *Le vieillard et l'âne* (Même ouvrage, liv. VI, fable 8).

Bibliographie. — J. SIMON, *La peine de mort.* — J. SIMON, *La liberté civile* (chap. III). — MME BEECHER-STOWE, *La case de l'oncle Tom.*

32e LEÇON. — Respect du bien d'autrui.
(Origine de la propriété. — La fraude, la rapine, le vol.)

Pensées et Maximes. — 1. *La propriété est sacrée parce qu'elle représente le droit de la personne elle-même* (V. COUSIN).

2. *La probité est une vertu si délicate qu'elle s'effarouche de l'ombre du soupçon.*

3. *Le droit de propriété est la condition essentielle de toute société humaine* (STEEG).

4. *La propriété est l'arme principale de la liberté* (J. SIMON).

5. *La probité est la règle de tous nos devoirs sociaux.*

6. *Si vous voulez qu'il n'y ait plus de lutte, changez votre cœur* (J. SIMON).

Plan. — Que signifie le mot *posséder*? C'est le droit que nous avons de nous servir d'une chose, d'en jouir, de l'employer aux usages qui nous plaisent, de la transformer ou de la détruire, c'est-à-dire de l'employer à des usages qui ne peuvent se renouveler. Le Code civil définit ainsi la propriété : « Le droit de jouir et de disposer des choses de la manière la plus absolue pourvu qu'on n'en fasse pas un usage prohibé par les lois ou par les règlements. » (Art. 544).

Ainsi un écolier possède ses livres, ses cahiers, ses

plumes, etc., dans la limite où il les emploie à l'usage pour lequel ils lui ont été donnés par ses parents. Ceux-ci possèdent leur maison, leurs terres, les animaux et les outils qui leur servent dans leur exploitation ou dans leur commerce. De même un industriel possède sa fabrique, les communes, les départements ou l'État, leurs édifices, leurs bois, leurs forêts....

Toutes nos constitutions politiques depuis 1789 ont consacré le principe de la propriété à la suite de la Déclaration des droits de l'homme et du citoyen qui, dans ses articles 2 et 17, la considère comme un droit naturel, imprescriptible, inviolable et sacré. Qu'est-ce qui justifie ces caractères reconnus au droit de propriété? C'est que la propriété est le fruit du travail et que le travail n'existe que par l'activité de l'homme. Le travail et par suite la propriété sont donc un prolongement de la personnalité humaine; et, à ce titre, aussi respectables que celle-ci.

On a beau dire que les fruits de la terre sont à tous et que la terre n'est à personne [1]; c'est là un paradoxe plus séduisant que vrai; car, que seraient en général les fruits que la terre porterait sans soins et sans culture, c'est-à-dire sans le travail de l'homme? Et comment celui qui aurait cueilli un de ces fruits qui sont à tout le monde pourrait-il en disposer pour son usage exclusif sans porter préjudice au droit de tous ses semblables?

Au reste la nature nous a faits pour aimer la propriété; l'instinct s'en montre chez l'enfant avec la première manifestation de sa conscience, et ce désir de posséder se perpétue chez l'homme et ne le quitte qu'avec la vie.

Pour que la propriété mérite ce nom, il faut qu'elle soit sûre, ce qui n'est possible que dans une société civilisée et vivant selon les principes de la justice. Si nous étions livrés à nous-mêmes, à nos seules forces, notre droit naturel de propriété serait-il assez fort pour assurer à l'ouvrier le salaire qu'il a gagné, au laboureur la moisson qu'il a fait venir? Probablement non, car il y a parmi les hommes des bons et des méchants et le droit serait battu en brèche par la cupidité et le besoin. Il faut donc que le droit soit soutenu par la force qui oblige tout le monde à le respecter.

La sécurité dans la possession des biens est tellement

---

1. J.-J. ROUSSEAU. *Discours sur l'origine de l'inégalité parmi les hommes.*

nécessaire à l'homme que dans les pays où elle est insuffisante le progrès matériel et moral est rendu impossible : Pourquoi se donnerait-on la peine de cultiver si on n'est point sûr de récolter?

La propriété provient de deux sources : elle peut être gagnée ou donnée.

Lorsqu'une personne trouve devant elle un objet ou une portion du sol dont nul n'a jusqu'ici revendiqué l'usage, elle peut s'en emparer sans léser autrui; c'est là ce qu'on appelle le *droit du premier occupant*. Si cette personne cultive ce sol, si elle le fume, l'ensemence et augmente son rendement, elle lui donne une valeur qu'il n'avait pas d'abord. Comment ce sol ne serait-il pas à elle puisqu'il est devenu en quelque sorte son œuvre? Les droits du travail sont donc, sinon plus certains, du moins d'un ordre plus élevé que ceux de première possession. Il faut toutefois remarquer que le travail ne peut s'exercer que sur une matière déjà existante; il suppose donc toujours l'exercice du droit du premier occupant.

L'épargne, c'est-à-dire ce que nous réservons du fruit de notre travail pour parer à des besoins éventuels n'est autre chose que la propriété gagnée. C'est une vérité de sens commun de dire que celui qui a gagné quelque chose peut en faire l'usage qu'il lui plaît. Il peut donc le céder ou le donner, soit à ses enfants, soit à ses amis et c'est là une autre source de la propriété. C'est la propriété donnée (dans le cas de cession gratuite), c'est la justification de la transmission de la propriété par l'héritage, si cette transmission n'était pas possible, nul ne serait excité à travailler pour ceux qu'il aime et qu'il veut mettre à l'abri du besoin quand il ne sera plus là pour les protéger.

Grâce à la protection des lois, il serait difficile aujourd'hui de ravir violemment à quelqu'un sa maison, son jardin ou sa vigne, mais il n'en est pas moins vrai que la fraude, la rapine, le vol ne sont pas disparus du monde, malgré la répression qu'encourent ceux qui s'en rendent coupables. Quand on parle de vol, on pense tout de suite au brigand qui détrousse les voyageurs au coin d'un bois, au cambrioleur qui pille les maisons où il peut s'introduire. Le vol a d'autres formes : celui qui vend à faux poids, qui trompe sur la qualité de la marchandise qu'il cède à ses clients, l'ouvrier qui ne travaille pas consciencieusement, le patron qui exige trop de ses employés, celui qui achète ce qu'il sait ne pouvoir payer, celui qui garde un objet trouvé, commettent de véritables vols.

Il en est de même de ceux qui par fraude cherchent à échapper aux impôts légaux (16e leçon), et qui, s'ils réussissent à se soustraire à leurs obligations les mettent sur les épaules de leurs concitoyens.

On ne saurait trop entretenir sa conscience dans un état d'extrême délicatesse à l'égard du respect qu'on doit au bien d'autrui. Dans cet ordre d'idées, rien ne peut être considéré comme quantité négligeable. C'est l'acte et non la valeur pécuniaire de l'objet détourné qui fait la gravité de la faute.

Résumé. — Chacun de nous a le droit de posséder et de jouir en paix et sécurité de ce qui lui appartient.

La propriété se gagne par le travail et par le travail nous pouvons augmenter celle que nous tenons en don gratuit; car celui qui possède peut par testament transmettre ses biens à ses enfants ou à d'autres personnes.

Les attentats contre la propriété constituent le vol sous ses diverses formes, toutes également condamnables quelle que soit la valeur des objets dérobés.

Questions. Problèmes moraux. Exercices de rédaction. — 1. Que pensez-vous de ce dicton par lequel pensent s'excuser ceux qui font la fraude au point de vue de l'impôt : « En faisant un léger tort à tout le monde, on n'en a fait à personne »?

2. Est-il permis de prendre par manière de jeu un objet à un camarade? (Chiper n'est pas voler).

3. Que doit-on faire d'un objet trouvé dont on ignore le possesseur?

4. Que deviendrait la société si, comme le dit J.-J. Rousseau, la terre n'appartenait à personne et ses fruits à tout le monde?

5. L'égalité des biens est-elle réalisable et, si elle était réalisée un jour, persisterait-elle dans la suite? Si non, pourquoi?

6. Que feriez-vous d'une pièce fausse de monnaie reçue par mégarde?

7. Si un escroc m'a dérobé une part de mon bien, ai-je le droit de lui reprendre par un *semblable procédé* ce qu'il m'a volé ou l'équivalent (PONTSEVREZ, *Problèmes de morale*).

LECTURES ET EXERCICES DE MÉMOIRE. — **Origine de la propriété.**

Il faut manger : le fruit qui pend à cet arbre, sur cette terre, qui n'appartient à personne et que personne n'a

cultivée, apaisera ma faim : je le cueille, il est à moi. Je
tends un piège à cet oiseau qui vole au-dessus de ma tête :
il y tombe; il m'appartient. Si un autre homme me le
dispute, sans raisonner, sans presque penser, par une
intuition immédiate, je sais qu'on viole mon droit, qu'on
attente à ma propriété, à ma liberté, à ma personne, car
voilà les trois choses que le mot de droit embrasse. Ce n'est
pourtant là que l'occupation, le droit du premier occupant.
Personne n'avait de droit sur cet objet, et personne par
conséquent ne pouvait m'empêcher de le prendre. A présent que je l'ai pris, personne ne doit me l'ôter, puisque
le droit de revendication n'appartient à personne.

Cette propriété est légitime, uniquement parce qu'elle
ne blesse aucun droit. En voici une qui est légitime parce
qu'elle est le droit lui-même.

Je prends du blé sauvage dans ma main; je le sème dans
un sillon que j'ai creusé, et j'attends que la terre, aidée de
la pluie et du soleil, fasse son œuvre. La récolte qui
croîtra est-elle mon bien? Où serait-elle sans moi? Je l'ai
créée. Qui le niera? Pourquoi Rousseau viendra-t-il dire
que les fruits sont à tout le monde? C'est mon arbre, car
c'est moi qui ai choisi et coupé le plant sur un sujet
vigoureux, moi qui ai connu la place où il pourrait jeter
de profondes racines, moi qui ai creusé et remué la terre,
moi qui ai arrosé, protégé, émondé le jeune arbuste. Je
l'ai créé pour m'en abriter et me nourrir. Est-ce le fruit
seulement qui est à moi? C'est le sol. Ce n'est pas une
moisson que j'ai produite, c'est une fertilité. Cette terre ne
valait rien et ne donnait rien; quelques plantes inutiles
croissaient au hasard entre les pierres; j'ai fouillé le sol,
j'ai apporté de loin de la terre friable et fertilisante, je
l'ai réchauffée par un engrais; je l'ai aménagée par les
pluies, j'ai conduit sur elle un ruisseau : à présent, grâce
à mes sueurs, elle est fertile pour de longues années. Cette
fertilité est mon œuvre, comme la moisson; elle est ma
propriété, comme la moisson. Le fruit est à moi; la terre
est à moi. Les fruits qui sont à tout le monde, sont ceux
que la terre porte d'elle-même sans le travail de l'homme.

JULES SIMON. *La liberté civile* (Hachette, éditeur).

Autres lectures. — 2. *Biens mal acquis* (BATAILLE, Leçons
pratique de lecture et de récitation, p. 123). — 3. *Probité* (BARRAU,
Morale pratique, p. 193-200). — 4. *La probité* (E. PÉCAUT, Petit
livre de lecture. — MASSON ET ROUSTAN, Nouveau livre de morale

pratique, p. 233). — 5. *Le champ d'orge*, Bernardin de Saint-Pierre (Masson, Composition française, cours moyen, p. 87). — 6. *L'avare volé*, Molière (Jost et Cahen, Lectures courantes, 2e série, p. 486). — 7. *Respect de la propriété*, V. Cousin (R. Thamin, Extraits des moralistes, p. 457). — 8. *Morale en action* (Manuel général, 1896. Partie générale, p. 110). — 9. *Le droit du premier occupant* (A. Franck, Morale pour tous, p. 111). — 10. *Le corbeau et le renard* (La Fontaine, liv. I, fable 2). — 11. *Les voleurs et l'âne* (Même ouvrage, liv. I, fable 13). — 12. *La lice et sa compagne* (Même ouvrage, liv. II, fable 7). — 13. *Le chat, la belette et le petit lapin* (Même ouvrage, liv. VII, fable 16). — 14. *Le château de cartes* (Florian, liv. II, fable 12). — 15. *Le meunier sans souci* (Andrieux, Divers recueils).

Bibliographie. — J. Simon, *La liberté civile.* — Thiers, *De la propriété.*

Compléments pour le Cours supérieur. — Ventes. Donations. Testaments. Successions.

Celui qui possède un bien matériel peut le vendre, le donner ou le transmettre par testament.

La vente est un contrat par lequel celui qui possède transmet à un autre ses droits sur la chose possédée en échange du prix convenu. La vente peut être faite par acte notarié ou sous seing-privé. Les conventions arrêtées par écrit entre vendeur et acheteur sont enregistrées par l'État, ce qui constitue la sécurité des parties intéressées.

La propriété peut être cédée à titre gratuit de deux manières : la donation entre-vifs et le testament. Par la donation entre-vifs le donateur (celui qui donne) renonce actuellement et complètement en faveur du donataire (celui qui reçoit) à la propriété de la chose donnée. Cette donation est irrévocable.

Par le testament, le possesseur dispose de ses biens en faveur d'autres personnes pour le moment où il n'existera plus. Le testament n'a d'effet que le jour où le testateur décide.

Pour faire valablement une donation ou un testament il faut être sain d'esprit. Le mineur peut tester à seize ans, mais il ne peut disposer que de la moitié du bien qu'il pourrait donner s'il avait atteint sa majorité.

A défaut de testament les biens d'une personne décédée reçoivent l'attribution fixée par la loi sur les successions.

33ᵉ Leçon. — **Respect de la réputation d'autrui. — Jugements téméraires, médisance, calomnie, diffamation.**

Pensées et Maximes. — 1. *Ne fais pas toi-même ce qui te déplaît dans les autres* (Thalès).

2. *La sincérité de la parole humaine est une des conditions essentielles de l'existence de la société* (Carrau).

3. *Qui juge légèrement se trompe lourdement.*

4. *Une bonne réputation fait la moitié de la fortune d'un homme* (Vauvenargues).

5. *Ne jugez point suivant l'apparence, mais jugez suivant l'équité.*

6. *Celui qui prend plaisir à te raconter les fautes des autres ne manque pas de raconter aux autres celles que tu commets* (Pensée indienne).

Plan. — L'opinion de nos semblables exerce sur nous une grande influence et détermine souvent nos actes. Pour être approuvé et loué, pour éviter le blâme, pour ne pas encourir le mépris de nos contemporains, nous faisons violence à nos instincts, nous refrénons nos désirs, nous suivons les règles de conduite que la société, prise dans son ensemble, considère comme bonnes. Cela ne constitue pas l'honnêteté absolue; il y faut d'autres conditions plus rigoureuses, que notre conscience nous révèle, en nous faisant un devoir strict de les observer.

Il n'en est pas moins vrai qu'il ne faut point dédaigner cette honnêteté moyenne qui n'a rien d'héroïque, mais qui est par là même plus accessible à la masse : « La plupart des hommes et des femmes ont des âmes serviles; ils n'ont d'estime pour eux-mêmes que s'ils sentent qu'on les estime. Si on les méprise, ce mépris, même de la part de sottes gens, les accable et les torture » (J. Payot). On se dit bien peut-être qu'il existe un honneur personnel plus intime, plus sûr, qui ne dépend pas de l'opinion des autres. Si nous avions toujours l'approbation de notre conscience — à condition qu'elle fût un juge éclairé et incorruptible, — nous pourrions faire fi de l'opinion des autres et nous moquer du qu'en-dira-t-on. Mais nous sommes doublement heureux quand l'appréciation des autres confirme celle que, dans notre for intérieur, nous portons sur notre conduite. Cette approbation extérieure nous montre que nous avons de bonnes raisons de croire que nous ne nous sommes pas trompés en suivant la ligne que nous nous sommes tracée.

Il est donc naturel que l'homme tienne à sa réputation, à son honneur. Ce sont des biens délicats et fragiles qui se flétrissent à la moindre atteinte « comme le duvet des fruits mûrs maniés par des mains inhabiles ».

> L'honneur est comme une île escarpée et sans bords :
> On n'y peut plus rentrer lorsqu'on en est dehors.

Une bonne réputation nous acquiert l'estime, le respect, la confiance, l'affection de nos semblables. Dans le présent, elle nous console de nos souffrances; c'est le plus bel héritage que nous puissions laisser à nos enfants. Dans l'avenir, elle nous excite à persévérer dans la voie du bien; c'est un soutien pour notre vertu, une force contre les tentations; c'est un stimulant à mieux faire, si c'est possible, que nous n'avons déjà fait, et d'elle aussi on peut dire : « Noblesse oblige ».

Ravir à quelqu'un sa réputation, c'est donc lui causer un grave préjudice qu'on sera ensuite impuissant à réparer. Et il est malheureusement trop facile de causer ce dommage à autrui. Les *jugements téméraires*, la *médisance*, la *calomnie*, la *diffamation*, trouvent toujours des oreilles complaisantes pour les écouter et des bouches complices pour les répandre.

On juge témérairement quand on se fie exclusivement aux apparences : il est très difficile de porter un jugement certain sur une personne ou sur un acte. Nous sommes souvent dans l'impossibilité de connaître toutes les circonstances qui donnent à l'acte sa vraie valeur et encore plus incapables de pénétrer dans la conscience de celui sur lequel nous voulons nous former une opinion. Voyez de combien de précautions s'entourent les tribunaux avant de se prononcer sur les questions qu'ils examinent. Et pourtant on enregistre des erreurs judiciaires! Nous devons donc nous mettre en garde contre trop de promptitude, de précipitation et surtout nous garder de propager une opinion dont nous serions peu sûrs. Nous glisserions ainsi sur la pente de la médisance qui est à la fois une méchanceté et une lâcheté. Quand on médit, on prend — qu'on en convienne ou non — un malin plaisir à dévoiler les faiblesses, les peccadiles, les fautes d'autrui. La réprobation qui s'attache à la médisance n'atteint pas le témoigage de celui qui devant la justice qui l'interroge dit la vérité, pas plus que celui qui dénonce à qui de droit un crime impuni. La médisance n'a pas en vue la suppression des abus ou la poursuite de l'intérêt social et général; quand elle découvre une faute, un travers, un ridicule, elle les raconte aussitôt à qui veut l'entendre, sauf à celui dont elle fait sa victime. Et c'est là la lâcheté.

La calomnie ajoute un trait odieux à la médisance : tandis que celle-ci se contente de raconter des faits vrais, celle-là les invente de toutes pièces. C'est un véritable assassinat moral. Il peut arriver que la médisance et la calomnie se pénètrent et se confondent : à un fait réel, on ajoute des circonstances aggravantes, on l'accompagne de commentaires malveillants; on suppose des intentions qui n'ont jamais existé; on exagère, on dénature, on omet ce qui atténuerait la gravité de la faute.... Ce savant dosage de poison moral constitue la perfidie.

Pour ne point se rendre complice des calomnies, il ne faut pas prêter une oreille bienveillante et attentive à ceux qui font métier de déchirer leur prochain, car l'écoutant fait le médisant, et en tout cas, il faut examiner les choses de près et sans parti pris. En premier lieu, il ne faut pas admettre le mal *a priori* et croire au contraire que les accusés nous valent; ensuite, il faut examiner scrupuleusement le fait et se demander s'il est en rapport avec le caractère de l'accusé; enfin, il est nécessaire de faire la critique du témoin : A-t-il vu ce qui s'est passé? N'a-t-il pas intérêt à mentir? N'est-il pas un menteur habituel? N'est-il pas aigri ou méchant?... En agissant ainsi nous sommes moins en danger de nous laisser tromper. La loi protège avec raison la réputation de chacun de nous. Non seulement elle punit les calomniateurs, mais encore les diffamateurs, c'est-à-dire ceux qui donnent la publicité à des faits parfaitement exacts que la vindicte publique n'atteint pas. Les diffamateurs sont en réalité des médisants qui prennent à la fois tout le monde pour confident des secrets qu'ils ont surpris.

Résumé. — L'honneur et la bonne réputation sont des biens précieux que nous voulons transmettre intacts à nos enfants dont ce sera le plus bel héritage. Nous devons respecter ces biens chez les autres à l'égal d'une propriété de la plus haute valeur.

C'est pourquoi nous éviterons de porter sur les personnes

et sur leurs actes des jugements précipités. Nous nous garderons de répéter le mal que nous entendrons dire des autres. A plus forte raison nous abstiendrons-nous de les calomnier.

Questions. Problèmes moraux. Exercices de rédaction. — 1. Quel est le sens de l'expression : « il n'y a pas de fumée sans feu » ? Faut-il la prendre au pied de la lettre ? A quels dangers s'expose-t-on dans ce cas ?

2. « Tenons-nous bien, on nous regarde! » Expliquez et commentez ce conseil.

3. Peut-on éclairer un ami sur la valeur morale des gens avec qui il est en relations sans manquer au respect que nous devons à la réputation des autres ?

4. « Calomniez! Calomniez! il en restera quelque chose! » Montrez le danger de cette pratique et combien elle est lâche et condamnable.

5. Que veut-on dire par ces mots : « Avoir son siège fait » ?

6. Qu'est-ce que la franchise, la loyauté, la bienveillance? A quels défauts sont-elles opposées ?

7. Pour ne point calomnier il ne faut jamais médire. Montrez que de la médisance on tombe vite dans la calomnie.

8. Qu'appelle-t-on procès de tendance ?

LECTURES ET EXERCICES DE MÉMOIRE. — 1. **Médisances.**

CLITANDRE.

Parbleu! je viens du Louvre, où Cléonte, au levé,
Madame, a bien paru ridicule achevé.
N'a-t-il point quelque ami qui pût, sur ses manières,
D'un charitable avis lui prêter les lumières?

CÉLIMÈNE.

Dans le monde, à vrai dire, il se barbouille fort;
Partout il porte un air qui saute aux yeux d'abord,
Et, lorsqu'on le revoit après un peu d'absence,
On le retrouve encor plus plein d'extravagance.

ACASTE.

Parbleu! s'il faut parler de gens extravagants,
Je viens d'en essuyer un des plus fatigants :
Damon le raisonneur, qui m'a, ne vous déplaise,
Une heure, au grand soleil, tenu hors de ma chaise.

CÉLIMÈNE.

C'est un parleur étrange, et qui trouve toujours
L'art de ne vous rien dire avec de grands discours :

Dans les propos qu'il tient, on ne voit jamais goutte,
Et ce n'est que du bruit, que tout ce qu'on écoute.

. . . .

CLITANDRE.

Timante encor, madame, est un bon caractère.

CÉLIMÈNE.

C'est de la tête aux pieds, un homme tout mystère,
Qui vous jette en passant un coup d'œil égaré,
Et, sans aucune affaire, est toujours affairé.
Tout ce qu'il vous débite en grimaces abonde;
A force de façons, il assomme le monde;
Sans cesse il a, tout bas, pour rompre l'entretien,
Un secret à vous dire, et ce secret n'est rien;
De la moindre vétille il fait une merveille,
Et, jusques au bonjour, il dit tout à l'oreille.

. . . .

AGASTE.

Que vous semble d'Adraste?

CÉLIMÈNE.

           Ah! quel orgueil extrême!
C'est un homme gonflé de l'amour de soi-même.
Son mérite jamais n'est content de la cour,
Contre elle il fait métier de pester chaque jour;
Et l'on ne donne emploi, charge, ni bénéfice,
Qu'à tout ce qu'il se croit on ne fasse injustice.

CLITANDRE.

Mais le jeune Cléon, chez qui vont aujourd'hui
Nos plus honnêtes gens, que dites-vous de lui?

CÉLIMÈNE.

Que de son cuisinier il s'est fait un mérite,
Et que c'est à sa table à qui l'on rend visite.

ÉLIANTE.

Il prend soin d'y servir des mets fort délicats.

CÉLIMÈNE.

Oui; mais je voudrais bien qu'il ne s'y servît pas;
C'est un fort méchant plat, que sa sotte personne,
Et qui gâte, à mon goût, tous les repas qu'il donne.
      MOLIÈRE, *Le misanthrope*, acte II, scène V.

Autres lectures. — 2. *La médisance*, Bourdaloue. *La calomnie*,
Beaumarchais (A. CAHEN, Morceaux choisis des auteurs français,

p. 171 et 76. — THAMIN, Extraits des moralistes, p. 423 et 424).
— 3. *Pierre Vaux* (FÉLIX PÉCAUT, Morale personnelle, p. 16). —
4. *Suites de l'indiscrétion, Médisance* (BARRAU, Morale pratique,
p. 173 et 175). — 5. *Stanislas Borski* (STEEG, Le livre de Morale,
p. 97). — 6. *Le voyageur et le chien*, Stegg. *L'eau, le feu et la
réputation*, Delon (MASSON ET ROUSTAN, Nouveau livre de Morale
pratique, p. 223). — 7. *La diffamation* (WALDECK-ROUSSEAU,
Annales politiques et littéraires. Année 1904, p. 122). — 8. *L'aigle,
la laie et la chatte* (LA FONTAINE, liv. III, fable 6). — 9. *Les
oreilles du lièvre. Le satyre et le passant* (Même ouvrage, liv. V,
fables 4 et 7). — 10. *Le cochet, le chat et le souriceau]* (Même
ouvrage, liv. VI, fable 5). — 11. *Le lion, le loup et le renard* (Même
ouvrage, liv. VIII, fable 3). — 12. *La médisance*, V. Hugo (MASSON
ET ROUSTAN, Nouveau livre de Morale pratique, p. 221).

34ᵉ LEÇON. — **Respect des opinions et des croyances d'autrui. — Tolérance.**

Pensées et Maximes. — 1. *L'intolérance, c'est l'égoïsme de
la pensée* (A. FOUILLÉE).

2. *Méchante parole jetée ne peut se rattraper.*

3. *On ne fait point de mal aux autres sans s'en faire à soi-même.*

4. *La conviction se forme par l'évidence* (J. STEEG).

5. *Je suis obligé d'être citoyen, mais je suis libre d'être catho-
lique* (J. SIMON).

6. *Toute restriction de la liberté de penser est un attentat à la
dignité humaine.*

Plan. — La liberté physique n'est pas toute la liberté.
La liberté de penser a beaucoup plus d'importance. C'est
elle qui fait notre noblesse et notre valeur. Elle échappe à
toute contrainte extérieure : nul pouvoir humain ne peut
nous forcer, si nous n'y consentons pas par la libre adhésion
de notre esprit, à changer notre opinion et nos croyances.
La Déclaration des droits de l'homme a très explicite-
ment mis au rang des libertés de l'homme la liberté de
conscience et la liberté de la pensée qui en est la conséquence : « Nul ne doit être inquiété pour ses opinions
même religieuses.... La libre communication des pensées
et des opinions est un des droits les plus précieux. »
(Art. 10 et 11.)

Cette proclamation des droits de la pensée était nécessaire, car jusqu'à la veille de la Révolution, la liberté de

conscience a pu être mise en question ; les opinions religieuses ne pouvaient se manifester que grâce à une complaisance du pouvoir et à une tolérance qui peu à peu entrait dans les mœurs. Depuis la Révolution ce mot *tolérance* est insuffisant, car il impliquerait une faveur. Or le droit n'a pas besoin de faveur : la justice lui suffit. Cependant ce mot de tolérance a l'avantage de nous rappeler, si nous étions tentés de l'oublier, que la conquête de la liberté a eu ses combattants et ses héros. Il a fallu des siècles de luttes acharnées pour arriver à la diffusion, à l'acceptation de l'idée de tolérance. Louis XVI, au moment de son sacre, prononça, malgré les efforts de Turgot, le même serment que ses prédécesseurs : « Je jure d'appliquer tout mon pouvoir à l'extermination des hérétiques nommément condamnés par l'Église. » Il suffisait que le roi voulût tenir son serment ou qu'un confesseur fanatique lui en fît admettre la nécessité, pour que les horreurs de la persécution vinssent troubler la tranquillité du pays et compromettre sa prospérité.

L'intolérance est une forme brutale de l'ignorance agressive : les personnes intolérantes se croient en possession de la vérité absolue : elles n'admettent pas qu'on puisse penser ou croire autrement qu'elles ; les idées hardies, l'indépendance des esprits les déroutent, les choquent, et il n'est pas de violences auxquelles elles n'aient recours, si elles ont le pouvoir, pour empêcher la manifestation des pensées qui sapent l'ordre établi. Les savants, les inventeurs, les philosophes, les apôtres de religions nouvelles ont tous souffert de l'esprit d'intolérance : la liste en est longue depuis Socrate et Jésus jusqu'à Fulton et Jacquart. La persécution ne s'est pas bornée à s'acharner sur un seul homme ; dans le cours de l'histoire, nous avons vu fréquemment l'intolérance amener la persécution, soit religieuse, soit politique ou même sociale. Tel a été le cas dans l'établissement de l'Inquisition, la guerre des Albigeois, les guerres de Religion, les dragonnades des Cévennes, etc.

On ne peut plus aujourd'hui, heureusement, donner à la persécution une forme violente se traduisant par des attentats contre la vie ou la liberté physique des personnes ; mais on peut cependant encore enregistrer bien des exemples et des cas d'intolérance.

Voici un marchand, un industriel qui pratique une religion autre que celle de la majorité de ses voisins, ou qui même n'en pratique aucune. Celui qui, pour ce motif, non seulement lui retire sa clientèle — ce qui est son droit strict — mais qui s'efforce d'éloigner de lui les acheteurs, commet des actes d'intolérance.

Une élection se prépare, le suffrage universel va être appelé à désigner celui qui a sa confiance; plusieurs candidats sont en présence.... Si au lieu de laisser les électeurs manifester librement leurs préférences et faire leur choix, des meneurs cherchent à intimider ceux qui votent pour les amener à voter contre leur désir et leur conviction, ils se rendent coupables d'intolérance.

Les partis politiques se calomnient mutuellement; il suffit parfois d'être l'adversaire de quelqu'un pour être mis plus bas que terre, couvert d'insultes et accusé de tous les crimes par les journaux opposés.... C'est encore l'intolérance qui guide les plumes qui vous traînent dans la boue.

Dans la cour de récréation, un élève plus fort que certains de ses petits camarades, abuse de sa vigueur pour troubler leurs jeux; tel autre veut qu'on choisisse le jeu qui lui convient, à l'exclusion de ceux que ses condisciples préfèrent.... Tous les deux sont intolérants sans s'en douter.

Toutes ces manœuvres sont répréhensibles, parce que ce sont des violations du devoir de justice; elles témoignent chez ceux qui les pratiquent le mépris de la conscience d'autrui et elles provoquent l'hypocrisie et la haine chez ceux qui sont contraints de les subir.

Le rire dédaigneux, la moquerie, l'impolitesse sont encore des formes, et des formes très répandues de l'intolérance. On raille les opinions qu'on ne partage pas, on se rit des idées qu'on entend exprimer, on les tourne en ridicule malgré leur évidente sincérité, on se croit spirituel, alors qu'on n'est qu'injuste et peut-être grossier.

Faut-il conclure que nous devons nous incliner en silence devant ce que nous croyons contraire à la vérité, au bon sens? — Non, certes. Nous avons le droit de chercher à faire prévaloir notre opinion; mais ce droit ne s'exerce que dans la discussion libre et courtoise : nous pouvons chercher à convaincre notre adversaire, mais il faut que ce soit par l'évidence triomphante de nos preuves et non par la force de notre bras ou la violence de notre langage.

Résumé. — Chacun est libre de penser et de croire ce qui lui plaît et d'exprimer les opinions qu'il a. C'est un devoir strict pour nous de respecter tout ce qui a rapport à la liberté d'autrui. Nous nous laissons trop facilement aller à l'intolérance qui est une des formes de l'injustice. Nous devons surveiller nos pensées et nos actes afin que nos semblables ne puissent se plaindre que nous gênons la libre manifestation de leurs opinions.

Questions. Problèmes moraux. Exercices de rédaction. — 1. On dit : « De la discussion naît la lumière ». Expliquez et commentez cette maxime et tirez les applications pratiques qu'elle comporte.

2. Quels sont les actes d'intolérance dont vous avez été témoin ?

3. Les injures sont les raisons de ceux qui ont tort. Imaginez une histoire dont cette pensée sera la conclusion naturelle.

4. Quelles sont dans l'histoire les étapes de la liberté de conscience ?

5. « Tuez-les tous ! Dieu reconnaîtra les siens ! » Montrez ce qu'il y a d'horrible dans ces paroles qu'on prête à Amalric, abbé de Cîteaux, dans la guerre des Albigeois.

6. L'Édit de Nantes et sa révocation. Causes et conséquences de ces deux actes.

LECTURES ET EXERCICES DE MÉMOIRE. — **1. Persécution religieuse.**

« Nous, Intendant susdit, par jugement en dernier ressort, de l'avis des officiers du Présidial de Montpellier soussignés, avons déclaré et déclarons les dits Jean Vesson, Jacob Bonissel et Antoine Comte atteints et convaincus d'avoir fait les principales fonctions de Prédicant et de Ministre dans des assemblées, spécialement dans celles qui se sont faites dans la maison d'Anne Robert; déclarons aussi Marie Blagne atteinte et convaincue d'avoir participé aux dites fonctions des dits Vesson, Bonissel et Comte; d'avoir fanatisé et d'être la principale motrice des assemblées.

« Pour réparation de quoi les avons condamnés et condamnons à faire amende honorable en chemise, la corde au col tenant chacun une torche de cire ardente du poids de deux livres devant la porte de la chapelle de cette citadelle et là, à genoux déclareront que méchamment ils ont contrevenu aux ordres de Sa Majesté sur la religion, par les fonctions qu'ils ont faites, en demanderont pardon à

Dieu, au Roi et à la Justice, après quoi ils seront pendus et étranglés jusqu'à ce que mort s'en suive à des potences dressées pour cet effet.

« Avons pour avoir assisté les dits Vesson, Bonissel et Comte dans leurs fonctions aux assemblées condamné et condamnons les dits Jacques Bourelly et Pierre Figaret d'assister à leur exécution et à servir de forçat à perpétuité sur les galères du Roi.

« Avons déclaré et déclarons lesdits Anne Robert, Jeanne Mazauric et Suzanne Loubière atteintes et convaincues d'avoir reçu dans leur maison lesdits prédicants et les assemblées et de les avoir suivis dans leurs fonctions; pour la réparation de quoi les avons condamnées à assister à l'exécution et ensuite à être rasées et enfermées pour le reste de leur vie dans les prisons qui seront jugées convenables.

« Signé : DE BERNAGE, BORNIER, DE MONTAIGNE, CHAUVET, ETC.

« Fait à Montpellier le 26 avril 1722. »

Autres lectures. — 2. *La tolérance religieuse*, Voltaire (MASSON ET ROUSTAN, Nouveau livre de Morale pratique, p. 228). — 3. *La tolérance*, Vauvenargues (STEEG, Vie morale, p. 268). — 4. *L'ennemi généreux* (BARRAU, Morale pratique, p. 311). — 5. *Le fanatisme*, Voltaire (STEEG, Vie morale, p. 396). — 6. *Tolérance*, Balzac, Voltaire, Montesquieu, Turgot (H. THAMIN, Extraits des moralistes, p. 185, 193). — 7. *Histoire d'Alibée persan* (FÉNELON, fable 25). — 8. *La Saint-Barthélemy* (V. DURUY, Histoire de France, t. II, p. 37). — 9. *Parabole contre la persécution* (B. FRANKLIN, Essais de morale, p. 140). — 10. *Abus de la presse* (Même ouvrage, p. 209 et 305). — 11. *Le pauvre colporteur*, Lamartine, Jocelyn (MASSON ET ROUSTAN, Nouveau livre de morale pratique, p. 231). — 12. *Les deux paysans et le nuage* (FLORIAN, liv. IV, fable 19). — 13. *L'abeille et la mouche* (FÉNELON, fable 2).

Bibliographie. — J. SIMON, *La liberté civile*, ch. IV. — E. PELLETAN, *Jarousseau le pasteur du désert*.

§ II. — CHARITÉ

35ᵉ LEÇON. — Bonté. — Reconnaissance. — Égoïsme et Ingratitude.

Pensées et Maximes. — 1. *La façon de donner vaut mieux que ce qu'on donne.*

Tel donne à pleines mains qui n'oblige personne (CORNEILLE).

2. *La qualité dont nous tirons le plus d'avantages, c'est la bonté* (LAMARTINE).

3. *La reconnaissance est la mémoire du cœur.*

4. *Faisons le bien sans regarder qui en profite.*

5. *Le bien qu'on fait la veille fait le bonheur du lendemain* (PROVERBE INDIEN).

6. *C'est obliger deux fois qu'obliger promptement.*

7. *Un bienfait n'est jamais perdu.*

Plan. — Pratiquer la justice envers autrui, s'abstenir de lui causer du tort, n'est pas tout notre devoir; il faut encore lui faire du bien. Cette obligation ne nous est pas imposée par la loi écrite, mais par notre conscience (29ᵉ leçon). C'est ainsi que les devoirs de justice sont complétés par les devoirs de charité. Ceux-ci ont leur source dans la *bonté*.

On appelle ainsi une disposition de notre cœur, de notre esprit, de notre volonté qui nous fait souhaiter le bonheur de tous ceux qui nous entourent, de tous ceux dont nous voyons l'existence se dérouler parallèlement à la nôtre. Ce souhait de vie heureuse que nous formons pour autrui ne doit pas rester platonique; le désir de voir les autres heureux doit nous pousser à contribuer à ce bonheur dans la mesure de nos moyens et de nos forces.

La bonté n'est pas à un égal degré le partage de tous les cœurs. Elle peut être innée ou acquise. Il en est parmi nous qui sont doux et bons par nature et sans effort. Cette heureuse disposition leur facilite l'accomplissement de leurs devoirs envers autrui. Mais il arrive aussi que certaines personnes nées avec une propension à la malignité, à la méchanceté deviennent bonnes par l'éducation et par l'exercice de leur volonté appliquée au bien.

« La bonté, dit Prévost-Paradol, quand on la considère de près, n'est rien moins que le privilège le plus particulier de notre nature et le trait qui peut-être nous distingue le plus profondément du reste de l'univers. Au milieu de toutes les grandeurs du monde physique, des éclatantes beautés qui le décorent, de ces vastes monuments soumis à des lois inflexibles, au milieu de cet âpre combat pour la vie auquel tout ce qui existe est condamné, vous chercherez en vain la bonté; elle n'habite que le cœur de l'homme.

« Seul entre toutes les créatures, l'homme connaît une autre émotion que celle de sa propre souffrance; le contre-coup de la douleur d'autrui l'atteint, et, en portant secours à ceux qui souffrent, il sent qu'il se soulage lui-même. Bien plus, il sent qu'il s'élève, il découvre qu'il y a de ce côté dans son âme, une sorte de chemin ouvert vers une région supérieure à celle où s'agite tout ce qui l'entoure et où le reste de son être le tient lui-même attaché. »

Les formes sous lesquelles se manifeste la bonté de l'être humain sont nombreuses ; elles procèdent toutes de l'amour du prochain, du désir que nous avons ou que nous devrions avoir de voir nos semblables heureux et de notre volonté de contribuer à ce bonheur.

Le simple désir de voir les autres heureux est la *bien-veillance* ; s'il s'y ajoute la volonté effective de rendre de petits services qui nous coûtent peu et ne nous demandent pas une grande dépense de temps, nous avons l'*obligeance* qui deviendra la *bienfaisance* à un degré plus élevé.

Celui qui sent vivement les douleurs qui atteignent ses frères malheureux, qui s'efforce de calmer et d'adoucir ces peines en consolant ceux qui souffrent, en leur venant matériellement en aide exerce la *sympathie*, la *compassion*, la *pitié*, et d'une manière plus générale l'*humanité* et la *charité*, qui fera l'objet de la prochaine leçon.

La bonté est aussi la base des affections de famille ; celui qui n'est pas bon ne saurait véritablement aimer d'une manière désintéressée : il a toujours une arrière-pensée de profit personnel, soit dans l'affection qu'il manifeste pour ses parents, soit dans celle qu'il témoigne à ses amis. Les enfants ne s'y trompent pas ; ils reconnaissent les bons et les mauvais camarades, ceux qui placent leurs affections à gros intérêts et qui donnent un œuf pour recevoir un bœuf.

Nous rattacherons encore à la bonté la *politesse*, c'est-à-dire le respect délicat des personnes dans leurs idées et dans leurs actions. Sans les bonnes manières, le mérite, le talent et même la vertu sont difficilement supportables. Nous n'envisagerons pas toutes les situations dans les-quelles nous avons à faire preuve de savoir-vivre et nous n'essaierons pas de formuler les règles à suivre dans toutes ces situations. La meilleure, c'est celle qui nous fait nous mettre par la pensée à la place des autres et nous suggère par là même les égards que nous leur devons par compa-raison avec le sentiment que nous avons de ce qui nous est dû.

Il faut éviter toutefois de tomber dans la flatterie par

excès de politesse. La flatterie est toujours outrée, privée de sincérité et dénote, chez celui qui en fait usage, un esprit bas, sournois et faux.

Celui qui est dépourvu de sentiments altruistes, qui n'aime que sa personne à laquelle il rapporte tout, est un *égoïste*. L'égoïsme dessèche le cœur et isole l'homme. Comment celui qui n'aime personne pourrait-il prétendre à l'affection d'autrui? Aussi sa vie est-elle triste et son existence sans grandeur parce qu'elle ne vise aucun but noble, élevé, désintéressé. Notre devoir est donc, à ce point de vue, de combattre nos tendances trop personnelles afin de leur substituer des sentiments plus généreux pour nos semblables.

Celui qui s'applique à être bon, qui pratique la bienfaisance réelle, rend aux autres tous les services qui sont en son pouvoir; il acquiert ainsi des titres à la *reconnaissance* de ses obligés. Nous appellerons reconnaissance le sentiment et le souvenir très net que nous conservons de la bonté effective de nos bienfaiteurs — sentiment et souvenir joints à la volonté de témoigner à ceux qui nous ont obligés cette reconnaissance, non seulement par nos paroles, mais par l'ardeur de notre cœur et par nos actes, toutes les fois que l'occasion nous en sera offerte. Si au contraire la reconnaissance nous pèse, si la vue de nos bienfaiteurs et le souvenir de leurs bienfaits nous attriste et nous humilie, nous sommes des *ingrats*, c'est-à-dire des débiteurs qui, non contents de ne pas payer leurs dettes, cherchent à les nier.

Résumé. — Nous devons souhaiter le bonheur de tous nos semblables et faire tous nos efforts pour y contribuer. Nous tâcherons donc d'être bons pour eux, et par suite polis sans flatterie, obligeants, serviables, bienfaisants.

Si quelqu'un nous fait du bien, nous serons reconnaissants envers lui pour le service rendu et nous chercherons à nous acquitter de la dette ainsi contractée, au lieu de l'oublier et de la nier comme le ferait un ingrat.

Questions. Problèmes moraux. Exercices de rédaction. — 1. On dit quelquefois que « trop de bonté, c'est bêtise ». Faut-il admettre cette expression d'une façon absolue? Comment faut-il être bon?

2. Commentez la pensée suivante : « La pitié est une justice due à la faiblesse ».

3. La loi de Sparte condamnait à disparaître les nouveau-nés

infirmes, mal conformés ou affectés de maladies réputées incurables. Quels arguments pouvez-vous alléguer pour ou contre une pareille loi? (Pontsevrez, *Problèmes de morale*.)

4. Comment peut-on se faire aimer des autres?

5. Que répondriez-vous à quelqu'un qui prétendrait exiger de vous un acte de bienveillance?

6. Quels sont selon vous les caractères de l'égoïste?

7. On s'attache aux gens à qui on rend service. Pourquoi?

8. Les chagrins partagés sont diminués; les joies partagées sont augmentées. Cela est-il possible?

LECTURES ET EXERCICES DE MÉMOIRE. — 1. La reconnaissance.

Si nous sommes obligés à de pieux sentiments et à des manières bienveillantes avec tout le monde, combien ne le sommes-nous pas envers les personnes généreuses qui nous ont donné des preuves d'amour, de compassion et d'indulgence!

A commencer par les auteurs de nos jours, que jamais personne, après nous avoir secourus de ses actes et de ses conseils, ne nous trouve oublieux de ses bienfaits. A l'égard des autres, nous pouvons sans crime être un peu sévères dans nos jugements et réservés dans nos manières; envers celui qui nous a secourus, il ne nous est jamais permis de nous écarter de la plus minutieuse attention à ne pas l'offenser, pour ne pas lui causer le moindre chagrin, pour ne pas blesser sa réputation, pour nous montrer au contraire prompts à le défendre et à le consoler.

Bien des personnes s'irritent comme d'une impardonnable indiscrétion lorsque leur bienfaiteur prend ou semble prendre une trop haute opinion de ce qu'il a fait pour elles, et veulent que cette manière d'agir les délie de l'obligation d'être reconnaissantes. Un grand nombre, parce qu'elles ont la bassesse de rougir du bienfait reçu, sont ingénieuses à supposer qu'on n'a agi envers elles que par intérêt, par ostentation ou par quelque autre indigne motif et pensent de là trouver une excuse à leur ingratitude. Beaucoup, lorsqu'elles sont élevées en dignité, se hâtent de rendre un bienfait pour n'avoir point le fardeau de la reconnaissance; après cela elles croient pouvoir sans crime oublier tous les égards que ce devoir leur impose.

Toutes les arguties pour justifier l'ingratitude sont vaines; l'ingrat est un homme vil; et, pour éviter de tomber dans cette bassesse, il ne faut pas être avare de reconnaissance, il faut la prouver surabondamment.

Si votre bienfaiteur s'enorgueillit des avantages qu'il vous a procurés, s'il n'a pas avec vous la délicatesse que vous souhaitez, s'il ne vous paraît pas très clair que les motifs qui l'ont porté à vous obliger étaient généreux, il ne vous appartient pas de le condamner. Étendez un voile sur tous ses torts réels ou supposés, et considérez seulement le bien qu'il vous a fait. Considérez ce bien lors même que vous l'auriez rendu, et rendu au centuple.

Il est quelquefois permis d'être reconnaissant sans publier le bienfait reçu; mais toutes les fois que la conscience vous dit qu'il y a pour vous raison à le publier, qu'aucune fausse honte ne vous arrête; avouez votre dette de reconnaissance envers la main qui vous prêta secours. Rendre grâce sans témoins, c'est une sorte d'ingratitude.

SILVIO PELLICO, *Devoirs des hommes*.

Autres lectures. — 2. *Bienfaisance délicate* (E. TOUTEY, Lectures primaires, p. 366). — 3. *Le fils ingrat* (DIDEROT, Salons). — 4. *Bonté de Lamartine*, Legouvé (MASSON ET ROUSTAN, Nouveau livre de Morale pratique, p. 102). — 5. *La bonté* (PAUL BOURDE, Le patriote, p. 171). — 6. *Gratitude* (ED. DE AMICIS, Grands cœurs, p. 83). — 7. *Une promenade de Fénelon. Montesquieu. Le forgeron. Frescobaldi. Bienfait et reconnaissance. L'ingratitude punie. La reconnaissance récompensée* (BARRAU, Morale pratique, p. 221 à 266). — 8. *Le lion et le rat. La colombe et la fourmi* (LA FONTAINE, liv. II, fables 11 et 12). — 9. *Le loup et la cigogne* (Même ouvrage, liv. III, fable 9). — 10. *L'ours et les deux compagnons* (Même ouvrage, liv. V, fable 20). — 11. *Le cheval et l'âne* (Même ouvrage, liv. VI, fable 16). — 12. *Chanson de quête* (MAURICE BOUCHOR, Chants populaires des écoles, 1re série, p. 50).

Bibliographie. — PONTSEVREZ, *Notions morales*, chap. V. — MOLIÈRE, *Le misanthrope*.

36e LEÇON. — Charité, clémence, dévouement.

Pensées et Maximes. — 1. *Toute bonne action est charité* (LE CORAN).

2. *Il faut ressentir les injures et ne point s'en venger* (GRIMM).

3. *La bienfaisance est la première des vertus sociales.*

4. *Pour être agréable aux autres, il faut s'oublier* (MME DE MAINTENON).

5. La générosité souffre des maux d'autrui comme si elle en était responsable.

6. En se vengeant on se rend égal à son ennemi; en lui pardonnant on se montre son supérieur (BACON).

Plan. — La bonté nous porte, avons-nous dit, à vouloir le bonheur de nos semblables et par suite nous incite à y contribuer autant que nous le pouvons. Elle est basée sur l'amour que nous avons pour eux parce que nous les considérons comme des frères. Sous cette forme agissante, on donne à la bonté le nom de charité qui signifie lui-même amour. Les caractères de la charité sont admirablement détaillés dans le 13e chapitre de la 1re Épître aux Corinthiens : « Quand même je distribuerais tout mon bien aux pauvres, si je n'ai point la charité, cela ne me sert de rien. La charité est patiente; elle est pleine de bonté; elle n'est point envieuse ni insolente; elle ne s'enfle point d'orgueil. Elle n'est point malhonnête et ne cherche point son intérêt; elle ne s'aigrit point; elle ne soupçonne point le mal; elle ne se réjouit point de l'injustice mais se réjouit de la vérité. Elle excuse tout, elle croit tout, elle espère tout; elle supporte tout.... »

Cet amour d'autrui ne se borne pas à un sentiment intérieur de bienveillance, il se prolonge au dehors par des actes de bienfaisance. Celle-ci est à la portée de chacun de nous; et si nous le voulons bien, il nous sera facile de l'exercer même dans les conditions les plus ordinaires de la vie : l'écolier qui prête son livre à un camarade qui en est dépourvu; celui qui fait part de ses menus objets classiques à un voisin qui en manque ou qui collabore à l'instruction de ses condisciples, accomplit des actes de charité; de même le laboureur, qui, dans un moment de presse, aide son voisin à mettre la semence en terre ou à rentrer ses récoltes....

La bienfaisance, la charité, se traduisent fréquemment par un don matériel; c'est alors l'*aumône* dont il ne faut point s'exagérer la vertu. L'aumône est facile souvent, mais souvent aussi peu féconde. Si nous n'y voyons qu'un moyen rapide de nous acquitter de nos devoirs d'humanité envers les malheureux, elle n'atteint point pleinement son but. Le misérable souffre en effet par les privations qu'il endure, mais sa déchéance est pour lui la source d'un autre genre de peines plus nobles et peut-être plus vives, car ce sont des peines morales. Il est incontestable —

qu'on le regrette ou qu'on l'approuve — que l'opinion commune juge un peu les gens sur la mine et les estime d'après les signes extérieurs de la fortune; il est rare que celui qui est affligé des apparences de la pauvreté jouisse à première vue d'une grande considération. La première impression peut être modifiée par la connaissance des qualités morales qui sont l'apanage de l'individu, mais cette heureuse transformation ne peut être que le résultat d'une étude qu'on n'a pas le temps de faire, ou d'un commerce assez prolongé.

L'acte de charité doit donc, pour mériter ce nom prévoir l'état d'âme de celui auquel il s'adresse; il revêtira le caractère d'un acte de fraternité; ce sera un don de soi et non une dédaigneuse protection : sans sympathie, pas de vraie charité; c'est là ce qu'il ne faut jamais perdre de vue.

Les plus hautes expressions de la charité sont le *dévouement* et la *clémence*. L'homme dévoué ne calcule ni ne raisonne : il voit le bien à faire, l'acte à accomplir; il le fait, il l'accomplit sans préoccupation égoïste. C'est ainsi que tous les jours des personnes qui se dévouent exposent leur vie et la sacrifient quelquefois pour sauver leurs semblables en danger. Dans les calamités publiques, épidémies, incendies, inondations, naufrages, les grands cœurs trouvent l'occasion de donner carrière à leurs sentiments altruistes. Emportés hors et au-dessus d'eux-mêmes, ils donnent leur temps, leurs biens, leur sécurité, leur vie pour le bien et le salut des autres. Et le genre humain, qui dans tous les temps a applaudi l'héroïsme, témoigne que c'est pour lui le dernier mot de la vertu.

Indépendamment des cas où le dévouement ne demande qu'un effort momentané et presque surhumain, d'autres situations se présentent où il est tout aussi méritoire quoique moins éclatant. Sous cette forme modeste, le dévouement peut être le partage de tous : il n'est pas de profession, pas d'état où il ne trouve sa place : dans la société qu'il adoucit, dans les recherches de la science, dans les créations de l'art.

« Lorsqu'on n'a jamais nui à personne, qu'on a rendu le bien à ceux de qui on l'a reçu et même fait du bien à tous indistinctement, n'est-il plus de degré plus haut dans la moralité? Si, on peut monter encore. Il semble que la punition de l'offenseur soit un droit accordé par la nature; mais il est plus beau et plus grand d'élever son âme au-dessus de l'injure et de faire rougir le coupable en excitant en lui le remords par la générosité de l'oubli et du pardon [1]. »

Chacun de nous peut ainsi pratiquer cette vertu qu'on nomme *clémence* dont le monopole n'appartient pas aux souverains et aux dépositaires de leur autorité, mais à tous ceux qui possèdent la véritable grandeur morale.

Résumé. — La charité comprend l'affection de nos semblables dans toutes ses manifestations dont la plus fréquente est l'aumône. Pour que l'aumône soit efficace, nous devons la faire dans un sentiment de fraternité pour les malheureux qui en sont l'objet.

C'est la charité qui inspire à la fois l'esprit de sacrifice, le dévouement, l'héroïsme et la clémence, c'est-à-dire le pardon et l'oubli des injures.

Questions. Problèmes moraux. Exercices de rédaction. — 1. Est-il permis d'aimer inégalement nos semblables et sur quoi peut se baser avec justice cette inégalité d'affection ? Est-il aussi permis d'être incomplètement juste ?

2. « Charité bien ordonnée commence par soi-même. » Montrer que, dans son acception rigoureuse, cette maxime n'exprime rien qui doive être blâmé ; mais que, appliquée par des égoïstes, elle peut être détournée de son sens.

3. La charité doit être discrète et faite sans ostentation. — Commentez et justifiez.

4. Comment celui qui n'est pas riche peut-il faire la charité ? Et un enfant en particulier ?

5. Peut-on voler ou disposer de ce dont on n'est pas maître pour faire la charité ? La fin justifie-t-elle le moyen ?

6. Quels sont les actes de dévouement que vous avez vus dans l'histoire ou qui sont restés dans votre souvenir ?

7. Il est des héros dans tous les temps et dans toutes les professions : la paix a les siens comme la guerre, la science comme les métiers. Vous serait-il possible d'illustrer cette pensée par quelques exemples appropriés ?

Lectures et Exercices de mémoire. — 1. Charité délicate.

Un jour que je me promenais sur les falaises de Sainte-Adresse avec un ami, je vis endormi sur l'herbe drue un homme dont les vêtements annonçaient la plus profonde misère ; un vieux chapeau fauve et chauve était

1. Pontsevrez, *Notions morales.*

rabattu sur ses yeux; son habit avait été noir et avait eu des boutons; ses bas s'étaient percés à travers les trous de ses bottes; sa barbe accusait une végétation de cinq à six jours.

Mon ami et moi, émus d'un même sentiment de compassion, nous nous arrêtâmes à contempler ce spécimen d'une triste misère.

Tout à coup, sans parler, je tirai de ma poche une pièce de cinq francs, et, la posant sur une main, je la montrai à mon compagnon; il avait compris; lui qui était riche, il mit deux pièces de cinq francs à côté de la mienne. Je les enveloppai bien serrées dans un morceau de journal. Alors, faisant un détour, je m'avançai presque en rampant jusqu'à l'homme endormi. J'avais aperçu une poche de pantalon béante depuis longtemps déshabituée du bouton destiné à la fermer, car pourquoi l'aurait-on fermée?

Je faisais un pas, puis j'attendais que le léger bruit que fait en se relevant l'herbe comprimée eût cessé.

Jamais un chat voulant surprendre un oiseau ne fut plus patient, ne rampa plus silencieusement. Jamais voleur ne retint autant son haleine. J'arrivai debout derrière la tête du dormeur; là, je me permis de respirer franchement une fois.

Puis, je me baissai doucement : j'étendis le bras, et j'insinuai doucement ma main dans cette poche béante, affamée; puis j'y posai le petit paquet. Je retirai ma main, je me relevai, je me redressai; je m'éloignai avec les mêmes précautions; le pauvre diable ne s'était pas réveillé.

Oh! le cher homme, quel grand plaisir il nous fit ce jour-là! Et comme nous aurions voulu par reconnaissance lui avoir donné davantage! Si par hasard ces lignes tombent sous ses yeux, qu'il reçoive nos remerciements.

ALPH. KARR, *Menus propos*.

Autres lectures. — 2. *Différence entre l'aumône et la charité*, J.-J. Rousseau et Michelet (MASSON ET ROUSTAN, Nouveau livre de Morale pratique, p. 93). — 3. *Un trait de générosité* (ED. DE AMICIS, Grands cœurs, p. 12). — 4. *Justice et charité* (LAMENNAIS, Le livre du peuple). — 5. *Les pauvres et les malades*, Lamartine. *Le bon samaritain. Une mauvaise action*, Ch. Monselet (MASSON ET ROUSTAN, op. cit., p. 92-97). — 6. *Stanislas. Montyon. Lacépède. Mlle Barrau. Les enfants de l'école de Stanz. Les petits écoliers de Passy* (BARRAU, Morale pratique, p. 250 à 275). — 7. *Vivons en frères*, Voltaire (LABBÉ, Morceaux choisis, Cours supérieur, p. 270). — 8. *Le lièvre et la perdrix* (LA FONTAINE, liv. V, fable 17). — 9. *Pour les pauvres* (V. HUGO, Les feuilles d'automne). — 10. *Cinna, Clémence d'Auguste* (CORNEILLE, Cinna). — 11. *La gourde* (V. HUGO, La légende des siècles). — 12. *Hymne des temps futurs* (M. BOUCHOR, Chants populaires des écoles, p. 31).

---

§ III. — SOLIDARITÉ

37ᵉ LEÇON. — Fraternité, solidarité, mutualité (humanité, hospices et hôpitaux, orphelinats et asiles).

Pensées et Maximes. — 1. *Nous ne faisons jamais de grands biens ni de grands maux qui n'en produisent de semblables* (LA ROCHEFOUCAULD).

2. *Le moi est haïssable* (PASCAL).

3. *La bonté est le contrepoids de l'égoïsme.*

4. *Les grands périls ont cela de beau qu'ils mettent en lumière la fraternité des inconnus* (V. HUGO).

5. *On ne fait son propre bonheur qu'en s'occupant de celui des autres* (BERNARDIN DE SAINT-PIERRE).

6. *Celui qui abandonne son semblable dans le danger participe à sa perte.*

7. *La solidarité est un sentiment social qui a pour origine et pour fin le bien de la collectivité.*

Plan. — « Mettons la fraternité non pas seulement dans les mots mais dans les choses » a dit un philosophe contemporain. Il est en effet facile d'inscrire sur tous nos monuments la devise républicaine : liberté, égalité, fraternité, mais il est moins commode de pratiquer ces trois vertus, la dernière surtout qui exige l'oubli de soi et l'amour des autres. Le bonheur en société n'est pourtant possible qu'à ce prix. Si chacun ne pense qu'à lui-même, il vivra en face des autres comme un adversaire. Ce qu'on a appelé la lutte pour la vie prendra alors sa plus grande acuité et ce sera au plus fort, au plus adroit ou au moins scrupuleux que restera l'avantage. C'est cette conception que nous devons nous efforcer de changer du tout au tout en cherchant à remplacer la lutte pour la vie par l'union et la concorde pour la vie.

C'est à ce but que tend la *solidarité* comprise comme inspiratrice des œuvres de coopération et de mutualité. A ce titre, la solidarité est supérieure à la charité. Celle-ci,

au sens courant du mot, « exprime une sorte de condescendance sentimentale et gratuite de supérieur à inférieur »
(A. Croiset). Dans la solidarité, il n'y a au contraire ni
bienfaiteurs, ni obligés; tous les membres s'obligent les
uns les autres et reçoivent autant qu'ils donnent. Il faut
reconnaître que cette conception des rapports sociaux
donne la première place à la dignité et à la noblesse de
l'être humain et que, mieux que la charité, elle favorise
l'égalité.

Il s'en faut cependant que la solidarité soit assez bien
comprise et assez universellement pratiquée pour que les
organismes créés par la charité et l'humanité cessent
d'avoir leur raison d'être. Il est probable que même « dans
la cité organisée solidairement il y aura toujours place
pour la charité » et ce n'est pas demain qu'on pourra fermer
les hospices et les hôpitaux, les orphelinats et les asiles;
car « il y aura encore des enfants abandonnés, des
malades incurables, des aveugles, des sourds-muets, des
idiots et des fous. Il y aura des malheureux, d'énergie si
pauvre, qu'ils ne pourront s'astreindre à un travail quelconque; il y aura des caractères si débiles qu'ils sombreront dans le vice et l'alcoolisme; il y aura des paresseux
incapables des efforts que nécessite l'hygiène; il y aura
des imbéciles qui sacrifieront tout à la bonne chère et
d'autres à la vanité, au désir maladif d'éclipser autrui »
(J. Payot). Ces malades, ces infirmes, ces incapables,
ces dégénérés resteront toujours à la charge de la société
et, comme aujourd'hui, elle sera dans l'obligation de les
assister ou de les recueillir.

Mais si on ne peut attendre de la solidarité bien comprise
la suppression des misères humaines, du moins a-t-on le
droit d'en espérer une très notable atténuation.

Le champ d'action de la solidarité est très vaste, aussi
n'en indiquerons-nous que quelques formes. La loi sur les
accidents du travail (9 avril 1898) protège l'ouvrier contre
les risques physiques de son métier, mais il reste encore
à le prémunir contre d'autres atteintes de la fatalité :
chômage, maladie, usure et affaiblissement graduel de
l'organisme, se traduisant par l'impossibilité de se livrer à
un travail rémunérateur.... A ce triple mal il n'est d'autre
remède que l'organisation de l'assurance contre le chômage,
la généralisation de la mutualité et l'institution de la caisse
des retraites ouvrières.

Si la maladie nous atteint, si elle compromet la sécurité de notre famille en tarissant — momentanément au moins — la source de nos revenus dus à notre travail, nous avons les sociétés de secours mutuels [1], qui non seulement nous permettent de nous soigner efficacement, mais qui nous assurent en outre l'indemnité nécessaire pour attendre des temps meilleurs.

Mais pour amener le règne de l'âge d'or, il ne suffit point de maudire, avec notre époque, l'égoïsme, la dureté, la sécheresse de cœur de nos contemporains et de tout attendre d'un pouvoir plus ou moins surnaturel. Il faut que nous travaillions tous à l'amélioration sociale, persuadés que nos efforts ne seront pas frappés de stérilité. Le premier de ces efforts nous portera à la prévoyance et à l'association. Elles nous permettront de remplacer l'intolérable insécurité du lendemain par la certitude calme et tranquille de l'avenir. Rien, plus que cette douloureuse anxiété, n'est destructeur de force et d'énergie. A chaque instant la disparition d'un chef de famille qui laisse les siens dans la misère; l'incapacité de travail d'un ouvrier usé par son dur labeur viennent réveiller cette souffrance latente et empoisonner l'existence. Il n'en sera plus ainsi le jour où, tous *mutualistes* et sincèrement *solidaristes*, nous pourrons nous considérer comme faisant partie d'une famille élargie dont tous les membres seront vraiment nos frères.

Résumé. — Les hommes en société ne seront vraiment heureux que le jour où ils s'aimeront comme des frères et où, pratiquant la solidarité sociale, ils se soutiendront et s'aideront mutuellement.

Nous devons travailler de toutes nos forces à amener dans le monde le règne de la fraternité qui, s'il ne supprime pas la souffrance inséparable de notre nature, en adoucit au moins l'amertume par la certitude qu'il nous donne de n'être jamais abandonnés.

Questions. Problèmes moraux. Exercices de rédaction. — 1. « Il faut s'entr'aider, c'est la loi de nature », dit La Fontaine (*L'âne et le chien*). Expliquez cette pensée et particulièrement la seconde partie.

1. Les sociétés de *secours mutuels* seraient mieux appelées sociétés d'*aide mutuelle*, le mot secours impliquant l'idée d'assistance non obligatoire de la part de celui qui vient en aide. Entrer dans une société de secours mutuels, c'est en réalité contracter une assurance contre les risques de maladie.

2. Comment dans la solidarité tous travaillent-ils pour chacun et chacun pour tous? Donnez des exemples.

3. Montrez que nous sommes meilleurs et plus heureux que nos devanciers. Cherchez les causes de cette double amélioration et indiquez les devoirs qu'elle nous impose.

4. On dit quelquefois : « Il faut faire comme les autres ». Montrez les bons et les mauvais résultats que peut produire l'application absolue de ce dicton.

5. La sagesse du proverbe : « Entre l'arbre et l'écorce, il ne faut pas mettre le doigt », exclut-elle le devoir de porter secours à notre semblable attaqué par un malfaiteur ? Que feriez-vous en pareil cas ? (PONTSEVREZ, *Problèmes de morale*, p. 149.)

6. La gloire ou la honte d'un individu rejaillit sur son groupe parce que plus les hommes se ressemblent, plus ils sont capables des mêmes actions. — Développez.

LECTURES ET EXERCICES DE MÉMOIRE. — 1. De la solidarité.

Il est une vérité dont la connaissance me paraît fort utile, qui est que, bien que chacun de nous soit une personne séparée des autres, et dont par conséquent les intérêts sont en quelque façon distincts de ceux du reste du monde, on doit toutefois penser qu'on ne saurait subsister seul, et qu'on est en effet l'une des parties de l'univers, et plus particulièrement encore l'une des parties de cette terre, de cet État, de cette société, de cette famille à laquelle on est joint par sa demeure, par son serment, par sa naissance ; et il faut toujours préférer les intérêts du tout dont on est partie à ceux de sa personne en particulier.

Si on rapportait tout à soi-même, on ne craindrait pas de nuire beaucoup aux autres hommes lorsqu'on croirait en retirer quelque petite commodité, et on n'aurait aucune vraie amitié, ni aucune fidélité et généralement aucune vertu ; au lieu qu'en se considérant comme une partie du public, on prend plaisir à faire du bien à tout le monde, et même on ne craint pas d'exposer sa vie pour le service d'autrui lorsque l'occasion s'en présente ; jusque-là qu'on voudrait aussi perdre son âme, s'il se pouvait, pour sauver celle des autres ; en sorte que cette considération est la source et l'origine de toutes les plus héroïques actions que fassent les hommes.

DESCARTES, *Lettres à la princesse Élisabeth.*

Autres lectures. — 2. *Dévouement pour ses semblables,* V. Hugo (E. Toutey, *Lectures primaires,* p. 244). — 3. *Un bienfaiteur de ses compatriotes,* Max. Ducamp (Même ouvrage, p. 284). — 4. *Les trois voyageurs,* Lamennais. *Les bienfaits des morts,* About. *Comment nous pouvons témoigner notre reconnaissance à nos aïeux,* Francisque Sarcey. *Fraternité pratique,* V. Hugo, *La vieille pauvresse,* C. Wagner (Masson et Roustan, Nouveau livre de Morale pratique, p. 85 à 106). — 5. *Les métiers,* J. Aicard (Jost et Cahen, Lectures courantes, 1re série, p. 131). — 6. *La mutualité* (J. Simon). — 7. *L'aveugle et le paralytique* (Florian, liv. I, fable 20). — 8. *Le lapin et la sarcelle* (Même ouvrage, liv. IV, fable 13). — 9. *L'âne et le chien* (La Fontaine, liv. VIII, fable 17). — 10. *L'oiseleur, l'autour et l'alouette* (Même ouvrage, liv. VI, fable 15). — 11. *Le gué,* Sully Prudhomme (Labbé, Morceaux choisis, Cours supérieur, p. 438).

Bibliographie. — *Essai d'une philosophie de la solidarité.* Notamment la préface et la huitième conférence (Alcan, éditeur). — H. Marion, *Solidarité morale.*

Compléments pour le Cours supérieur. — **Mutualité. Coopération.**

Les sociétés de mutualité ont pris une extension considérable. La plupart d'entre elles ont pour objet de venir en aide à leurs membres en cas de maladie ou de chômage forcé. Mais plusieurs donnent aussi une petite pension de retraite dans certains cas déterminés. La condition principale à remplir pour jouir de ces avantages est le versement d'une légère cotisation qui est un bien léger sacrifice en comparaison du bien qui en résulte.

Il existe des sociétés coopératives de toute nature, mais on peut les classer en deux grandes catégories : les coopératives de production et les coopératives de consommation. Ces dernières ont pour objet et pour résultat de mettre à la disposition de leurs membres des denrées de bonne qualité à de meilleures conditions que celles qu'ils obtiendraient chez les débitants, car pour réaliser un bénéfice ceux-ci majorent le prix de tout ce qu'ils vendent.

CHAPITRE VI

LE DEVOIR. — LA CONSCIENCE
L'IDÉAL

**38ᵉ Leçon. — La loi du devoir. Le bien et le mal.
La conscience.**

Pensées et Maximes. — 1. *Il n'y a qu'une manière d'aimer
le bien, c'est de le faire* (Stahl).

2. *La conscience est le pouls de la raison qui bat et nous
avertit* (Coleridge).

3. *Quand la justice disparaît, il n'y a plus rien qui puisse
donner de la valeur à la vie des hommes* (Kant).

4. *Le bien et le mal ne peuvent pas plus s'associer que l'eau et
le feu.*

5. *Science sans conscience est ruine de l'âme* (Rabelais).

6. *Le bien fait peu de bruit ; le bruit fait peu de bien.*

7. *Sois une conscience* (Ed. Quinet).

Plan. — Nous apprécions, nous jugeons les actes dont
nous sommes témoins, ceux dont nous avons connaissance
sans les avoir vu s'accomplir; nous jugeons nos propres
actes, nos volontés, nos désirs. Il n'est point nécessaire
pour cela d'être savant ni d'avoir atteint la maturité de
l'âge : les ignorants, les adolescents, les enfants même
sont capables — quoique à des degrés divers — de ces appré-
ciations, de ces jugements. Ils approuveront par exemple
celui qui secourt ses semblables, qui protège les faibles
contre les violences des méchants, celui qui rend à son
propriétaire un objet trouvé. Ils blâmeront, au contraire,
celui qui ne paie pas ses dettes, qui manque à sa parole,
qui s'empare du bien d'autrui, celui qui se laisse dominer

par l'ivrognerie ou la paresse.... Tous les hommes ont ainsi un certain nombre d'idées morales instinctives, innées, d'après lesquelles ils jugent ce que font leurs semblables et ce qu'ils font et pensent eux-mêmes : ce qui est conforme à ces idées est pour eux le *bien* tandis que le *mal* est ce qui est contraire à ces mêmes idées.

La notion du bien et du mal, le sens moral a varié dans l'histoire et son perfectionnement a suivi le développement de l'espèce humaine. Si on se reporte assez loin en arrière, on constate un progrès moral dans les individus et dans la société : il y a plus de justice, la loi a remplacé l'arbitraire, la dignité de la personne humaine n'est pas contestée; l'esclavage a disparu; la conscience s'est affinée et aujourd'hui, certains actes la choquent qu'on eût trouvés tout naturels autrefois. De sorte que si le sentiment du bien n'a pas changé lui-même, l'interprétation de ce sentiment et son application aux circonstances de la vie ont été modifiées.

Non seulement le sens intime dont nous parlons nous fait sentir qu'il y a du mal et du bien, mais encore il nous indique ce qui est bien et ce qui est mal pour nous, eu égard à notre âge, à notre situation. C'est ce sens intime qu'on appelle la *conscience morale* [1] que nous pouvons définir la faculté qui nous fait distinguer le bien du mal, le juste de l'injuste.

La conscience existe chez tous les hommes et elle ne se contente pas de juger les actes et les pensées, de nous faire par conséquent connaître le bien et le mal; elle nous ordonne d'accomplir l'un et d'éviter l'autre. Ses ordres sont formels et permanents; ils nous gouvernent même en l'absence de toute autre autorité quand personne ne peut nous voir ou nous entendre. Et nous avons la conviction absolue que c'est à elle que nous devons obéir si nous voulons rester en paix avec nous-même.

Mais ce n'est pas du premier coup que nous entendons clairement la voix de notre conscience : elle ne discerne pas non plus toujours avec toute la netteté désirable le

---

1. On pourra peut-être faire ici la distinction entre la conscience psychologique qui nous fait connaître ce qui se passe en nous et qui est un phénomène d'ordre intellectuel et la conscience morale qui compare à l'idéal du bien et juge d'après cette comparaison. A ces deux acceptions d'un même mot correspondent deux adjectifs différents, conscient et consciencieux.

devoir à accomplir. Il faut que son éducation soit faite, et cette éducation qui commence pour l'enfant dans la famille se continue toute la vie. Il en est de la conscience de l'homme comme de toutes ses autres facultés : elle a besoin d'être cultivée. L'homme qui ne marcherait jamais perdrait l'usage de ses jambes ; de même celui qui ne s'exercerait pas à parler perdrait l'usage de la parole. Comme les facultés physiques, celles de l'esprit et du cœur s'atrophient si elles restent inactives ou si elles sont mal dirigées.

Le développement de la conscience s'opère d'abord au sein de la famille dont les exemples forment peu à peu la moralité de l'enfant; il se continue à l'école par l'influence des maîtres et des camarades, puis viennent les lectures, les réflexions personnelles, les efforts dont on reconnaît la nécessité pour assurer le perfectionnement que chacun de nous doit chercher à réaliser en lui. Ces réflexions sur nous-mêmes nous conduisent à l'examen de conscience que Franklin, après Sénèque, a recommandé : « Nous devons toujours appeler notre âme à rendre des comptes, dit le philosophe latin. Ainsi faisait Sextius. Sa journée terminée, avant de se livrer au repos de la nuit, il interrogeait son âme : « De quel défaut t'es-tu aujourd'hui guérie? « Quelle passion as-tu combattue? En quoi es-tu devenue « meilleure? »

L'habitude de scruter notre conscience et de régler notre vie d'après cet examen nous conduit à la pratique de la *vertu*, c'est-à-dire à l'accomplissement habituel et régulier des devoirs qu'impose la loi morale. L'accomplissement de ces devoirs n'est pas toujours facile, et la vertu ne va pas sans lutte contre nos instincts bons ou mauvais; mais il faut persévérer dans cette lutte en vue du bien pour arriver à ce résultat : que la vertu soit une disposition constante, un état habituel, une règle aimée que notre volonté réussit à observer malgré les tentations qui visent à l'en détourner.

Résumé. — La conscience morale nous fait distinguer le bien du mal, le juste de l'injuste. Elle nous recommande de faire le bien et d'éviter le mal. Notre devoir est de lui obéir. Nous devons en outre la développer et la maintenir délicate et droite afin qu'elle ne considère jamais comme indifférent un acte répréhensible. C'est dans ce but que nous devons faire fréquemment notre examen de conscience et prendre l'habitude d'une conduite vertueuse.

13

Questions. Problèmes moraux. Exercices de rédaction. — 1. Nous aimons qu'on nous conseille ce que nous désirons. Pourquoi? Rapprochez de cette idée celle exprimée par le vers suivant : « Aimez qu'on vous conseille et non pas qu'on vous loue ».

2. Que devons-nous faire d'un objet trouvé? Devons-nous accepter la récompense offerte par le perdant?

3. Expliquez le sens de cette maxime : « Fais ce que tu dois, advienne que pourra ».

4. Définissez le *respect humain*. Montrez que, pour les âmes faibles, il est le mobile de beaucoup d'actions condamnables.

5. « Dans le doute abstiens-toi. » Quel est le sens et la portée de ce conseil?

6. Qu'appelle-t-on *excuses?* A qui en doit-on et quand doit-on en faire ?

7. Quelle différence essentielle voyez-vous entre l'homme et l'animal?

8. Le regret et le remords sont-ils identiques? Dans quels cas éprouvez-vous l'un ou l'autre ?

LECTURES ET EXERCICES DE MÉMOIRE. — 1. Petits défauts
et petites vertus.

Il ne faut pas mépriser les petits défauts. Il n'est si petit ennemi qui ne puisse nuire à la longue. Ce ne sont pas les éléphants qui détruisent les moissons et ruinent les laboureurs dans les plaines de la Beauce : ce sont les sauterelles et les petites chenilles quand les blés sont en herbe; les charançons et autres insectes imperceptibles, quand ils sont mûrs.

Les petits maux qui se répètent, qui ne vous lâchent pas, et dont on ne se méfie guère, sous prétexte qu'ils ne sont pas mortels, sont de plus insupportables ennemis que les grosses maladies contre lesquelles, dès le début, on se met en défense. Ce n'est presque jamais que par les petits maux négligés que les grands arrivent. Il faut se garantir des plus petits rhumes si on veut éviter les fluxions de poitrine.

Un petit point noir sur une dent ce n'est rien; si vous ne le montrez pas très vite au dentiste, c'est bientôt toute la dent gâtée, si vous ne la faites pas arracher, ses voisines se gâteront à leur tour, puis les voisines de ces voisines, et toute la bouche y passera.

Soyez indulgents aux petits défauts de vos amis, si vous ne pouvez les réformer; mais aux vôtres, qui sont toujours sous votre main, croyez-moi, soyez implacable. La rouille

vient à bout de l'acier le mieux trempé. Le taret, qui est
un bien petit insecte, a mis vingt fois la Hollande en danger
en perçant ses digues, les plus fortes du monde.

J'ai dit des petits défauts qu'il ne fallait pas en faire fi. –
Je dirai des petites vertus qu'il faut en faire très grand cas.
Outre qu'elles sont d'un plus fréquent usage que les grandes
elles sont aussi d'une plus grande aide qu'on ne le croit
dans la vie.

Faire des actions d'éclat, c'est très beau, mais l'occasion
en est rare; si l'on attendait pour bien agir le moment
d'être héroïque, on risquerait d'attendre toujours, et la
paresse, qui n'est pas une vertu, pourrait trouver son
compte à cette attente. Quand il s'agit de faire le bien, il
faut donc se contenter du petit à défaut du grand et ne
jamais se croiser les bras : l'exercice des petites vertus
d'ailleurs peut seul mener à la pratique des grandes.

STAHL, *Morale familière.*

Autres lectures. — 2. *La conscience,* Massillon (G. MERLET,
Extraits des classiques français, p. 133). — 3. *Les amis ouvriers*
(E. DE AMICIS, Grands cœurs, p. 218). — 4. *Le fondateur de la
morale,* G. Duruy (E. TOUTEY, Lectures primaires, p. 24). —
5. *Faire du bien autour de soi,* Lacordaire. *Le sentiment du
devoir,* A. Vincent (Même ouvrage, p. 254 et 334). — 6. *Bonne et
mauvaise conscience. Conscience pure. Examen journalier. Efforts
courageux et assidus* (BARRAU, Morale pratique, p. 46 à 51). —
7. *La conscience* (STOP, Bêtes et gens). — 8. *Le bien* (RATISBONNE,
Divers recueils). — 9. *La conscience* (DIDEROT). — 10. *Règles pour
un club d'amélioration mutuelle* (B. FRANKLIN, Essais de morale
et d'économie politique, p. 17). — 11. *Sois une conscience*
(E. QUINET, Édition du centenaire, p. 120). — 12. *La fête des
morts* (BOUCHOR, Chants populaires des écoles, 1re série, p. 38).

Bibliographie. — J. PAYOT, *Éducation de la volonté.* —
FR. BOUILLIER, *La vraie conscience.* — JULES SIMON, *Le devoir*

39e LEÇON. — **Liberté et responsabilité.** — **Mérite
et démérite.**

Pensées et Maximes. — 1. *Nous pouvons tous quelque chose
et ce que nous pouvons, nous le devons* (F. PASSY).

2. *La parfaite valeur est de faire sans témoins ce qu'on serait
capable de faire devant tout le monde* (LA ROCHEFOUCAULD).

3. *Le devoir et le droit sont frères; leur mère commune est la liberté* (V. Cousin).

4. *Ne réclamons pas le prix avant la victoire, ni le salaire avant le travail* (J.-J. Rousseau).

5. *Tous les actes de ma vie prouvent invinciblement que j'ai foi en ma liberté* (J. Simon).

6. *Les bons mouvements ne sont rien, s'ils ne deviennent de bonnes actions* (Joubert).

Plan. — Nous avons déjà parlé de la liberté (31e leçon) et constaté que nous devons la respecter chez autrui pour que les autres la respectent en nous. Il faut distinguer ici deux sens dans le mot liberté. Si nous considérons la possibilité d'agir, c'est-à-dire la liberté de nos mouvements, la liberté de notre corps, nous aurons la *liberté physique* qui nous est commune avec tous les êtres vivants : L'oiseau est libre quand il vole dans l'air; il cesse de l'être si nous le mettons dans une cage, le chien est libre tant qu'il n'est pas attaché. L'homme lui-même cesse d'être libre s'il est retenu en prison…. Cette liberté physique peut être perdue et reconquise.

La *liberté morale*, second sens du mot, est tout autre chose. Nous la possédons de naissance à condition que nous jouissions de notre raison, et personne ne peut nous la ravir. Nous nous sentons libres et chaque fois que nous avons pris en nous-même une décision, nous savons parfaitement que, si nous l'avions voulu, nous aurions pu décider le contraire. On peut avoir la liberté physique sans la liberté morale et réciproquement. Un paralytique cloué dans son lit n'a pas la liberté physique puisque ses membres refusent leur service à sa volonté, mais il a la liberté morale, celle de vouloir, tandis qu'un aliéné, non enfermé dans un asile, jouit de la liberté physique et manque de de liberté morale, car les décisions qu'il peut prendre, les actes qu'il peut exécuter ne sont pas soumis au contrôle de la raison.

Seule la liberté morale entraîne la *responsabilité*, c'est-à-dire l'obligation de rendre compte de ses actes et d'en recevoir le prix : une récompense si l'acte est bon et méritoire, une punition s'il est mauvais et dégradant.

Dans la responsabilité, il faut considérer le fait lui-même et l'intention qui l'a inspiré et amené. Un braconnier tue traîtreusement un garde-chasse ou un gendarme pour se venger de ce que celui-ci l'a autrefois fait condamner par la justice. Un chasseur imprudent croyant tirer sur une pièce de gibier tue un bûcheron que les broussailles dérobaient à sa vue. Dans les deux cas il y a un homme tué, mais le braconnier a tué avec intention de tuer et le chasseur sans le vouloir à aucun degré; le premier meurtrier est un assassin moralement responsable, le second est un homicide par imprudence; il n'est ni coupable ni responsable moralement [1].

La responsabilité morale n'existe donc que dans certaines conditions, et elle est variable, suivant que ces conditions sont complètement remplies ou non. Ces conditions sont le discernement, la raison ou l'intelligence et la liberté!

Tout ce qui paralyse la raison et l'intelligence diminue la responsabilité : Supposons un acte identique accompli par diverses personnes : un enfant aura moins de responsabilité qu'un adolescent ou un homme fait parce que dans celui-ci la raison est complètement développée.

Un ignorant aura moins de responsabilité qu'un homme instruit et cultivé, car celui-ci peut plus exactement mesurer la portée de ses actes et mieux prévoir et envisager toutes leurs conséquences.

Chez un homme dominé par la colère, la gravité des actes condamnables est sinon supprimée, du moins atténuée, car la liberté de cet homme n'est plus entière.

Il en est de même des actes commis par un homme en état d'ivresse.

Mais si dans ces deux cas la responsabilité est atténuée, elle ne disparaît pas, car l'homme irascible est responsable de s'être mis en colère, et l'homme en état d'ivresse est responsable de son intempérance.

La liberté et la responsabilité créent le *mérite* et le *démérite* : Quand nous suivons la loi du devoir, quand après réflexion et délibération, nous nous décidons pour les bonnes actions et que nous excluons les mauvaises nous *méritons*, nous avons droit à l'approbation de nos semblables, tandis que nous *déméritons* si nous n'obéissons pas à notre conscience qui nous montre le bien.

Le mérite nous vaut des récompenses dont la première et la meilleure est celle que nous trouvons en nous par suite de l'approbation de notre conscience.

---

1. La responsabilité du chasseur imprudent n'est pas totalement supprimée : c'est une responsabilité civile et celui qui commet un homicide doit — autant que possible — réparer le dommage qu'il a causé.

Le démérite nous expose aux punitions, à commencer par la peine intime que nous ressentons quand notre conduite n'a pas été conforme à l'idéal du bien qui doit être notre règle.

Nous devons donc pour être en paix avec notre conscience faire le bien et éviter le mal. Nous serons puissamment aidés dans cette tâche par l'*habitude*, c'est-à-dire la disposition qui se développera en nous à mesure que nous résisterons mieux et plus souvent aux tentations malsaines ce qui nous rendra le bien de plus en plus facile.

Résumé. — Nous sommes moralement libres et responsables si nous jouissons de notre intelligence et de notre raison et nous devons dans ce cas rendre compte de nos actes ; les bons sont récompensés et les mauvais punis.

Quand nous ne sommes pas de sang-froid, notre responsabilité diminue, mais elle ne disparaît point ; car, avec une volonté forte nous sommes les maîtres de ne point perdre notre sang-froid.

La meilleure récompense de notre bonne conduite c'est l'approbation de notre conscience et la satisfaction du devoir accompli.

Questions. Problèmes moraux. Exercices de rédaction. — 1. On dit quelquefois : « Il ne faut prendre d'habitudes que celle de n'en point avoir ». Que faut-il penser de cette affirmation ?

2. Vous avez été sollicité par un condisciple d'aller chercher des nids au lieu de vous rendre en classe. Qu'avez-vous fait ? Et quelles sont les raisons de votre conduite ?

3. « C'est plus fort que moi ! » dit celui qui ne veut pas réagir contre ses mauvaises tendances. A-t-il raison ?

4. Que pensez-vous du rôle du loup et de celui du chien dans la 5ᵉ fable du 1ᵉʳ livre de La Fontaine ?

5. Une enfant de quatre ans étant seule dans un jardin cueille dans son tablier toutes les fleurs des pois qui sont à sa portée. Que pensez-vous de son acte et quels sont les sentiments qui doivent se partager l'âme du maître du jardin ?

6. « Vouloir c'est pouvoir », dit le proverbe. Peut-on réellement tout ce qu'on veut ? Qu'y a-t-il de vrai dans cette pensée et quelle peut en être la portée pratique ?

7. Que pensez-vous de l'acte d'un enfant qui frappe une table à laquelle il s'est heurté ?

8. Qu'appelle-t-on « circonstances atténuantes » ? Imaginez un acte et des circonstances qui en atténuent la gravité.

9. Pourquoi applique-t-on un châtiment à un animal qui a causé du dommage ? Est-il responsable ?

Lectures et Exercices de mémoire. — 1. La liberté.

La liberté dans l'homme est la santé de l'âme. Peu de gens ont cette santé entière et inaltérable. Notre liberté est faible et bornée comme toutes nos autres facultés, nous la fortifierons en nous accoutumant à faire des réflexions et à maîtriser nos passions ; cet exercice de l'âme la rend un peu plus vigoureuse. Mais quelques efforts que nous fassions, nous ne pourrons jamais parvenir à rendre cette raison souveraine de tous nos désirs, et il y aura toujours dans notre âme comme dans notre corps des mouvements involontaires ; car nous ne sommes ni sages, ni libres, ni saints que dans un très petit degré.

Je sais que l'on peut, à toute force, abuser de sa raison pour contester la liberté aux animaux et les concevoir comme des machines qui n'ont ni sensations, ni désirs, ni volontés, quoiqu'ils en aient toutes les apparences. Je sais qu'on peut forger des systèmes, c'est-à-dire des erreurs, pour expliquer leur nature. Mais enfin, quand il faut s'interroger soi-même, il faut bien avouer, si l'on est de bonne foi, que nous avons une volonté, que nous avons le pouvoir d'agir, de remuer notre corps, d'appliquer notre esprit à certaines pensées ; de suspendre nos désirs, etc.

Il faut donc que les ennemis de la liberté avouent que notre sentiment intérieur nous assure que nous sommes libres ; et je ne crains point d'assurer qu'il n'y en a aucun qui doute de bonne foi de sa propre liberté, et dont la conscience ne s'élève contre le sentiment artificiel par lequel ils veulent se persuader qu'ils sont nécessités dans toutes leurs actions.

VOLTAIRE.

Autres lectures. — 2. *La volonté*, Mme Necker de Saussure (Steeg, Vie morale, p. 30). — 3. *La liberté morale*, Fichte (Même ouvrage, p. 58). — 4. *Le sentiment du bien accompli*, Lacordaire (R. Thamin, Extrait des moralistes, p. 247). — 5. *Le mérite ne dépend que de l'effort*, Jouffroy (Même ouvrage, p. 25). — 6. *La volonté* (E. de Amicis, Grands cœurs, p. 81). — 7. *Le soufflet*, Diderot (Labbé, Morceaux choisis, cours moyen, p. 187). — 8. *La brebis et le chien* (Florian, liv. II, fable 3). — 9. *Le château de cartes* (Florian, liv. II, fable 12). — 10. *Le chien coupable* (Florian, liv. V, fable 17).

Bibliographie. — G. Renard, *L'homme est-il libre?* — H. Marion, *Solidarité morale.*

40ᵉ Leçon. — Quel doit-être l'idéal de la vie?

Pensées et Maximes. — 1. *Les idées morales représentent le sacrifice de nos passions* (H. Rabusson).

2. *Aimez vos devoirs comme vous aimez vos plaisirs et vous serez heureux.*

3. *Le devoir a des plaisirs qui ne connaissent pas la satiété.*

4. *Un pas hors du devoir peut nous mener loin* (Corneille).

5. *La direction de notre esprit est plus importante que son progrès* (Jouffroy).

6. *Le bien pour un être est l'accomplissement de sa destinée* (Jouffroy).

7. *La plus belle question du monde est celle-ci : « Quel bien puis-je faire? »*

Plan. — Dans les leçons qui précèdent, nous avons étudié nos divers devoirs, persuadés que s'il est possible d'être un très honnête homme sans connaître à fond la morale, la vue claire et complète de nos obligations n'est pas un obstacle à leur accomplissement, de même que savoir par cœur une leçon n'empêche pas de la comprendre, au contraire. Il en est ainsi pour la science de nos devoirs : si nous connaissons bien tous ceux qui nous incombent, si nous sommes convaincus de la nécessité de les remplir, et si nous avons la volonté de le faire, nous travaillerons à notre progrès personnel en même temps qu'au progrès social, aussi nécessaires l'un que l'autre, et dont la poursuite doit être notre but constant.

Au reste le progrès social dépend du progrès individuel. Dans une société exclusivement composée d'honnêtes gens, il ne se commettrait ni crimes ni délits, tandis que les attentats seraient fréquents si les membres du groupe n'avaient d'autres règles que leurs appétits et leurs passions; si donc nous voulons contribuer à rendre la société parfaite, il faut que nous travaillions à notre propre perfectionnement et que nous assignions ce but à notre activité.

Nous chercherons donc à approcher le plus possible de l'homme de bien idéal, tel que notre esprit peut le concevoir, c'est-à-dire doué de toutes les qualités que nous admirons là où nous les rencontrons et que nous voudrions posséder. Dans cette voie, nous nous efforcerons de cultiver, de ménager et de développer les facultés qui constituent notre être : facultés physiques, intellectuelles et morales.

Au point de vue physique, nous pratiquerons la tempérance et nous appliquerons les règles de l'hygiène sans nous faire les esclaves de notre corps que nous habituerons au contraire à nous servir. Rien ne fortifie les membres et les organes comme l'exercice, l'activité bien réglée; nous ne resterons donc jamais dans une amollissante oisiveté, mais nous nous occuperons de quelque travail utile soit à nous soit aux autres.

Au point de vue intellectuel, nous nous rappellerons et nous appliquerons cette maxime que nous avons vue (11e leçon) : « Ta destinée fût-elle de vivre cent ans, apprends toujours », suivant en cela l'exemple du grand chimiste Chevreul, qui, centenaire lui-même, déclarait être le plus vieil étudiant de France. L'étude est le travail de l'esprit, elle le fortifie, l'enrichit, et par ce moyen le rend capable d'éclairer la conscience et la volonté.

Pour que l'étude produise ces résultats, il faut qu'elle s'exerce de deux manières : d'abord par l'acquisition des connaissances dans le récit des expériences et des efforts réalisés par ceux qui ont vécu avant nous et qui nous ont laissé dans les livres les témoignages de leurs travaux; ensuite par la réflexion, qui apprécie, compare et juge pour nous tracer une ligne de conduite suivant les principes que nous croyons les meilleurs.

Mais c'est surtout dans le domaine moral que le perfectionnement réalisé par nous et en nous aura de la valeur et de l'importance. Nos pensées, nos actions, notre conduite dépendent de notre moralité. Si nos pensées sont pures, nos actions seront bonnes et notre conduite générale conforme à la loi du bien. C'est donc avec raison que Pascal a dit : « Travailler à bien penser, c'est le principe de la morale ». Au point de vue pratique et social les avantages sont considérables; au point de vue individuel, ils ne le sont pas moins. Nous nous élevons en dignité, nous gagnons en indépendance à mesure que notre conscience devient plus ouverte, plus sensible, plus rigoureuse. C'est à elle que nous recourons dans le doute et c'est d'elle seule que nous devons recevoir des ordres. Lorsque nous sommes jeunes et faibles, quand nous sommes enfants, manquant d'expérience et de jugement, nous avons besoin de conseillers et de guides que nous trouvons dans nos parents et dans nos maîtres; mais quand par leurs soins notre esprit est formé et notre volonté capable de décider en connaissance de cause, c'est à la conscience seule qu'il faut obéir. Cette règle n'exclut pas l'utilité des conseils que nous pouvons demander autour de nous, mais il faut que ces conseils et les observations qui les accompagnent nous convainquent pour que nous les suivions; il faut que nous les fassions nôtres, que nous les considérions comme l'expression de la vérité et l'indication du droit chemin pour que nous adoptions la manière de voir d'autrui.

On voit par ce qui précède que le perfectionnement exige de la volonté, de l'application, du travail. Ce dernier a un un pouvoir moralisateur considérable indépendamment de sa valeur comme moyen de production (24e leçon). C'est aux travailleurs que l'avenir appartient. Soyons donc des travailleurs dès notre jeune âge et conservons ces habitudes de travail toute la vie.

Résumé. — Le but que nous devons poursuivre dans l'existence, c'est notre perfectionnement physique, intellectuel et moral. Aimons le travail et fuyons la paresse; fortifions notre corps, cultivons notre esprit, développons notre jugement et éclairons notre conscience à laquelle, quand nous aurons l'âge de raison, nous demanderons les règles de notre conduite.

Questions. Problèmes moraux. Exercices de rédaction. — 1. « Ce qui est bon à la ruche est bon à l'abeille ». a dit Marc-Aurèle. Appliquez cette pensée au perfectionnement social et au perfectionnement individuel.

2. Un philosophe disait qu'il donnerait sa vie pour son pays, mais qu'il ne commettrait pas une bassesse pour le sauver. Avait-il raison de parler ainsi? Pourquoi?

2. Le plaisir que nos actes nous font éprouver ou l'utilité qu'ils nous procurent sont-ils suffisants comme règles de notre conduite? Si non, que faut-il adopter comme principe directeur?

4. On appelle les proverbes : « La sagesse des nations ». Citez quelques proverbes et montrez qu'ils sont sages. Les proverbes sont-ils tous d'une haute moralité?

5. Les anciens seigneurs disaient : « Noblesse oblige ». Que faut-il entendre par là? Avons-nous une noblesse qui nous oblige, nous, roturiers? Quelle est cette noblesse et à quoi nous oblige-t-elle?

6. Quelle idée vous faites-vous du bonheur?

7. Que pensez-vous des collectionneurs? Amateurs de timbres, de cartes postales, de vieux meubles?

Lectures et Exercices de mémoire. — **1. Ayez des opinions.**

Il faut placer au premier rang parmi les objets importants de la vie, les opinions, c'est-à-dire les jugements généraux et habituels que nous portons sur les principales matières qui intéressent notre destinée. Avoir des opinions, c'est penser quelque chose sur les devoirs et les droits, sur la nature humaine, sur la société, sur la religion, sur les beaux-arts, sur les belles-lettres, et c'est tenir à ce qu'on pense, y persister, se servir de ses pensées comme de principes pour juger les faits, les hommes, les livres, en un mot tout ce qui se présente à notre regard.

N'avoir pas d'opinions, c'est ne rien penser sur ces diverses choses, ou du moins les juger d'une manière si capricieuse et si fantasque, et par des vues si mobiles, que nul ne peut prévoir, pas même vous-mêmes, ce que vous penserez dans un cas donné.

Quelle que soit la difficulté qu'il y ait, pour ceux qui pensent, à se former des convictions, je crois cependant que la chose est possible; mais c'est une entreprise qui demande, comme nous l'avons dit déjà, plus de force d'âme que d'étendue d'esprit. Le doute n'est pas toujours un besoin de l'esprit, il est souvent faiblesse d'âme. Souvent il vient de ce qu'elle n'a pas assez de force pour retenir à la fois devant elle tout ce qui milite en faveur d'une opinion : elle oublie ce qui l'a persuadée; les raisons les plus fortes ne la touchent plus quand elle a cessé de les considérer. Dans cet état, il n'est point étonnant que la plus légère objection la trouble et l'ébranle, et dérange le faible équilibre qu'elle avait un moment trouvé.

Comme il y a un doute qui vient de la légèreté de l'âme, il y en a un qui vient de la force des passions et de l'intérêt personnel. Si je fais des fautes, j'aime à douter de la vertu; si j'ai le cœur mal placé, j'aime à rabaisser les hommes; si je n'ai pas de principes, j'aime à dire qu'il n'y a pas de principes.

Le doute vient encore de l'amour-propre : on aime à se distinguer en doutant des choses auxquelles croit le commun des hommes; on fait le fier, on fait le brave et on appelle cela, comme dit Pascal : « Avoir secoué le joug ».

Enfin le doute peut venir de l'inattention et de la paresse. Or, c'est par la force de l'âme qu'on écarte toutes ces sortes de doutes et que l'on considère les choses comme elles sont, et non telles qu'on voudrait qu'elles fussent. Ce n'est donc pas tant la vue de l'esprit que la force du caractère qui détermine en nous les convictions.

PAUL JANET, *Philosophie du bonheur.*

Autres lectures. — 2. *Amour filial* (MAURICE BOUCHOR, Chants populaires des écoles, partie du maître, p. 71). — 3. *Le progrès moral* (PAUL JANET, Morale, p. 526). — 4. *L'idéal,* Saint-Marc Girardin (STEEG, Vie morale, p. 40). — 5. *Destinée de l'homme,* Bernardin de Saint-Pierre (Même ouvrage, p. 50). — 6. *Le problème de la destinée humaine,* Jouffroy (R. THAMIN, Extraits des moralistes, p. 9). — 7. *Le souverain bien dans la bonne volonté* Descartes (Même ouvrage, p. 23). — 8. *Joies de l'étude,* Aug. Thierry (Même ouvrage, p. 204). — 9. *L'art de la vertu,* Franklin (LABBÉ, Morceaux choisis, Cours moyen, p. 220). — 10. *L'honneur* (P. JANET, Lectures de littérature et de morale, p. 179). — 11. *Le choix des principes* (Même ouvrage, p. 185). — 12. *Le loup et le chien* (LA FONTAINE, liv. I, fable 5).

Bibliographie. — PAUL JANET, *Morale* (Delagrave, édit.). — VICTOR COUSIN, *Le vrai, le beau, le bien.*

CHAPITRE VII

ÉCONOMIE POLITIQUE

41ᵉ Leçon. — Production de la richesse.

Pensées et Maximes. — *1. Nécessité est mère d'invention.*
2. Qui a un métier a une terre, qui a un talent a une fonction qui donne honneur et profit (FRANKLIN).
3. Le capital, c'est le travail perfectionné (BAUDRILLART).
4. Le travail paie les dettes, tandis que le désespoir les augmente (FRANKLIN).
5. Chacun doit produire plus qu'il ne consomme.
6. Il n'est si petit métier qui ne nourrisse son maître.

Plan. — Nos besoins, en nombre indéfini, sont plus ou moins impérieux suivant leur nature et suivant nos habitudes et notre condition sociale. Le besoin de manger est impérieux parce que s'il n'est pas satisfait, notre vie est en danger; il en est de même du besoin de se vêtir et de se loger; mais on peut vivre sans manger des mets coûteux et recherchés; on peut s'habiller sans porter de riches habits, et se loger sans habiter un palais.

Quand nous éprouvons un besoin, nous cherchons à le satisfaire — de là l'effort — et si cette satisfaction nous est refusée ou impossible, nous souffrons, et nous souffrons d'autant plus que le besoin est plus impérieux.

Pour la satisfaction des besoins d'ordre économique, les seuls dont nous ayons à nous occuper ici, nous consommons des produits et nous recevons des services d'autrui. Ces produits ainsi consommés sont ce qu'on appelle la *richesse*. Dans cette acception, le sens du mot est différent de celui qu'il a dans le langage courant : on dit, en effet, qu'une personne est *riche* lorsqu'elle possède de grands biens, argent, maisons ou terres; tandis que pour les économistes la richesse comprend tous les objets matériels qui peuvent être utilisés pour la satisfaction de nos besoins.

L'activité humaine s'exerçant sur les forces na turelles et sur les matières premières en vue de leur utilisation s'appelle *travail* et ce qui résulte de ce travail est un *produit*. Donc, pour obtenir un produit, une richesse, il faut la collaboration de plusieurs éléments : trois.

1° La nature fournit la *matière première* et les *forces* qui sont employées pour sa transformation;

2° Par ses efforts, son adresse, en un mot par son *travail*, l'homme façonne la matière et la rend capable d'être utilisée par lui et par ses semblables;

3° Pour réaliser cette transformation, l'ouvrier s'aide d'outils et de machines qu'il a fabriqués et des réserves qu'il a déjà faites, ce qui constitue le *capital*.

Examinons avec quelque détail le rôle de ces trois éléments : nature, travail, capital.

La nature est l'inépuisable réservoir où l'homme s'approvisionne pour la satisfaction de ses besoins, pour l'exercice de son activité, et la production de la richesse. Elle nous fournit la matière, comme l'air, l'eau, la terre, les minéraux les plantes, les animaux; et des forces variées comme le vent, la pesanteur, la vapeur, la chaleur, la lumière, l'électricité.

Les richesses naturelles sont rarement utilisables telles qu'elles nous sont fournies par le grand magasin; il faut que par son travail l'homme les adapte à ses besoins. Cette transformation peut être telle que la valeur de la matière première s'efface et perd son prix si on envisage la valeur du produit : la statue tirée d'un bloc de marbre vaut infiniment plus que lui; le ressort de montre a une valeur incomparablement supérieur à celle de l'acier qui le fournit. Ces valeurs nouvelles sont données à la matière par le travail dont elle a été l'objet.

Le travail en général exige la coopération de l'intelligence et des muscles; suivant le rôle dominant de l'une ou de l'autre de ces deux forces, on a soit le travail intellectuel, soit le travail musculaire ou manuel.

L'intelligence a une grande influence sur la production de la richesse; c'est elle qui sait appliquer au travail les données de la science en inventant des machines, en perfectionnant les procédés, en diminuant les frais de fabrication. En somme la science « économise le travail » et tout le monde profite de cette économie; d'abord le vendeur qui a plus de bénéfice, ensuite l'acheteur qui obtient à meilleur compte ce qui coûtait très cher auparavant. Nous n'en citerons d'autres exemples que le prix des livres avant et après l'invention de l'imprimerie; ce que nous payons aujourd'hui quelques sous aurait coûté avant Gutenberg une très grosse somme.

Un autre fait économique qui a une favorable influence sur l'abondance de la production, c'est la *division du travail*. Si, comme Robinson dans son île, nous devions, chacun de nous, fabriquer tout ce qui nous est nécessaire, depuis nos vêtements jusqu'à nos aliments et nos armes, nous y parviendrions mal tout en nous donnant beaucoup de peine et en y employant un temps infini. La division, la spécialisation du travail pare à ces difficultés : le forgeron travaille pour le laboureur, le boulanger pour le boucher, le cordonnier pour le tailleur....

Poussée à ses dernières limites, la division du travail a des inconvénients : l'ouvrier ne sait faire que sa besogne habituelle et si une modification survient dans la branche industrielle qui l'emploie, il peut se trouver dans la misère. Voilà pourquoi il est indispensable aux ouvriers d'acquérir une bonne instruction professionnelle qui leur facilite en cas de besoin l'apprentissage d'un métier nouveau.

L'ouvrier qui ne dépense pas tout ce qu'il gagne, le cultivateur qui ne consomme pas tout ce que produit sa terre se créent des réserves, ils épargnent, font des économies et se constituent un capital dont le judicieux emploi leur permettra de produire avec le même travail que précédemment plus d'objets utiles. Tout le monde peut se créer un capital; l'État met à la disposition des plus pauvres de véritables banques populaires, les *Caisses d'épargne*, au moyen desquelles on peut faire produire intérêt à de petites sommes qui, sans cette institution, demeureraient improductives.

Le capital a des adversaires, mais ceux-ci considèrent au fond les biens *propres* à chacun. La destruction de ce capital serait odieuse tant au point de vue matériel qu'au point de vue moral. Le bien de la famille est le produit d'efforts opiniâtres; il représente bien des privations, bien des peines, des angoisses sans nombre, mais des espérances aussi et des satisfactions légitimes. Le capital, c'est du travail accumulé. Il serait souverainement injuste d'en priver celui qui l'a accumulé pour lui et pour ceux pour qui il a travaillé et économisé.

Les économies réalisées ont permis la construction de puissantes machines qui font dans une journée le travail que n'auraient pu exécuter plusieurs centaines d'ouvriers; ainsi avec la machine à filer, la journée d'une ouvrière équivaut comme production au travail de mille journées de fileuses à la quenouille; les journaux imprimés à Paris tous les jours par les ouvriers employés à ce travail seraient incomplètement copiés à la main par le travail journalier de tous les habitants de la capitale. L'emploi des machines a souvent causé des crises dans le monde ouvrier en modifiant les conditions du travail; mais il donne des produits plus abondants, moins coûteux et par conséquent plus accessibles au grand nombre et, en dernière analyse, il augmente à la fois la richesse des nations et le bien-être des hommes.

Résumé. — La richesse est le produit du travail de l'homme s'exerçant sur la matière première dans le but de la faire servir à la satisfaction de nos besoins. Toute richesse non consommée et employée à la fabrication de nouveaux produits est un capital.

Chacun de nous doit chercher à se créer un capital en économisant sur les produits de son travail. Les caisses d'épargne favorisent la création du capital pour les personnes de condition modeste.

Questions. Problèmes moraux. Exercices de rédaction. — 1. Quels sont à votre avis les avantages et les inconvénients de la division du travail? Quels exemples connaissez-vous de la division du travail?

2. Montrez par des exemples tirés de la vie quotidienne que « le travail est un trésor ».

3. On dit parfois : « On ne prête qu'aux riches ». Quel est le sens de cette expression, au propre et au figuré?

4. Que répondrez-vous à quelqu'un qui vous dirait que la propriété n'est pas légitime, que l'épargne n'est pas utile, et que tout irait mieux si les biens étaient partagés entre tous?

5. « Le soleil luit pour tout le monde. » Que signifie cette pensée appliquée au travail? (Liberté du travail.)

6. L'épargne est la justification du capital. Comment?

Lectures et Exercices de mémoire. — 1. Rôle de la science dans la production.

En général les muscles de l'homme servent beaucoup moins à façonner directement le produit qu'à mettre en jeu d'une manière convenable les forces de la nature qui le façonnent. C'est ordinairement l'outil qui travaille; les muscles, mus par l'intelligence, n'ont qu'à le diriger et obtiennent un effet d'autant plus utile que l'outil est meilleur.

Exemple : L'enfant lance une pierre à la main et dépense lui-même une force égale à celle qu'il communique au projectile; mais s'il se sert d'une fronde, la force centrifuge fait une partie de la besogne; s'il se sert d'un arc pour décocher une flèche, l'élasticité du bois en fait une un peu plus grande; s'il se sert d'un fusil pour envoyer une balle, la force d'expansion des gaz en fait une bien plus grande encore; avec un très léger effort qui consiste simplement à poser la cartouche et à presser la détente, il projette une masse de plomb à une distance et avec une vitesse dont n'aurait jamais pu approcher l'effort le plus énergique de l'homme le plus robuste.

Autre exemple : Un homme porte sur son dos dans une hotte 60 kilogrammes et fait moins de 40 kilomètres dans sa journée. Le même homme avec une brouette porte facilement une centaine de kilogrammes. Un cheval muni d'un bât en portera 200; attelé à une charrette, il en traînera bien 700. Ce n'est rien encore à côté de la locomotive qui, dirigée par deux personnes, peut remorquer un train avec un poids de 700 tonnes et une vitesse décuple de celle du piéton. Deux personnes, font donc un travail qu'une armée de dix mille portefaix ne parviendrait pas à faire puisqu'elle pourrait bien charger le fardeau dans ses hottes, mais non le transporter dans une journée à la même distance.

Or ce qui perfectionne les outils, c'est la science.

E. Levasseur.

Autres lectures. — 2. *Découverte économique* (Franklin, Essais de morale et d'économie politique, p. 188). — 3. *Sur le luxe, la paresse et le travail* (Même ouvrage, p. 234). — 4. *Coopération* (Ed. Petit et Lamy, Jean Lavenir, p. 109). — 5. *Travail et industrie, beurrerie coopérative* (Même ouvrage, p. 224, 354). — 6. *La division du travail* (HABERT, Leçons familières d'économie politique, p. 48). — 7. *Division du travail* (LALOI, Instruction morale et civique, p. 385). — 8. *La fabrique* (J. SIMON, Le livre du petit citoyen p. 108). — 9. *L'association* (MABILLEAU, Cours supérieur d'instruction civique, p. 272). — 10. *Formation du cap'tal* (LALOI, Instruction morale et civique, p. 388). — 11. *Le laboureur et ses enfants* (LA FONTAINE, liv. V, fable 9).

Bibliographie. — LEVASSEUR, *Précis d'économie politique* (Hachette). — E. DE LAVELEYE, *Éléments d'économie politique* (Hachette).

42ᵉ Leçon. — Distribution de la richesse.

Pensées et Maximes. — 1. *Abondance de biens ne nuit pas.*
2. *Plaie d'argent n'est point mortelle.*
3. *Gagne ce que tu peux; garde bien ce que tu gagnes : voilà la pierre philosophale qui changera ton plomb en or* (FRANKLIN).
4. *Grande fortune, grande servitude.*
5. *La science de se suffire à soi-même est la richesse par excellence* (PLATON).
6. *L'intérêt est le salaire du capital* (MABILLEAU).

Plan. — Nous avons vu que trois agents collaborent pour la production de la richesse, la nature, le travail et le capital. Il est équitable que chacun de ces agents reçoive une portion du produit créé pour la rémunération de son concours.

La part de la nature s'appelle la *rente*; celle du travail, *salaire*, et *intérêt* celle du capital.

Une fois qu'ils ont reçu leur part de richesse, les possesseurs peuvent faire des échanges, mais la répartition précède la circulation. Celle-ci fera l'objet de la prochaine leçon.

La nature met à notre disposition des richesses premières dont quelques-unes sont à tout le monde; l'air, la lumière, la chaleur... et d'autres possédés par certains individus à l'exclusion des autres, le sol par exemple.

Nous avons déjà étudié la propriété (32ᵉ leçon) nous n'y reviendrons pas ici, nous bornant à examiner la rémunération du travail et du capital.

Voici une maison en construction; l'entrepreneur dirige les travaux, il paie les ouvriers qu'il emploie avec l'argent que lui avance un banquier; les ouvriers reçoivent un *salaire* pour le travail qu'ils fournissent; l'entrepreneur paie un intérêt au capitaliste qui lui a consenti un prêt de fonds et ce qui lui reste après le prélèvement de ces deux parts constitue son bénéfice. C'est pour lui le salaire de son travail.

Le nom du salaire change avec la nature du travail et le rôle de celui qui travaille : ainsi l'on dit la *paie* d'un ouvrier, les *gages* d'un serviteur, les *appointements* d'un employé, le *traitement* d'un fonctionnaire, les *honoraires* d'un avocat, d'un avoué, d'un médecin, d'un architecte, la *solde* d'un militaire, les *profits* d'un commerçant, d'un industriel, l'*indemnité* d'un député, d'un sénateur.

Le taux général des salaires dépend de l'*offre* et de la *demande*. Si les ouvriers capables d'un même travail sont plus nombreux que les places qu'ils peuvent occuper, il y a surabondance d'offre en ce qui concerne les ouvriers et les salaires fléchissent, car la demande des patrons ne peut tout consommer, c'est-à-dire employer tout le monde. Si le travail exige plus de bras que n'en peut utilement fournir la population de la région, il y a surabondance d'offre en ce qui concerne les patrons car la demande des ouvriers ne peut leur donner satisfaction; dans ce cas les salaires augmentent.

Mais le salaire individuel de l'ouvrier dépend d'autres considérations; il est en rapport étroit avec son intelligence, son habileté dans son métier, sa force et son honnêteté. L'ouvrier robuste, adroit, consciencieux et assidu sera toujours préféré à son camarade négligent, peu capable et toujours prêt à délaisser l'atelier pour le cabaret; il est juste que le premier soit mieux payé que le second.

Le salaire payé à l'ouvrier est un prélèvement anticipé sur la valeur du produit fabriqué par lui. S'il devait attendre pour recevoir son salaire la vente de ce produit au consommateur, il courrait le risque, sinon de mourir de faim, du moins de connaître les angoisses de la misère, en supposant même qu'une épargne résultant d'un gain antérieur lui permît de vivre en attendant. Sa situation serait plus pénible et plus précaire encore si les produits fabriqués par lui devaient être vendus sans bénéfice ou à perte.

L'industriel, le patron engage sa fortune et son crédit en faisant marcher son usine, son atelier, son exploitation,

en payant ses ouvriers et ses employés, et en s'exposant
à la mévente de ses articles. Il est juste que le capital
ainsi aventuré procure un intérêt, un profit à son propriétaire. Ce profit sera d'autant plus certain ou au moins
probable que tout le monde travaillera avec plus de cœur
au succès de l'entreprise; et ce résultat sera atteint si les
travailleurs ont une part dans les bénéfices que leur travail
fait réaliser au patron. Cette participation aux bénéfices
améliore le sort des ouvriers et sert les intérêts du patron.
C'est une espèce de coopération dont l'usage se généralise
de plus en plus pour l'avantage et la sécurité de tous.

La production de la richesse peut être troublée ou
ralentie par l'arrêt du travail provenant des difficultés qui
s'élèvent entre les ouvriers et les patrons. Les premiers
peuvent refuser leurs services, se mettre en *grève* si les
conditions du travail cessent de leur convenir. A leur tour,
les patrons peuvent s'entendre, se coaliser pour cesser ou
réduire leur fabrication ou pour abaisser le taux des
salaires. Ce sont là des causes de *chômage* qui peuvent
avoir de funestes conséquences, pour l'ouvrier surtout.
S'il ne travaille pas, il perd le salaire quotidien qui faisait
vivre sa famille et il risque de s'habituer à la paresse,
pourvoyeuse de l'estaminet. Le patron peut non seulement
perdre ses bénéfices, mais se ruiner complètement. Et
comme dernier et regrettable résultat, il se développe dans
les cœurs des ferments de rancune et de haine qui nuisent
à la sécurité et à la prospérité du pays.

Résumé. — La richesse se répartit entre les divers agents qui
l'ont produite : elle sert à payer le travail des ouvriers et
l'intérêt du capital.

La part de l'ouvrier est son salaire. Le salaire personnel
de l'ouvrier dépend de son habileté et de ses qualités intellectuelles et morales.

Il est bon que le salaire normal de l'ouvrier soit complété
par une certaine participation aux bénéfices de patron.

Les grèves et les coalitions résultant du désaccord entre
employeurs et employés sont dangereuses pour tous et compromettent la prospérité du pays.

*Questions. Problèmes moraux. Exercices de rédac-
tion.* — 1. Que faut-il penser de cette formule : « Qui paie ses
dettes s'enrichit »?

2. Que faut-il admettre pour base de la rémunération : « A
chacun suivant ses œuvres » ou « A chacun suivant ses besoins ».

Cette dernière règle ne présente-t-elle pas un danger dans l'application?

3. Commentez et expliquez ce proverbe : « On recueille ce qu'on a semé ».

4. On dit quelquefois : « A travail égal, salaire égal ». Est-ce équitable, et ne faut-il pas aussi tenir compte de la nature du travail?

5. Quelle est l'industrie que vous connaissez? Décrivez-la, parlez des ouvriers qui s'y livrent. Travail, salaire, sécurité.

6. Qu'est-ce que la concurrence (âme du commerce). Son influence sur l'abaissement des prix. Son danger pour la qualité des produits.

7. Rôle de la monnaie.

LECTURES et EXERCICES de MÉMOIRE. — 1. La participation
aux bénéfices.

La participation aux bénéfices est une convention librement contractée entre le patron et ses salariés par laquelle ceux-ci, outre le salaire ordinaire, reçoivent une part, le plus souvent *au prorata* du salaire, dans les bénéfices de l'entreprise, sans participer aux pertes. Elle repose sur ce double principe : L'intérêt personnel est le meilleur stimulant de l'activité humaine; à chacun suivant ses œuvres.

Cette part, fixée d'avance à raison de tant pour cent sur les bénéfices, est attribuée aux salariés, généralement comme une manière de dividende après l'inventaire. La quote-part de chaque salarié intéressé est proportionnelle aux bénéfices réalisés, et il n'y a participation qu'autant qu'il y a eu bénéfice. Les participants savent donc que, s'ils sont laborieux, s'ils économisent le temps, la matière première et les outils, si les clients sont satisfaits et si les commandes affluent, le profit qui résultera d'une bonne gestion sera un peu pour eux. Ils ont un intérêt personnel à faire des efforts consciencieux et à se surveiller les uns les autres. Ce moyen n'est efficace qu'autant que la quote-part est assez importante pour éveiller réellement l'intérêt personnel.

La participation n'est pas une association. Le patron reste en général maître de son entreprise. Il n'admet même pas ordinairement tous ses salariés à ce bénéfice, et il fixe lui-même certaines conditions de stage dans ses ateliers ou de chiffre moyen du salaire. Cependant c'est un contrat, et la participation promise est due. Elle diffère essentiellement de la gratification que certains patrons donnent à leurs employés au jour de l'an ou après l'inventaire, et elle constitue un mode de rémunération plus certain.

Il y a longtemps que les grandes maisons de commerce et les grandes fabriques l'ont pratiquée à l'égard de quelques employés supérieurs, qui sont dits à cause de cela *intéressés;* beaucoup de magasins de nouveautés, par exemple, donnent aux employés un tant pour cent sur les ventes qu'ils font, et aux chefs de rayon, un intérêt sur le total des affaires de leur comptoir. L'application de ce système à la masse des ouvriers ou des employés d'un établissement est plus récente : elle ne date guère que de la seconde moitié du xixᵉ siècle. C'est une institution économique très importante quoique peu pratiquée jusqu'ici et un des meilleurs modes d'intéresser le travail salarié au succès de l'entreprise. Bien appliqué, il est profitable aux deux parties : d'abord au salarié qui y trouve un supplément de bien-être, un motif de stabilité dans la même maison, et qui conçoit une idée plus juste de la mesure des profits en général; ensuite au patron qui ne fait pas un acte de charité mais d'administration intelligente en instituant la participation et qui y trouve une ample compensation au sacrifice pécuniaire qu'il a consenti.

LEVASSEUR.

Autres lectures. — 2. *Avis nécessaire à ceux qui veulent faire fortune* (FRANKLIN, Essais de morale et d'économie politique, p. 43). — 3. *Moyen d'avoir toujours de l'argent dans sa poche* (Même ouvrage, p. 44). — 4. *Avis à un jeune commerçant* (Même ouvrage, p. 47). — 5. *Utilité et nombre des riches en France* (THIERS, De la propriété, liv. I, chap. ix). — 6. *Le jeune politique* (ROLLIN, Histoire ancienne, liv. XI, chap. iv, § 4). — 7. *La propriété* (J.-J. ROUSSEAU, Émile, liv. II, Bibliothèque nationale, t. I, p. 119). — 8. *La cigale et la fourmi* (LA FONTAINE, liv. I, fable 1). — 9. *La mouche et la fourmi* (Même ouvrage, liv. IV, fable 3). — 10. *Le marchand, le gentilhomme, le pâtre et le fils du roi* (Même ouvrage, liv. X, fable 16). — 11. *Le produit du sol* (VOLTAIRE, Romans, L'homme aux quarante écus, p. 253). — 12. *Les coalitions et les grèves* (E. DE LAVELEYE, Éléments d'économie politique populaire p. 172).

43ᵉ Leçon. — Circulation de la richesse.

Pensées et Maximes. — 1. *L'argent est le nerf de la guerre.*
2. *Nécessité n'a jamais fait bon marché.*
3. *La richesse n'est pas à celui qui la possède, mais à celui qui en jouit.*
4. *L'avarice perd tout en voulant trop gagner* (LA FONTAINE).
5. *Le temps, c'est de l'argent.*
6. *Quand deux maîtres courent après un ouvrier, le salaire s'élève; quand deux ouvriers courent après un maître, le salaire s'abaisse* (COBDEN).
7. *L'ouvrier est digne de son salaire.*

Plan. — La division et la spécialisation du travail amènent rapidement chez les individus l'abondance de certains produits, tandis que tous les autres leur manquent : le cordonnier remplit sa maison de souliers; le boulanger, de pain; le menuisier, de meubles, etc. Il est nécessaire que chacun d'eux échange avec ses voisins ce qu'il a de trop lui-même contre ce qui lui fait défaut et que les autres possèdent. Quand la richesse est produite, il faut qu'elle circule par *l'échange*. Si cet échange se fait en nature, si on donne des souliers pour avoir du pain, des meubles pour des vêtements... on fait un *troc*. Le troc a été la forme primitive de l'échange; il est encore en usage chez les sauvages où l'on donne une hache pour obtenir un porc, un clou contre un régime de bananes ou une noix de coco. Mais on se rend facilement compte de la difficulté des échanges par simple troc. Plus le travail se spécialise, plus les difficultés de l'échange par troc augmentent. Supposons un homme qui ne fait que des manches de couteau; il produit un objet sans utilité immédiate pour personne, si ce n'est pour le manufacturier outillé pour fixer une lame à ce manche et le rendre utilisable. L'ouvrier ne peut offrir ses manches de couteau au boucher, au boulanger, au tisserand; il faut qu'il s'adresse au coutelier et qu'il obtienne de lui, en échange de ses manches de couteau une marchandise que le boucher, le boulanger et le tisserand acceptent à la place de leur viande, de leur pain ou de leurs tissus. Cette marchandise que tout le monde accepte et recherche même, c'est la *monnaie*. Par son universel usage, le troc originel est transformé en une double opération, la *vente* et l'*achat*. La marchandise est évaluée, son prix est débattu, fixé librement et contradictoirement entre celui qui veut la céder — le vendeur — et celui qui veut l'acquérir — l'acheteur — et ce prix est payé en monnaie — or, argent, bronze ou nickel. — Avec l'argent qu'il a reçu le vendeur peut acquérir, acheter à son tour tout ce qui lui est nécessaire ou ce qui lui plaît tout simplement.

Acceptée par tous, la monnaie facilite les échanges et adoucit les conditions de l'existence. Avec une quantité d'or relativement faible comme poids et comme volume, on peut se procurer tout ce dont on a besoin, « tandis qu'il faudrait des caravanes si on devait échanger pour des bœufs, des chevaux, des vêtements, des outils, la nourriture et le logement nécessaires en voyage ».

Le passage de la richesse de main en main par voie d'échange, par ventes et achats constitue le *commerce*. Le commerce a lieu non seulement entre les voisins, entre les habitants d'un même pays, mais entre les pays les plus éloignés, grâce aux voies de communication et aux moyens de transport. Ainsi la Russie achète les vins de France et nous expédie des fourrures et du blé.... On dit pour caractériser ces deux opérations que la France exporte des vins et qu'elle importe des fourrures, du blé. Mais elle produit du blé elle-même quoiqu'en quantité insuffisante pour la consommation de tous ses habitants. Si elle veut que ses agriculteurs vendent bien leur récolte, elle obligera les importateurs de blés étrangers à payer un droit de douane, elle remplacera le *libre échange* par la *protection*. Il faut remarquer que la protection accordée aux producteurs par les taxes douanières a pour conséquence de faire payer plus cher aux consommateurs les produits du pays.

Avant 1789 il y avait en France des douanes à toutes les limites des provinces; la Révolution les a abolies et à l'intérieur de la France le commerce est libre de droits; non pas complètement pourtant : il existe dans beaucoup de villes grandes et petites des *octrois*, et le cultivateur qui veut vendre au marché voisin deux poulets ou un veau doit, outre l'octroi, acquitter un droit de place pour stationner sur le champ de foire en attendant les acheteurs. En dernière analyse l'avantage des droits de protection est plus apparent que réel. Quelle que soit leur nature, ces droits ont pour résultat d'élever le prix des matières d'échange sans profit absolu. Ils doivent donc disparaître devant le progrès de la civilisation et faire place à l'échange libre entre les nations comme il l'est entre les membres d'une même nation.

Si l'on ne pouvait jamais obtenir un produit sans en payer immédiatement la valeur, on serait souvent dans l'embarras; mais on peut donner un gage, soit un objet matériel, soit un engagement écrit, soit une bonne foi reconnue, si on inspire confiance au vendeur, on peut obtenir de lui un délai pour s'acquitter, c'est-à-dire du *crédit*. Il faut être très prudent dans la demande du crédit, car il offre beaucoup d'inconvénients et il est une source d'abus. En premier lieu, il pousse à la dépense : on dépense avec facilité quand on a la faculté d'ajourner le paiement; on achète ce qui est indispensable et même ce qui est superflu; on s'endette au delà de ses moyens et plus tard on expie durement son imprévoyance. Le crédit est ensuite l'objet d'une triste spéculation de la part du débitant sur la bourse du travailleur, car il provoque l'augmentation du prix des denrées : le marchand n'étant pas absolument sûr d'être remboursé se fait payer une prime pour le risque qu'il court et le bon payeur couvre les défections des mauvais. N'achetons donc que ce qu'il nous faut absolument et payons nos achats comptant. Tout le monde y gagnera, vendeurs et acheteurs.

Résumé. — La circulation des richesses fait passer les objets utiles de celui qui en a trop à celui qui en manque. Cet échange ou commerce se fait au moyen de la monnaie par ventes et achats.

Le commerce est libre à l'intérieur du pays mais les produits étrangers paient aux frontières un droit de douane. La suppression des droits de douane ou libre-échange favorise le commerce et facilite la circulation des richesses.

On ne doit user du crédit qu'avec beaucoup de prudence : une personne qui veut bien administrer ses ressources paie comptant ce qu'elle achète.

Questions. Problèmes moraux. Exercices de rédaction. — 1. Qu'appelle-t-on « bas de laine »? Quels en sont les avantages et les inconvénients? Lesquels l'emportent?

2. Montrez comment les voies de communication et la facilité des transports facilitent le commerce, développent la richesse et améliorent les conditions de l'existence.

3. On dit que le monopole engendre l'inertie et la protection, la routine. Comment?

4. « Le papier et l'encre se paient. » Appliquez ce dicton au crédit et montrez-en les dangers.

5. Qu'est-ce qu'un mont-de-piété?

6. Quel est le commerce qui se fait dans le pays que vous habitez? Gros et détail.

7. Colbert demandait à un négociant quel était le meilleur moyen de favoriser le commerce. Celui-ci lui répondit : « Laissez faire, laissez passer ». Commentez et expliquez cette réponse.

LECTURES ET EXERCICES DE MÉMOIRE. — Le troc.

« Hier pour la troisième fois, écrivait une artiste du théâtre Lyrique en représentation dans l'Océanie, le roi Makéa a assisté à notre concert. Faute de monnaie, même petite, il nous a donné des calebasses gravées. L'une offre son portrait de profil, je te la garde, ma chère tante; tu pourras en faire un sucrier en y mettant un petit pied. Tu boiras ton café en songeant que je suis allée chercher cela au milieu d'un archipel appelé *des Amis* sans doute parce qu'on n'y rencontre que des sauvages et auprès des îles *de la Société* probablement parce qu'elles sont à peu près désertes. J'ai, comme tu le penses bien, la plus forte partie du programme et aussi la plus grande partie de la récolte ; un tiers à moi seule.... J'ai encaissé pour ma part des 816 billets pris au bureau hier soir trois porcs, vingt-trois dindons, quarante-quatre poules, cinq mille noix de coco, douze cents ananas, cent vingt boisseaux de bananes, cent trente citrouilles et quinze cents oranges. Que faire d'une pareille récolte? En France, à la Halle, son estimation monterait bien à quatre mille francs en supposant que les noix de coco et les bananes y fussent de bonne défaite. Quatre mille francs, c'est beau pour avoir chanté cinq morceaux, bien que ce ne soit pas tout à fait un cochon par air ni tout à fait cinq dindons. Mais ici comment revendre, comment monnayer tout cela?

« Le fait est qu'il est assez difficile d'espérer trouver de l'argent chez des acheteurs qui ont eux-mêmes payé en citrouilles et en coco le plaisir de nous entendre. Le peu de pièces monnayées qui existent dans l'île sont réservées pour payer l'impôt parce que Sa Majesté Makéa n'entend pas qu'on garnisse ses caisses de légumes et de volailles. Donc que faire de la recette? La consommer? Quel menu!

« On me dit qu'un spéculateur de l'île voisine appelé

Mangéa doit arriver demain pour nous faire ses offres en espèces à mes camarades et à moi. En attendant pour tenir nos porcs en vie, nous leur donnons à manger nos citrouilles; les dindons et les poules dévorent les bananes et les oranges, de sorte que, pour maintenir sur pied la partie animale de ma recette, je dois lui sacrifier tout le végétal! »

(*Extrait d'une conférence de M. VOLOWSKI*[1].)

Autres lectures. — 2. *Pour économiser cent mille livres sterling* (FRANKLIN, Essais de morale et d'économie politique, p. 53). — 3. *Commerce et navigation* (ED. PETIT et G. LAMY, Jean Lavenir, p. 324). — 4. *L'argent et la richesse* (BAUDRILLART, Économie politique populaire, p. 18). — 5. *La monnaie; Le travail* (Même ouvrage, p. 179 et 31). — 6. *Les caisses d'épargne; Les deux ouvriers* (BARRAU, Morale pratique, p. 179). — 7. *La caisse d'épargne* (J. SIMON, Le livre du petit citoyen, p. 102). — 8. *Merveilles de l'industrie*, Bossuet (LABBÉ, Morceaux choisis, cours supérieur, p. 80).

Bibliographie. — HABERT, *Leçons familières d'économie politique* (Hachette). — BAUDRILLART, *Économie politique populaire* (Hachette).

———

44ᵉ LEÇON. — Consommation de la richesse.

Pensées et Maximes. — 1. *Contentement passe richesse.*

2. *L'argent est un bon serviteur et un mauvais maître.*

3. *Voulez-vous être riche, diminuez vos désirs au lieu d'augmenter vos richesses* (SÉNÈQUE).

4. *La quantité de choses qui suffisent pour rendre la vie heureuse est limitée* (ARISTOTE).

5. *L'appât naturel du commerce est de porter à la paix* (MONTESQUIEU).

6. *Toute richesse n'est utile que pour celui qui sait en faire un bon usage* (XÉNOPHON).

7. *Quand tout passe par la bouche, on reste dans le dénuement.*

Plan. — Le but de toute production est de répondre à nos besoins. Les produits de l'activité humaine sont donc répartis et distribués pour venir entre les mains de ceux

---

1. Économiste d'origine polonaise, naturalisé Français.

qui doivent les consommer pour la satisfaction de leurs besoins. On consomme sans manger ni boire quoique dans le langage courant ce sont surtout à ces deux actions que le mot s'applique. Pour l'économiste, « consommer c'est détruire par l'usage l'utilité que la production avait mise dans les choses ».

Les choses elles-mêmes sont indestructibles comme matière, mais la matière se transforme et ainsi elle acquiert ou elle perd son utilité. Je mange du pain par exemple; la matière qui le compose ne s'anéantit point mais passe en partie dans mon sang et ne peut plus servir à personne comme pain; il en est de même de tous les aliments. Le maçon qui construit une maison consomme du mortier qui une fois employé ne pourra plus servir à personne comme mortier.

L'utilité des choses peut être anéantie sans profit pour l'homme, c'est-à-dire autrement que pour son usage. Si un incendie détruit ma maison, si l'inondation ravage mon champ ou la grêle ma vigne, les richesses représentées par la maison, le champ, la vigne, sont détruites quoique non consommées.

On classe les consommations en diverses catégories suivant les personnes qui les font, suivant le temps qu'elles durent ou suivant les résultats qu'elles produisent. On a ainsi les consommations privées, les consommations publiques; les consommations rapides et les consommations lentes; les consommations improductives, productives, les consommations de jouissance ou d'entretien, les consommations industrielles, les consommations de prévoyance.

Le scieur de long qui débite un arbre en planches; le menuisier, l'ébéniste qui, avec ces planches construisent des meubles réalisent des consommations productives ou industrielles. Celui qui achète le meuble construit pour s'en servir dans sa maison, réalise une consommation lente, car le meuble dure longtemps. Cette consommation est improductive puisque le meuble a atteint sa fin et ne sert pas à produire de nouvelles richesses.

L'absorption des aliments constitue une consommation rapide et en même temps une consommation d'entretien puisque par eux nous réparons nos forces et assurons notre existence.

Puisque l'incendie peut consumer notre maison, la grêle dévaster notre récolte ou la mort nous empêcher de remplir jusqu'au terme normal notre rôle social et familial, il est naturel que nous prenions des précautions contre de tels événements. Les biens employés par nous en primes d'assurances sont donc des consommations de prévoyance; il en est de même de notre participation aux sociétés de secours mutuels et de retraite, de nos versements à la Caisse d'épargne et de la part contributive que nous payons pour que l'État assure notre sécurité.

On appelle consommations de luxe celles qui n'ont que l'agrément pour objet et non la satisfaction d'un besoin impérieux : telles sont l'usage des bijoux et des toilettes recherchées, de l'alimentation trop choisie et trop délicate, en un mot celles qui sont à la fois superflues et coûteuses.

Le luxe a son origine dans trois penchants naturels de l'homme et qui ne sont pas également louables et dignes d'être suivis : la sensualité ou la recherche des jouissances raffinées — luxe de table — la vanité et le goût du beau.

On a défendu le luxe comme un bien au point de vue social parce que la satisfaction des besoins qu'on se crée de la sorte occupe un grand nombre de bras et assure l'existence de beaucoup d'ouvriers. Mais il s'agit de savoir si ces bras ne pourraient pas être plus utilement employés. La réponse n'est pas douteuse : il est plus avantageux au bien-être général de tailler des pierres que des diamants; l'utilité d'un fourneau de cuisine l'emporte sur celle d'un collier de perles ou d'un bracelet d'or.

En général, le luxe est une jouissance égoïste qui ne peut qu'exciter les sentiments envieux de ceux qui en sont témoins sans pouvoir se le procurer. Le seul luxe admissible est le luxe public car « tantôt il invite la masse à jouir de certains agréments comme les jardins publics, les fontaines, les théâtres; tantôt il ouvre les trésors du beau aux multitudes sevrées de la jouissance des œuvres de la statuaire et de la peinture : pour l'art, il a les musées comme il a les bibliothèques pour les sciences et les lettres, des expositions pour l'industrie. Sous toutes ses formes enfin, ce luxe collectif, s'il est bien dirigé profite à tous; il élève le niveau et féconde le génie de l'industrie; il ôte au faste ce qu'il a de particulier, de personnel, de solitaire; il met à la portée de la foule des biens dont le riche jouit seul habituellement ou ne fait jouir momentanément qu'un petit nombre de personnes »[1].

1. Baudrillart, *Histoire du luxe.*

Mais ce luxe public ne doit jamais être prélevé sur le nécessaire du peuple (comme la construction de Versailles sous Louis XIV) et doit toujours servir à fortifier l'amour de la patrie et de l'humanité, du bien et de la justice.

Résumé. — La richesse est destinée à être consommée. La consommation est productive quand elle sert à la production d'autres biens. Elle est dite d'entretien, quand on l'emploie à conserver une richesse existante ou une force productive.

On appelle consommations de prévoyance celles qui ont pour objet d'assurer notre avenir et celui de notre famille et de nous faire jouir des avantages de la société.

Les consommations de luxe répondent à des besoins souvent factices. On ne doit les approuver que lorsqu'il s'agit du luxe public qui met gratuitement à la portée de tous l'art, la beauté et la science.

Questions. Problèmes moraux. Exercices de rédaction. — 1. Qu'est-ce qui fait la valeur d'un objet? Est-ce son utilité, la matière qui le compose, sa rareté, la recherche dont il est l'objet ou toute autre cause?

2. Commentez la première maxime en tête de la leçon : « Contentement passe richesse ».

3. Les assurances. Diverses sortes. Leur utilité. Que peut-il arriver à ceux qui ne sont pas assurés?

4. Sismondi écrit : « Si tout à coup la classe riche prenait la résolution de vivre de son travail comme les pauvres, les ouvriers mourraient de faim. » Que pensez-vous de cette affirmation?

5. « Le luxe soutient les États, disait un financier du xviii° siècle. — Comme la corde soutient le pendu », répondit un économiste. Lequel des deux a raison?

6. Si on casse un carreau de vitre, un verre, une assiette, on assure du travail au vitrier, au verrier, au potier. Est-ce exact? Et ne faut-il pas au contraire déplorer la perte produite?

LECTURES ET EXERCICES DE MÉMOIRE. — 1. Les faux besoins
et les fausses richesses.

J'appelle faux besoins ceux dont la satisfaction éloigne l'homme de son but, qui est le développement de ses facultés, plutôt que de l'en rapprocher. Les choses qui consomment ces faux besoins sont de fausses richesses. Il faut bien les appeler richesses puisqu'elles s'achètent et se vendent, au total, pour des sommes énormes; mais ce sont de fausses richesses, car ce ne sont pas des biens, des utilités. Souvent elles sont pire qu'inutiles; elles sont nuisibles; pire que nuisibles, funestes.

Les boissons alcooliques sont condamnées par l'hygiène. Elles sont funestes pour la santé. Elles engendrent l'ivrognerie et tous les vices qui l'accompagnent. Elles dégradent l'homme qui en abuse et le précipitent dans la fange; et cependant elles coûtent, chaque année, à la France environ 400 millions de francs; à l'Angleterre, 500 millions; à la Belgique, 80 millions; à la Hollande, tout autant. En Russie, les droits seuls rapportent à l'État 200 millions de roubles, soit 800 millions de francs en monnaie courante, environ le tiers des revenus de l'empire.

D'après les calculs faits aux États-Unis, en dix ans l'alcool y a imposé une dépense directe de 7 à 8 milliards de francs; il a envoyé cent mille orphelins aux asiles; il a fait mettre en prison 138 000 individus; il a déterminé dix mille suicides et fait deux cent mille veuves et un million d'orphelins.

L'opium qui conduit ceux qui le fument à l'idiotisme coûte annuellement à la Chine 400 millions de francs.

L'inexplicable habitude, empruntée aux sauvages, de faire brûler entre les lèvres une feuille de tabac coûte à la France, tous les ans, 360 millions de francs; à l'Italie 138 millions; à la Belgique 30 millions et aux pays civilisés plus de trois milliards. L'élite de l'humanité dépense donc neuf à dix milliards pour s'empoisonner à haute ou à petite dose.

Les femmes donnent aussi des millions pour des pierres précieuses qui n'ont d'autre effet que d'entretenir deux défauts graves, la vanité chez celles qui s'en parent et l'envie chez celles qui doivent s'en passer.

Jetez dans la mer ces boissons alcooliques, cet opium, ce tabac, ces pierres précieuses, rien ne sera perdu. Au contraire, ceux qui s'empoisonnaient et se pervertissaient l'âme et le corps y auront beaucoup gagné en santé morale et en santé physique. Des choses dont la destruction améliore la condition des hommes ne peuvent être de véritables richesses.

Si tout l'argent et toutes les heures du travail que cet argent rétribue, au lieu d'être consacrés, comme aujourd'hui, à produire des choses nuisibles, l'étaient à fabriquer des choses utiles, combien le bien-être serait augmenté et le dénuement diminué dans le monde!

ÉMILE DE LAVELEYE.

Autres lectures. — 2. *Le travail, ressource assurée* (BARRAU, Morale pratique, p. 159). — 3. *La chaumière maudite* (A. DE MUSSET, Premières poésies). — 4. *La grève des forgerons* (F. COPPÉE, Divers recueils). — 5. *Le laboureur et ses enfants* (LA FONTAINE, liv. V, fable 9). — 6. *Le savetier et le financier* (Même ouvrage, liv. VIII, fable 2). — 7. *Le thésauriseur et le singe* (Même ouvrage, liv. XII, fable 3). — 8. *Le salaire* (BAUDRILLART, Économie politique populaire, p. 191). — 9. *Les noces de Gamache* (LE SAGE, Don Quichotte). — 10. *Le luxe corrupteur*, J.-J. Rousseau (HABERT, Leçons familières d'économie politique, p. 300). — 11. *Luxe et mollesse des Sybarites* (BARTHÉLEMY, Voyage du jeune Anacharsis en Grèce, chap. XXXVII).

TABLE DES MATIÈRES

§ IV. — Les animaux.

CHAP. V. — LES AUTRES

§ I. — Justice.

§ II. — Charité.

§ III. — Solidarité.

CHAP. VI. — LE DEVOIR, LA CONSCIENCE, L'IDÉAL

CHAP. VII. — ÉCONOMIE POLITIQUE

DROIT USUEL

EXERCICES

DE

COMPOSITION

PAR

E. DEVINAT

DIRECTEUR DE L'ÉCOLE NORMALE D'INSTITUTEURS DE LA SEINE
MEMBRE DU CONSEIL SUPÉRIEUR DE L'INSTRUCTION PUBLIQUE

Lectures expliquées
Corrections de copie
Exercices sur la construction de la phrase
230 sujets de descriptions, de narrations, de dissertations,
de lettres.

TROISIÈME ÉDITION
Un volume in-16, broché : 1 fr. 20

EXTRAIT DE L'AVANT-PROPOS

Ce livre s'adresse spécialement aux élèves des *écoles primaires supérieures* et des *cours complémentaires*.

Il convient aussi à ceux qui vont y entrer, et sont encore au *cours supérieur des écoles élémentaires*, et à ceux qui viennent d'en sortir, et appartiennent aux *écoles normales*.

Il ne serait pas moins utile, croyons-nous, à tous les *aspirants aux brevets de capacité*.

Or, ces élèves font, par nécessité, des études hâtives où les exercices de composition et de style occupent une place réduite. Avec eux il importe de courir au plus pressé.

Donc, pas de *Leçons* abstraites ni d'*Exercices* purement théoriques : mais *des Conseils* et *des Applications pratiques.*